幸福经济学

倪志良　编著

南开大学出版社
天　津

图书在版编目(CIP)数据

幸福经济学 / 倪志良编著. —天津 ：南开大学出
版社，2017.11(2018.6 重印)
ISBN 978-7-310-05491-6

Ⅰ. ①幸… Ⅱ. ①倪… Ⅲ. ①经济学 Ⅳ. ①F0

中国版本图书馆 CIP 数据核字(2017)第 266079 号

南开大学出版社出版发行
出版人:刘运峰
地址:天津市南开区卫津路 94 号　　邮政编码:300071
营销部电话:(022)23508339　23500755
营销部传真:(022)23508542　　邮购部电话:(022)23502200
*
三河市天润建兴印务有限公司印刷
全国各地新华书店经销
*
2017 年 11 月第 1 版　　2018 年 6 月第 2 次印刷
230×170 毫米　16 开本　24.5 印张　2 插页　325 千字
定价:49.00 元

如遇图书印装质量问题,请与本社营销部联系调换,电话:(022)23507125

目　录

案例目录

第一篇
幸福——知行感合一

篇首语

2012 年，第 66 届联合国大会曾明确告诫：21 世纪人类面临的最大生存挑战，将不是污染、战争，也不是瘟疫，而是我们的幸福感低下。信息多而杂乱的今天，信息可能提升心力与智慧，但更有可能污染头脑，干扰认知，损伤判断，损伤情绪，损伤担当，破坏个体的幸福感和意义感。

研究"幸福"问题是一件风险极高的事情。据不完全统计，"幸福"的定义高达二百多种，人们在讨论幸福时，各自在头脑中关联到的"主信息"千差万别。当媒体问"你幸福吗？"被问者可能茫然乱语。可见，讨论幸福绝非容易之事。

休谟认为："一切人类努力的伟大目标在于获得幸福"。亚里士多德认为："找到幸福是一切行为的最后目的。"

现实同样表明：人们可能不追求家财万贯，也可能不追求声名显赫，但几乎没有人不追求幸福！没有人不希望自己在情绪层面少些忧烦，少些怨恨，多些积极体验，成为一个快乐的人；没有人不希望自己在认知层面少些纠结，少些对抗，多些"大其心"下的接受、一致、欣赏、感恩，成为一个"心正、意诚"，意义感和使命感充足的人；没有人不希望自己在行为层面少些忙碌，少些被动，多些真诚担当，成为一个"顺势合赋"、潜能得以充分发挥的人。三层面兼修，个体也就会成为一个"知、行、感"逐渐合一、幸福体验逐渐提升的人。

追求物质、名望、人际等都具有充分的合理性，否则这些追求不至于耗费我们如此多的时间与精力，耗费我们如此多的生命资源。

但有过生命感悟的人都知道，追逐这些目标而给追逐者带来的快乐可能转瞬即逝，不具有稳定性、持续性、恒久性。稳定、持续的幸福需要快乐和意义感的合一，需要"认知、行为、情绪"的合一，需要头脑的清晰、判然与简约，需要将"至简"的正确观念（简称"上念"或"正念"）存养住，需要将"上念"转养为良好的认知习惯、行为习惯、情绪习惯。稳定、持续的幸福比物质、名望等外在目标更具有终极意义。幸福是个人一切内在努力的终极目标。

幸福既然具有终极目标意义，为什么很多人为了物质财富、名望可以耗尽韶华，耗尽生命，而对于提升内在幸福感却缺乏明确性与坚定性？为什么工业革命以来，物质财富飞速增长，而人们的幸福体验并没有同步提升？伊斯特林所定义的"幸福悖论"在很多国家得以验证。积极心理学权威米哈里·契克森米哈伊（Mihaly Csikszentmihalyi）更是直接质问："我们这么富有，为什么我们还不开心呢？"关于幸福，人类尚存在诸多认知误区和行动陷阱。

在认知方面，最大的误区是"我要么属于幸福的人，要么属于不幸福的人"这种"非此即彼"的二分法思维。事实上，世界上最不幸的人也有过幸福的时刻，最幸福的人也有过不幸的体验。"幸福的人"这个集合是模糊集合，不是康托尔集。康托尔集的特征是某个元素要么完全属于这个集合，要么绝对不属于这个集合。模糊集合的特征是，更多元素可以归属于这个集合，只是隶属度不同而已。类似"高个子的人"就是个模糊集合，姚明对于该集合的隶属度超过 0.99，而武大的隶属度可能低于 0.01。

因此，从康托尔集"非此即彼"的"二分法思维"转换到模糊集合的隶属度思维，就等于为每一个个体预留出了提升幸福的空间。个人都有自己的幸福基数值，都可以通过努力使自己的幸福值变得更高。个人通过学习、体悟、实践，在认知层面逐渐"大其心"，在更高价值框架下达成"心正、意诚"，达成"主信息一致"，实现至简、至上基础上的"至真"；在行为层面善于担当、勇于担当、乐于担当，持续展示利己利他兼容、"顺势合赋"的蓬勃进取，实现"义、利"合一的"至善";在情绪层面有足够的积极情绪占比,实现当下之"乐"和远期"意义感""使命感"的合一,实现"快乐"与"心安"合一的"至美"。认知愈"真"、行为愈"善"、感受愈"美","知行感"愈能在"真、善、美"的趋向下实现合一。

　　"幸福经济学"课程筹备于 2011 年,2013 年在南开大学正式开课。在讲授"幸福经济学"课程之初,我们和热心于此课程的同事、同学基于"时间、精力等生命资源最优配置"的框架探讨幸福问题,但后来逐渐发现,研究幸福不能脱开认知、行为和情绪,不能仅仅局限于"资源最优配置"这种经济学框架范围内进行讨论。正如"天气"需要借助温度、湿度、风力、气压等几重具体指标测量,"幸福"也必须借助"情绪""认知""行为"讨论才有意义。近四年来,我们对 70%以上的精力投入做了调整,开始关注哲学、心理学、脑科学等相关学科的传统智慧和最新研究成果。正是基于这样的感悟和实践,本书的第一篇从"认知、行为、情绪"开始。

第一章
认知：至简？至上？至真！

乾以易知，坤以简能；易则易知，简则易从。

——《周易·系辞》

如果你不能简单地解释一样东西，说明你没真正理解它。

——爱因斯坦

专注和简单一直是我的秘诀之一。简单可能比复杂更难做到：你必须努力理清思路，从而使其变得简单。但最终这是值得的，因为一旦你做到了，便可以创造奇迹。

——乔布斯

取法于上，仅得为中，取法于中，故为其下。

——（唐）李世民《帝范·崇文》

很多有效判断，既不遵从逻辑，也不遵从概率规律，而是遵从简易规则。

——卡尼曼

人心惟危，道心惟微，惟精惟一，[①]允执厥中。

——《尚书·大禹谟》

在联合国教科文组织总部大楼前的石碑上，用多种文字镌刻着一句话："战争起源于人之思想，故务须于人之思想中筑起保卫和平

---

① 《现代汉语词典》（第六版）推荐使用"唯一"，而非"惟一"。但为了保持与引文的一致性，本书中的"唯一"多用了"惟一"两字。

之屏障。"战争属于行为，行为源自思想，源自认知，源自"念"，源自"心"。现代心理学证实，就可改变的部分而言，行为和情绪的改变往往源自于认知的改变，思想的改变，"心"的改变。现代思维科学研究也证实："我们赋予外界事物的意义，一小部分是基于我们从外部世界看到的，大部分则基于我们头脑的心智模式。"[①]个体往往基于对外部的人、事、物中很小的一部分认知而做出整体性判断。因此，对同一事物的判断总是因人而异，并经常差异巨大，这多是源自于个体内心价值框架与思维惯性的不同。优化受教育者内心的价值框架、思维习惯、心智模式，提升受教育者的认知能力，应该被尊崇为教育的首要目的。良好的认知能力表现为：能更客观、更清晰、更真实地认识自我、认识他人、认识世界，接受自我、接受他人、接受世界，具有更优的分析、推理、鉴赏、判断和决策能力。

图 1-1　联合国教科文组织总部大楼前的石碑

---

① 【美】杰里·温德，科林·克鲁克，罗伯特·冈瑟. 非凡的思维——用超常的心智模式改变一切[M]. 周晓林，译. 北京：电子工业出版社，2015（1）.

一、认知之重要——"思"之重要，"心"之重要①

 案例 1.1.1　孔子重"思"，笛卡尔更重"思"

知识不等同于智慧。直接经验、间接经验、书本信息均可以增加知识，而智慧却总关乎有效判断与认知创新，关乎"至简""至真"。一位读书多年、没完没了堆积信息的人未必具有智慧，未必具有将知识转化为智慧的能力与方法。很多大智慧者往往不是读书最多的人，而是"学""思"并重的人，孔子就是个典型例证。他关于"学"与"思"的论述很多，最经典的表述是"学而不思则罔，思而不学则殆"。孔子不但重"思"，还能"至简至上"地"思"，"一以贯之"地"思"，"至真"地"思"，将不同智慧达成一致——简而合一。论语记载，子曰："赐也，女以予为多学而识之者与？"对曰：

图 1-2　孔子（公元前 551 年—公元前 479 年）

---

① 认知的过程在于"思"，认知的载体源于"脑"，源于"心"。鉴于此，认知之重要，"思"之重要，"心"之重要可合并为一个主题。

"然，非与？"曰："非也，予一以贯之。"——《论语·卫灵公》。论语另有记载，子曰："《诗》三百，一言以蔽之。"曰："思无邪"。"一言以蔽之"这种"至简"功力，实非一日之功，唯"一以贯之""真诚无邪"可达。认知也唯有至此，方生智慧，方生有效判断，方生有效行为。

笛卡尔是另一个"重思"的典型例子。在去荷兰沉思的两年，他只带了很少的几本书（包括阿奎那的哲学著作）。他读书重精不重多，总是选择几本好书反复地读，用"心"地读，他用于静"思"整理信息的时间远多于用于扩充和堆积信息的时间。

图1-3   笛卡尔（公元1596年—公元1650年）

1619年，笛卡尔加入了巴伐利亚军。在巴伐利亚的冬天，他有时竟会整天守在火炉旁沉"思"。①正是由于这般沉思，他将知识转

---

① 谈到读书重精不重多，好书要反复地读，重要信息要在头脑中反复链接，想到了马云。2016年，G20峰会的重要开场活动——二十国集团工商界活动（B20）——于9月3—4日在杭州举行，而作为B20中小企业发展工作组主席的马云，于会前（9月1日）特地接受了央视的采访，畅谈了全球化以及年轻人、中小企业和发展中国家在全球化中的发展问题，并在与网友互动环节讨论了对读书和赚钱的看法。关于读书，马云回答说，最好的大学就是社会大学，以前看书不算多，而且跟人家不一样，有时候一本书可以看很长时间，比如《道德经》《孙子兵法》，一章一节可能会看一年。关于读什么书能赚钱的问题，马云表示，很多年轻人过多关注了术，过多关注了赚钱。"你要思考自己能做什么东西给别人，能给别人提供价值不一样的东西，只有将这个不一样想明白以后，钱自然会来。"在他看来，快速赚钱也意味着快速破产。"我看的书，绝大部分跟赚钱一点没有关系。我好像没有看过与MBA有关的任何一本书，也没有看过任何一本销售的书，天下也没有一本互联网怎么做的书。"

化成了智慧。在几何学方面，他贡献了笛卡尔坐标系；在哲学方面，他成了近代西方哲学的始祖①。正是因为笛卡尔的重"思"，后来西方很多哲学学派都特别重视认识论。一个人沉"思"得越久，他自我的存在感就越真切。孔子用"学而不思则罔"强调"思"在将知识转化为智慧过程中的重要性，笛卡尔则用"我思故我在"把"思"的作用推崇到了极致。

 案例 1.1.2　王阳明及其"心学"

认知之重要，也即"心"之重要。《大学》开篇就强调："古之欲明明德于天下者，必先治其国；欲治其国者，先齐其家；欲齐其家者，先修其身；欲修其身者，先正其心……"

谈到"心"，除了《大学》，国人首先想到的通常还有"心学"及其代表人物王阳明。王阳明及其心学的重要性，通过以下事例和评价可见一斑。

1917 年，24 岁的毛泽东，读罢王阳明的心学后，慨然而生经略四方之志，一挥而就《心之力》，湖南一师杨昌济老师惊叹其"心"之广，"意"之阔，"思"之深，"志"之鸿，料定此青年将来必有大为，作文给了满分并外加 5 分。后来还将爱女杨开慧许配给这位有志青年。②

近代教育家陶行知先生原名陶文濬，因敬仰王阳明"心学"里的"知行合一"思想，先后将名字改为陶知行和陶行知。重视"心"而不陷入唯心主义的泥潭，知行合一，是令心卓而有力、行卓而有效的关键。

王阳明心学强调：圣人之道，吾性自足。不假外求，内求于"心"。在经济快速发展、人心略显浮躁的当下，学习好、领悟好"心学"

---

① 罗素. 西方哲学史（下卷）[M]. 北京：商务印书馆，2011.

② 杨昌济先生对毛泽东的器重是一贯的：1918 年 6 月，杨昌济先生应蔡元培校长之邀，到北京大学任伦理学教授，他又推荐毛泽东到北京大学图书馆工作。杨昌济临终前曾致信好友章士钊（时任广州军政府秘书长、南北议和代表），推荐毛泽东和蔡和森，信中说："吾郑重语君，二子海内人才，前程远大，君不言救国则已，救国必先重二子。"

尤为必要。曾有今人感言："华夏又逢盛世，满心却是迷茫。曾经外向求索，反生无奈乱象。"虚名和物质财富的堆积都无法必然保证心安，最好的救赎之道是把外求之心转为"内求"。王阳明临终有言："此心光明，亦复何言！"2015年，习近平总书记在参加全国"两会"讨论时曾指出：王阳明的心学正是中国传统文化中的精华，是增强中国人文化自信的切入点之一。[①]

唯物主义者都会承认物质、名望、人际等外在追求的重要性和合理性，但这些外在追求必须和内在的"心"融合，才可以生成认知层面的意义感，生成"至简""至上""至真"；才可以生成行为层面"义利合一"，生成"顺势合赋"的"至善"担当；才可以生成情绪层面"至乐至安"合一，生成稳定、持久的积极感知习惯。

 ### 案例 1.1.3   孝庄如是教育康熙

康熙十二年（1673年）春，时年18岁的康熙帝亲政不久，力排众议，下令撤藩，导致以平西亲王吴三桂为首的"三藩之乱"爆发。全国多省大员纷纷反叛，清兵因准备不足，节节败退，以至半壁沦丧，一时间清帝国危在旦夕。年轻的康熙帝产生迁都盛京和退位的想法，在列祖列宗灵前请罪。这时杨起隆乱党已闯入紫禁城，与早已安排好的内宫太监策应，矛头直指最高统治者。殿外十万火急，孝庄太皇太后岿然不动，厉责康熙："大清国最大的危机不是外面的叛军与太监，最大的危难，在你自己的'心里'"。"大清国最大的危机不是外面的叛军与太监，最大的危难，在你自己的'心里'"。"大清国最大的危机不是外面的叛军与太监，最大的危难，在你自己的'心里'"，重要的话说三遍，重要的话需要重复重复再重复。在孝庄的斥责下，康熙如梦初醒，振作精神，带领群臣稳住了朝局，平定了叛乱。

"生也有涯，知也无涯"，面对浩瀚的宇宙、悠久的人类史、丰

---

① 张韬. 阳明心学的时代价值[N]. 浙江日报，2016-12-26(011).

富的人心……每个个体的所知相对于其所不知，都十分有限。犹如我们声称自己知道太阳，其实我们对太阳知之甚少（天文学家知道相对多些）。信息无限，认知有限，但我们还必须依靠这些有限认知生存下去。

面对外部信息的无限和个体认知的有限，"心"的作用就凸显出来了，面对同样的信息，不同的"心"会生成不同的结果：可生成浩然正气，也可生成猥琐苟且；可生成仁爱正义，也可生成私利裹挟；可生成当下的局促狭隘，也可生成长期的开阔广大；可生成申申夭夭，也可生成纷扰忧怨。古今智者强调"心"之重要，就在于他们洞察到：相同的信息，在不同的内心结构、不同的价值观下会生成不同的结果。"三观"——世界观、人生观、价值观问题至关重要。"心"的问题至关重要，"认知"问题至关重要。

二、至简

四时行焉，万物育焉，天地万物运行简约而富有美感，大道至简使然。人类对天地万物的认知，粗浅则杂乱茫然，深入则日渐简约，比如牛顿三定律，简短的几个公式，却揭示着宇宙间森罗万象的运动之法。乔布斯将自己的创造性认知归因于化繁杂为简单的特能，他曾坦言：专注和简单一直是我的秘诀之一。简单可能比复杂更难做到，你必须努力理清思路，从而使其变得简单。但最终这是值得的，因为一旦你做到了，便可以创造奇迹。斯言诚然，能剥离纷繁的细枝末节，发现隐藏在纷杂万象深层之"大道"，此所谓认知之至简。

历史上的思想之大成者，多有化繁至简之表现。夫子之道，简至"忠恕"二字而已矣。老子坚信"为道日损"。人文日用的道理不该太多，应静养"不窥牖见天道，不出户知天下"之功力。白居易出任杭州太守时曾求教鸟窠禅师："佛经九千，焉得其要？"答案简至八个字："诸恶莫作，众善奉行"。司马光因秉持"删削冗长，举撮机要，专取国家盛衰，系生民休戚，善可为法，恶可为戒"，才有了《资治通鉴》之鸿篇。王阳明苦思冥想，将《大学》的三纲领"明明德、亲民、止于至善"简化为一纲领"明明德"，将全部《大学》简并为一条目"致良知"，强调"至上"认知的重要性，方有"心学"的问世。[①]

 案例 1.2.1　《传习录》[②]中的两段文字

问："'思无邪'一言，如何便盖得三百篇之义？"

先生曰："岂特三百篇，六经只此一言便可该贯，以至穷古今天下圣贤的话，'思无邪'一言也可该贯。此外更有何说？此是一了百当的功夫。"

先生语陆元静曰："元静少年亦要解《五经》，志亦好博。但圣人教人，只怕人不简易，他说的皆是简易之规。以今人好博之心观之，却似圣人教人差了。"

先生曰："孔子无不知而作，颜子有不善未尝不知。引是圣学真血脉路。"

 案例 1.2.2　英国威斯敏斯特大教堂无名墓碑的启示

威斯敏斯特大教堂是英国的标志性建筑，历史悠久，庄严神圣。在其地下室的墓碑林中，王侯贵族及先贤伟人的墓碑为数不少，几乎每一块都华美精致，质地优良，唯独有一块墓碑用料普通，造型平庸。这块微不足道的墓碑上没有姓名，也没有生卒年月，甚至没有墓主的介绍文字。然而这块无名氏的墓碑却吸引着来自世界各地的人们，这些络绎不绝的造访者不远万里来到英国，只为一睹它的

---

① 冯友兰. 中国哲学简史[M]. 涂又光，译. 北京：北京大学出版社，2013.
② 王阳明. 传习录[M]. 叶圣陶点校. 北京：北京时代华文书局，2014.

碑文。年轻的曼德拉看到这篇碑文时，顿然有醍醐灌顶之感，声称自己从中找到了改变南非甚至整个世界的金钥匙。回到南非后，这个志向远大、原本赞同以暴制暴填平种族歧视鸿沟的黑人青年，一下子改变了自己的思想和处世风格，他从改变自己、改变自己的家庭和亲朋好友着手，经历了几十年，终于改变了他的国家。

碑文这样写道：

When I was young and free and my imagination had no limits, I dreamed of changing the world. （年轻的我思想无疆界，梦想改变世界。）

As I grew older and wiser, I discovered the world would not change, so I shortened my sights somewhat and decided to change only my country. But it, too, seemed immovable. （长大的我发现世界不会变，我退而去改变国家，却同样无功。）

As I grew into my twilight years, in one last desperate attempt, I settled for changing only my family, those closest to me, but alas, they would have none of it. （迟暮的我绝望地想改变家庭，亲近如斯却依旧徒劳。）

And now, as I lie on my deathbed, I suddenly realize: If I had only changed myself first, then by example I would have changed my family. （此刻我行将作古，却突然意识到：我若首先改变自己，榜样的力量或许就改变了家庭。）

From their inspiration and encouragement, I would then have been able to better my country, and who knows, I may have even changed the world. （而家庭的激励可能会让我有能力改变国家，甚至改变世界。）

如此碑文，初读为之震撼，再读似曾相识。《大学》开篇有云："古之欲明明德于天下者，先治其国；欲治其国者，先齐其家；欲齐其家者，先修其身；欲修其身者，先正其心；欲正其心者，先诚其意；欲诚其意者，先致其知；致知在格物；物格而后知至；知至而后意诚；意诚而后心正；心正而后身修；身修而后家齐；家齐而后国治；国治而后天下平。"

碑文中真正有价值的提示，儒家在两千年前就已经给出，两者均洞察到"修己"与齐家、治国、平天下的先后关系。儒家还进一步洞察到"修己"之路径：物格、知致、意诚、心正。在信息爆炸的今天，很多信息具有相似性、重复性。当人们迷失于驳杂的信息数据时，人的心也就失去了"至简""至真"的能力。很多西方哲学家的思想多可用一段话或一句话概括。苏子所言"自其变者而观之，则天地曾不能以一瞬；自其不变者而观之，则物与我皆无尽也"涵盖了两个哲学学派。我们不能整天被信息裹挟，整天被信息感动。我们现在不是缺少信息，而是缺少静思的时间，缺少简约信息的时间，缺少让关键信息在头脑中重复链接直至养成正念的时间。

认知好似观树，从叶（末节）层面观之，杂乱无序，像散乱的信息点，无章可循；从细枝层面观之，线条已经清晰不少，很多信息点遵从着同一逻辑线条；从主干层面观之，简约清晰，现象的众多细枝末节都生于单一主干。观现象，定要培养拨枝叶见主干之功——变复杂为简单，变混乱为清晰。众多散乱的信息点只有纳入适当的逻辑线条，或简并为几个有限的文件夹，方能生成清晰的理念，理念相合则生成有效判断和决策。察因缘，倒要多了解隐藏在主干脚下的根系，正所谓"追根溯源""归根结底"。观现象，至简；查因缘，追根。

正如猴子不解的东西，人可以一目了然；小孩不解的事情，大人却认为简单至极。为什么？认知能力的不同使然。提升认知力，一定要拨琐碎，见主干。见得主信息，存养住正念。

 ## 案例 1.2.3　跨越文化差异的六大美德

在《真实的幸福》中，作者讲述了一项"跨文化研究项目"：美国密歇根大学的彼德森等人为了寻找出各个哲学等传统智慧都赞同的美德，他们阅读了亚里士多德、柏拉图、阿奎那、奥古斯丁、富兰克林的著作，以及《旧约》《犹太法典》《论语》《佛教经典》《道德经》《日本武士道》《古兰经》和《奥义书》等，在研究了整个世界横跨三千年历史的各种不同文化后，归纳出跨越文化差异的所谓放之四海而皆准的六大美德——智慧与知识、勇气、仁爱、正义、节制、精神卓越[①]。该研究得到的结论和儒家所倡导的仁、智、勇、尚义、节俭是如此一致，令人对中华传统文化精华肃然起敬。看来指导人伦日用的规则并非庞杂无限，浮躁无效多是由于受到庞杂理论的干扰而忘却了至简规则。

　　我们强调至简并非指不学无术的简单，而是指"书破万卷，路行万里"之后的简约，是指经过"静思、体悟、实践"之后，对"万卷所阅，万里所闻"之信息进行过滤、萃取后的简约，简约后而见"大道"。至简可谓"复杂之后的简约"，这与达·芬奇的"至繁归于至简"是同一意思，也与美国最高法院法官奥利弗·霍姆的感悟是同一意思："对于无知的简单，我不屑一顾；而对于超越复杂后的简单，我全力以赴。"

　　正如诺贝尔奖得主卡尼曼所言："很多有效判断，既不遵从逻辑，也不遵从概率规律，而是遵从简易规则。"观念越简易，越容易被理解，越容易被接受，越容易被遵从，越容易被执行。认知不能至简，定会累而无效。

　　"乾以易知，坤以简能；易则易知，简则易从。"

三、至上

　　孔子在强调"学而不思则罔"的同时，也强调"思而不学则殆"。

[①] 马丁·塞利格曼. 真实的幸福[M]. 洪兰，译. 沈阳：万卷出版公司，2010：137—139.

任何分析、推理、判断与决策都需要一定的基础信息。"书破万卷，路行万里"属于"为学"，可以拓展视野，增长见识，增加基础信息量，使得个体在更广的范围内获取关键信息与主信息。缺少了关键信息和主信息的"思"是没有意义的。《论语·卫灵公》有言："吾尝终日不食，终夜不寝，以思，无益，不如学也。"《孙子兵法》的"知己知彼"，现代经济学科、决策论里所强调的信息充分，均意指：有效决策需要在宽广视野下获取主信息和关键信息。"为学日益"，学习是十分必要的，否则，现代人没有必要接受那么多学校教育。

"书破万卷"是必要的，在信息爆炸的今天，最大的问题是"书出版了不止万卷、十万卷、百万卷"，书本信息太多，网络信息更是铺天盖地。"吾生也有涯，而知也无涯。"（《庄子·内篇·养生主第三》），庄子年代"以有涯随无涯，殆已"，当今年代，"以有涯随无涯，倍殆已"。

案例 1.3.1   "信息量过大，无用、劣质信息过多"是大患

就信息的传播与接受而言，狄更斯《双城记》里的一句话套用到这里似乎更为恰当："这是一个最好的时代，这是一个最坏的时代。"随着科技的发展、社会的进步，信息社会已经到来。信息社会的一个重要特征就是信息量的大幅增加：据不完全统计，如今全世界每年出版近 70 万种期刊、60 余万种新书，登记 40 多万项专利，新增期刊近万种，发表科技文献 500 多万篇，编写 25 万份学术报告、学位论文等。全球有 900 多万个电视台、几十万个微波通信塔、几万个雷达站、30 多万个民用电台。[①]我国报纸从 1978 年的 186 种发展到现今的 2000 多种，日销量高达 1.07 亿份。全球的信息量正以平均每 12～18 个月就翻一番的速度增长[②]。同时，互联网等新媒体

---

① 朱颖科. 信息爆炸时代：未被满足的知情权遭遇被侵犯的不知情权[J]. 东南传播，2012（9）：39—40.

② 赵玉桥，何琳. 从"不知情权"看信息时代信息的有效传达[J]. 今传媒，2012（11）：27—28.

的兴起，使信息量更加巨大。现在人们每天接触到的信息量比我们的祖先 10 年的总和还要多。

如今，不止有新闻、大数据、分析、广告铺天盖地，更有预言、传言、流言与谣言招摇过市，世界上所有资源都匮乏，唯有信息过剩。没有"主信息"的坚守，没有"至上"价值观对信息的筛选与过滤，没有正念的"静以存之，动以磨之"，一切繁华皆是虚。信息过剩给很多个体带来的可能不是认知提升、判断提升，更有可能带来的是认知伤害、判断伤害、情绪伤害、生活伤害。

美国人大卫·申克在《信息烟尘：如何在信息爆炸中求生存》中提出了"信噪比"这一概念：你日常接触的信息中多少是有用的？多少是无用的？你的信噪比是多少？稀缺的、曾经被当作鱼子酱一样来珍惜的信息，如今却跟土豆一样充足，并被视为理所当然。当信息积累得越来越多，它就不仅仅是膨胀了，而是已经成为一种污染。"而这些信息烟尘太讨厌了，它挤占了空闲时间，阻塞了必需的思考。我们的谈话、写作，甚至娱乐都被它糟蹋了。它杜绝任何怀疑，把我们变成天真的消费者和小市民。它把我们压榨干了。"

信息爆炸，垃圾信息满天飞，"取乎上"尤为必要。

信息太多、太杂、太乱，我们定要学会拒绝垃圾信息、拒绝劣质信息，捍卫"不知情权"，对重复、劣质、有害信息目勿视，耳勿听。"夫目妄视则淫，耳妄听则惑，口妄言则乱，夫三关者，不可不慎守也"（《淮南子·主术训》）。今人多惑易乱，主因耳目失关，敞口无别地接受信息所致。约有千亿神经元的个人头脑虽可浩如大海，但如果每天无限制地被劣质信息污染，必然会导致认知伤害、情绪伤害、行为伤害！把好耳目关，学会拒绝、学会清理、学会重复巩固，大脑才有可能清晰、明澈、判然。

案例 1.3.2　智有穷而道无限，"取乎上"是关键

贞观二十二年（公元 648 年）正月，唐太宗将他撰写的《帝范》

十二篇颁赐给太子李治，并对其谆谆告诫："你应当以古代的圣哲贤王为师，像我这样，是绝对不能效法的。因为如果取法于上，只能得其中；要是取法于中，就只能得其下了。我自从登基以来，所犯过失是很多的：锦绣珠玉不绝于前，宫室台榭屡有兴作，犬马鹰隼无远不致，行游四方供顿烦劳。所有这些，都是我所犯的最大过失，千万不要把我作为榜样去效法。"

儒家强调："取乎其上，得乎其中；取乎其中，得乎其下；取乎其下，则无所得矣"。唐太宗《帝范·崇文》也强调："取法于上，仅得为中；取法于中，故为其下。"信息取乎上，志宜立乎上。《传习录》有言："志不立，天下无可成之事，虽百工技艺，未有不本于志者。"唐太宗是大成者，《帝范》一书中定有很多"上"等信息，但他却建议儿子多读有效信息更"上"的"圣贤"之作。

 案例 1.3.3　王强——人生最大的捷径是阅读一流的书[①]

北大出了许多企业家，这让我非常自豪。我经常回忆，北大为什么会产生企业家？经历了这么多年人生后，我明白了北大为什么会产生企业家。

以北大的 32 楼为例，当年我和俞敏洪（新东方教育科技集团董事长兼 CEO）作为北大青年教师住在该楼的第二层。后来俞敏洪创办了新东方，成了知名的企业家。

第三层楼，当年住着一个来自山西的叫李彦宏的青年，天天在水房里光着上身用冷水冲澡，唱着"夜里寻他千百度，你在哪呢"，天天念"百度"两个字，于是后来诞生了百度公司。而从知识储备来讲，李彦宏无论如何都不可能做企业，他是学图书馆系古典文学编目专业的。

第四层楼住着北大中文系的愤怒诗人黄怒波。这些年来，黄怒

[①] 根据《中国科学报》2013 年 8 月 12 日第 7 版文章整理。

波作为中坤集团创始人，其作为令人刮目相看。

英文系、图书馆系、中文系都是与金融、融资、管理完全无关的专业，但是学这些专业的人怎么会创建出成功的企业？这是因为北大给予了我们一样东西，就是怎样塑造生命的东西，使得我们对知识的渴望超过一切。

作者由此给出建议："读书只读一流的书"，多读经典，读那些能够改变我们生命轨迹的书籍。因为那些书不是字，是生命，而这些生命对读者的生命来说，是一种引领。因为那些书不是为名利而写，而是倾其心血乃至生命和经历而写。如果你读的不是真文字，遇到的不是真语言，那么最后见到的也一定是虚幻的世界，不是真实的世界。真正有力量的文字，一定能够对我们的审美进行奇异的再造，真的、善的、美的东西就会融入我们的血液，刻入我们的骨髓。

人生最大的捷径，就是阅读和拥抱世上一流的书。

 案例 1.3.4　一念之微，静以存之，动则察之

取乎上重要，合乎正更为重要。康熙《庭训格言》有言："训曰：人惟一心，起为念虑。念虑之正与不正，只在顷刻之间。若一念不正顷刻而知之，即从而正之，自不至离道之远。《书》曰：'惟圣罔念作狂，惟狂克念作圣。'一念之微，静以存之，动则察之，必使俯仰无愧，方是实在工夫。是故古人治心，防于念之初生、情之未起，所以用力甚微而收功甚巨也。"

现代心理学证实：人有念时，常主现一念。一正念现，百负念消；一负念现，百正念隐。正念相合者久，易现正语正行正感；负念相合者久，易现负语负行负感。

多读经典吧！读之愈复，敬畏愈浓，受益愈多。

康熙将至上的《论语》阅读背诵了二百多遍，才铸就了那般的心力、判断力、行动力。

四、至真

 案例 1.4.1　两个"1000 亿"[①]

　　科学家发现,浩瀚宇宙大约含有 1000 亿个类似银河系的星系,每一星系约含 1000 亿恒星。但是,这千亿星系所组成的所谓"可见"的宇宙只占整个宇宙的约 5%,其他不可见、不可知的 95%由暗物质(dark matter)及暗能量(dark energy)组成。暗物质的引力聚合千亿星系,各居其位。暗能量之张力控制宇宙之扩张速度,按部就班。简单地说,科学家对那蒙在他头上的"黑暗"还知之甚少。"1000亿",几乎超出了人类对数字的实际对应能力。[②]

　　巧合的是,人类大脑也拥有大约"1000 亿"个神经元,彼此通讯,形成 100 万亿个突触,数量之繁密,胜过整个银河系的星辰。中国科学院院士、脑科学专家杨雄里认为:"揭释大脑的奥秘已成为现代科学面临的重大挑战,通常被认为是人类认识的最后疆域。可以说,人类只有认识了大脑,才真正认识了自己。"人的认知、行为、情绪的核心部件是脑,但在大脑面前。人类就像仰望星空的孩子,科学界对大脑工作机制的认知几乎是空白,各种信息进入大脑后,大脑如何进行存储、调出、比对、分析、判断和决策,人类还知之甚少。美国加州理工学院脑成像中心负责人、神经科学教授拉尔夫·阿道夫无奈地说:"我们不了解任何一个独立机体的大脑工作机

---

①　该案例根据人民网、21CN 网文章整理。http://www.people.com.cn/24hour/n/2014/0212/c25408-24330290.html. http://news.21cn.com/hotnews/a/2013/0427/15/21358232.shtml.

②　曾有微信文章《地球究竟有多大》,用图示比较了地球和其他星体的大小,令很多读者产生莫名的恐惧感,人类赖以生存的地球竟然那么微不足道。

制，就连只有 302 个神经元的小虫，我们目前也没法了解它的神经体系。"

2013 年初，欧盟委员会宣布"人脑工程"为欧盟未来 10 年的"新兴旗舰技术项目"。同年 4 月，美国白宫公布了一项称为"推进创新神经技术脑研究计划"（简称"脑计划"）。这项研究堪称又一个"人类基因组计划"（HGP）。奥巴马在 2013 年初的国情咨文中表示，这项计划将让科学达到一个自太空竞赛以来从未到达的高度。

 案例 1.4.2 致知在格物？

宇宙浩瀚，人脑深奥，人类如何认知？儒家强调"致知在格物，物格而后知致"。格物，就是在实践中亲自观察事物的来龙去脉，了解其横竖表里，这相当于现代认知科学中强调的直接经验，强调"实践出真知"。宋朝后儒学分化成程朱理学与陆王心学，理学代表朱熹特别强调：为了了解永恒的理，原则上必须从格物开始。[①]王阳明最初也信奉格物的基本重要性，格了七天竹子毫无所获而累倒，由此产生了对理学的怀疑，强化了对心学的坚信。

先生曰："先儒解格物为格天下之物，天下之物如何格得？且谓'一草一木亦有理'，今如何去格？纵格得草木来，如何反来诚得自家意？我解'格'作'正'字义，'物'作'事'字义。"

先生曰："众人只说格物要依晦翁，何曾把他的说去用？我着实曾用来。初年与钱友同论做圣贤要格天下之物，如今安得这等大的力量？因指亭前竹子，令去格看。钱子早夜去穷格竹子的道理，竭其心思至于三日，便致劳神成疾。当初说他这是精力不足，某因自去穷格，早夜不得其理。到七日，亦以劳思致疾。遂相与叹圣贤是做不得的，无他大力量去格物了。及在夷中三年，颇见得此意思，

① 冯友兰先生评价：朱熹自己就没有严格执行这个原则。在朱熹的语录中，我们看到他的确对自然现象和社会现象进行了某些观察，但是他的绝大部分时间还是致力于经典的研究和注释。他不仅相信有永恒的理，而且相信古代圣贤的言论就是这些永恒的理。所以他的系统中有权威主义和保守主义成分，这些成分随着程朱学派的传统继续发展而日益显著。程朱学派成为国家的官方学说以后，更是大大助长了这种倾向。

乃知天下之物本无可格者。其格物之功，只在身心上做。决然以圣人为人人可到，便自有担当了。这里意思，却要说与诸公知道。"

一草一木皆有理，仅凭一己之力去"格"天下之物是不现实的。现今，自然科学已经分化为若干学科，借助精密仪器的分子级、原子级，甚至更细微级别的研究，早已替代用肉眼"格物"——观察事物的横竖表里与内在机制。对于自然科学的认知，只能交由各专业的专家借助现代仪器设备去"格"，倾其毕生精力去"格"，以求得一些真理性认知。

 案例 1.4.3 格"自然"之理与格"人文"之理的方法不能混同

"哲学在其全部历史中一直是由两个不调和地混杂在一起的部分构成的：一方面是关于世界本性的理论，另一方面是关于最佳生活方式的伦理学说或政治学说。这两部分未能充分划分清楚，自来是大量混乱想法的一个根源。"罗素认为，"格"宇宙发生等自然科学之理与"格"人文社会科学之理的胶着导致了诸多混乱、无效与虚假。

在西方哲学中，从柏拉图到威廉·詹姆士，哲学家们更是"让自己的关于宇宙构成的见解受到了希求道德教化的心思的影响：他们自以为知道哪些信念会使人有道德"。在近代西方哲学中，对人文日用和自然科学给予同时关注的哲学家也不罕见。笛卡尔既撰写了《方法论》《沉思录》，也撰写了《胚胎的形成》，并在《哲学文集》（Essaisphilosophiques）（1637）中讨论几何学和光学。在宇宙演化论方面，笛卡尔提出漩涡形成说："在太阳周围的时空里有巨大的漩涡，带动着行星回转"。斯宾若莎因《伦理学》与《政治学》而著名，但他也不乏对科学有兴趣，甚至还写过一部关于虹的论著。

罗素的这一结论同样适用于中国哲学。从先秦百家到近代中国哲学，宇宙发生论与人伦日用思想时有交叉，这在《道德经》等经典中体现得尤为明显。康熙的《庭训格言》关乎人文日用，《几暇格物编》关乎自然。

17世纪后，科技思想日益深入人心，人们逐渐认清，想"一举就创造关于全宇宙的一整套理论"是不可能的，关于世界本原、宇宙发生、生命起源等认知，只能交由自然科学一次一个问题地、逐步地解决。以往任何大一统的理论多属于主观臆想或猜测。

宇宙浩瀚，世事缤纷，注定了人类对其认知具有有限性、渐进性，对此少有绝对之"真"。宇宙发生论等自然科学的每次进步，都可以使此前的理论马上褪色，甚至令其变为彻底的破烂、废品："日心说"的确立使得此前基于地心说的宇宙发生论变成了废品；牛顿力学理论的确立使得笛卡尔的"漩涡说"失宠；爱因斯坦相对论动摇了牛顿经典物理学的根基。也许在不久的将来，爱因斯坦的相对论也会被某一新的理论所颠覆。[①]在宇宙发生和诸多自然科学方面，武断的、大一统的教条早晚要被揭穿。就宇宙发生论等自然科学而言，人类只能基于有限"可知"和有限"可感"去求"真"，求得一点，是一点。哥白尼、伽利略、牛顿、爱因斯坦等人的"求真、渐进、务实"的科学精神赢得了全世界的尊敬。

认知自然是渐进的，少有绝对真理。在人文日用领域更少有绝对"真"理，"道可道，非常道"在人文日用领域更为适用。早前，关于人文日用的思考归于文史哲，人文主要研究"人"——研究人的认知、情绪、行为。当今，研究认知、情绪、行为的很多学科已经充分借用自然科学的研究手段，具有交叉学科的性质，脑科学就是典型的例证。在关于人脑的研究没有取得突破性进展之前，人类不得不借助观察各种现象的规律性而继续生活。既然是靠观察得出的规律，就少有绝对真理，盖然性的规律居多。人为什么一定要讲究"仁义礼智信"？"诚敬，忠恕"为什么一定优于"睚眦必报"？谁都不能给出绝对的理由，谁都不能给出严谨的证明。只能说通过观察发现怎样行动会更好些。康熙曾教育皇子：凡是战时嗜杀无度、缺少悲悯心的战将，其后代都不怎么兴旺。他教育皇子们一定要"仁

---

① 罗素在其《西方哲学史》中评价道：弗雷格使得"以前的全部数的哲学成了连篇废话，是最严格意义上的'废话'"。

爱"、务必要"诚敬"。

 案例 1.4.4　人文日用，主张各异

人文日用领域少有确切，少有绝对真理，不同派别吵了千百年，也难以争出高低①。以至于不同哲学关于个人行为何以至善的微观建议无法统一，关于政府治理何以至善的宏观政策主张差别巨大。

不同的先贤对"人性"的基础假设截然不同，所以他们给出的政策建议也就差别巨大，孔子、孟子假设"人性本善"，儒家就认为"道之以政，齐之以刑，民免而无耻。道之以德，齐之以礼，有耻且格。"荀子（韩非子的老师）、韩非子更强调"人心自利的一面"，基础假设是"人性有恶"，法家批评儒家迂腐、空谈，过于理想主义。法家少谈德、礼，只关心"奖惩"制度的完善。但实践证明，"废德兴法"加剧了秦国内部的矛盾，导致其"二世而亡"，法家体制的崩塌也使得汉朝"罢黜百家，独尊儒术"，但实际上汉朝尤其汉武一朝仍沐浴着法家的余晖，司马光评论汉武帝有"亡秦之失，而免亡秦之祸"，只不过儒家思想对法家开始产生制约，可谓之"外儒内法"，这种调和造就了汉朝的百年基业。当今社会，成功的政府治理、企业治理、个人治理，背后一定遵从着某种"博观约取而内化，博采众长而一化"的至上理念。各派思想可用之"度"是因时因地发生变化的。若是真有绝对的规律，当今各国的政府治理、企业治理、个人治理就不会那么艰难。所以正确的应该是：综合运用古今中外的一切人类智慧。怎么综合？这又恰恰是对当事者智慧的一种考验，任何时代成功的社会治理和个人治理都需要当事人的"智慧"行动。智慧源自"心正，意诚"、求"真"务实的意识和态度。

 案例 1.4.5　认知，"急"容易离"真"，"躁"容易背"真"

"格"自然之理崇尚一个"真"字。"正"世间万事归于一个

---

① 人文日用领域很多事情，有时的确很难辩论出"是非""对错"，很难用"是非""对错"简单概括。"是"若果"是"，天下早已绝"非"；"非"若果"非"，人间早已无"是"。

"真"字。

将人类对自然、对大脑、对自身已经认知的部分和有待认知的部分相比，形容为大海中的几座小岛并不为过。虽然人类能彻底、绝对、清晰地认知自然、自身的路还很长很长，但也千万不要因此陷入悲观绝望，人类依靠对宇宙、对自身的诸多规律性观察也基本满足了正常生活的需要。日心说确立之前，人类相信地心说。尽管存在整体性误判，但人们还是观察到四季循环、寒暑更替等诸多规律，这些规律也基本保证了农耕生活的继续。源于欧洲的科技革命之后，人类在自然科学领域的进步加快，医学的进步使人类的平均寿命大大提高，通信技术的进步使人类的交流已经十分方便，交通的便捷使人类的活动范围大大拓展。人们应该时刻以感恩的心情珍惜这些进步。

认知在飞速进步，但已知部分和未知部分相比还是太少。一千亿个类银河系的星系，确实太大了；一千亿个神经元，确实太复杂了。我们认识宇宙、认识自然、认知人脑不能操之过急。急，一方面无济于事；另一方面，某些认知进步、科技进步似乎与人的心灵是否安顿关系不大。自然科学发展可以提升技术，转化为科技产品，方便日常生活，扩充了信息，增加了消费选择，但这些都不一定能安顿我们的心灵。弄不好，物质的过剩可能使人更难以在物质方面找到意义感；通信便捷可能破坏期盼所产生的情趣；信息过多反倒堵心，干扰了判断；没有实质性差异的过多选择项也只能增加选择成本，并减少积极的情绪体验。

"格"自然之理，"急"容易背"真"。"正"人间万事，"躁"容易离"真"。

宇宙发生论等自然之理容易除旧推新，但在人文日用领域，新说不一定优于老理。对于传统哲学中涉及人伦日用的精华部分，后人一定要倍加珍惜和敬畏。那是先哲长期守静、惟精惟一、躬身实践后在头脑中产生的深层次的链接，简约、明了、有效，需要静心去领悟，需要在实践中加深理解。数千年后仍泛着光辉的智慧，着实不多，在略显浮躁的年代不要被垃圾信息裹挟而忽略了先哲大智慧的提示。能经受千年验证而不衰的思想一定是深邃的，但后来的读者能体验到哪种程度与其个人的心境、阅历有关，没有办法强求。若能借助现代认知科学、脑科学的语言，将传统智慧解释得更容易被接受一些，更容易操作一些，使更多个体产生更深邃的共鸣，那无疑是一件有意义的事情。在日省吾身中敬畏先贤之思想，在格物实践中体悟经典之深邃。值得强调的是，人文思想的提升，才是解决心灵安顿问题的关键所在。①

　　至真，提升对自然和自身的认知；尊贤，安顿好急躁的心灵。

 案例 1.4.6　尚"真"？还是"真""美"兼顾？

　　自然科学领域多涉理少涉情，所以崇尚至真；人文日用领域往往既涉理又涉情，当认知求真和感受求美一致时当然好办，两者不一致时，必须做出取舍以达成平衡。人们赞美月亮的诗篇多是源自眼睛直观感受之美，而非来自认知的较"真"儿，若要较起"真"儿来，月亮还真的不美：表面凸凹不平，没有绿地，没有森林，月光也是借用太阳的；若要较起"真"儿来，诗词的很多语句都经受不住逻辑的推敲。古人是智慧的，既崇尚真，也崇尚美，创造了很多大美的诗篇。这些美妙诗篇抒发了多少人的情感？慰藉了多少人的心灵？又为后人存留了多少无形财富！在自然科学领域，要无条件尚真。但在人文日用领域，认知求真很重要，感受求美同样重要。

　　大道不离"日用常行"，个体日常生活更多关乎人文日用。"大其心"下的"认知与情感"合一，"真、美"兼得，是上智。"小其心"下的纠结缠绕，"真、美"俱损，是下智。每个个体的内心潜力无限，愿更多个体"认知与情感"合一，"真、美"兼得。

---

　　① 古时候，当人们尽了全力仍然难以保命时，他们更倾向于相信神明的力量，以减少内心之恐惧。科技的发展使人类的自我能量感大大增加，大部分人只要付出正常努力就可以基本免于物质的匮乏，饥荒、洪水、瘟疫等，饿殍遍野日趋少发，人类对自然灾害和疾病的应对能力日渐增强。这时，科技的力量又普遍地被高估了，科技的快速发展并没有很好地解决人类心灵的安顿问题，情绪焦躁问题普遍而严重地在很多国家出现了。

格自然之理，需要借助逻辑推理、重复实验，需要专业人士倾其毕生精力的驻心用力。格自然之理，崇尚专一性、确定性、可计量性。格人文日用之理，因其涉及人心的丰富性和可变性、涉及诸多无价因素（健康、亲情、尊重、名望），需要在广视野、高平台上"至简""至上"地求真，需要"真美"兼顾地求真。若将"格"自然之理的方法强硬嫁接于"格"人文日用领域，用"自然科学"之真淹没"人文日用"之真，用"自然科学"之专一性、确定性覆盖了"人文日用"之丰富性、不确定性、无价性，其对人类生命丰富性的伤害不可低估，其对人类生命深刻性的伤害不可低估，其对人类生命意义感的伤害不可低估，其对人类幸福感的伤害不可低估。无论如何，不能混淆了"自然科学"之真与"人文日用"之真。否则，其危害将不堪承受。

五、判断力很重要

判断力是认知能力的集中表现。美国心理学大师马斯洛研究许多伟人共同的人格特质后发现，成功者通常具有 16 个重要特质。其中第一条特质就是：他们的判断力超乎常人，头脑多时能清晰、简约、判然，对事情观察得很透彻，常常只根据现在所发生的一些事，就能够正确地预测将来事情的演变。个体接受家庭教育、学校教育和社会教育，丰富自己的人文知识和专业知识，其成效主要体现在他能否从杂乱的信息堆中捕捉到主信息和关键信息，生成有效判断。一个决策论的研究者，如果他一生都没有做出一项卓越判断与决策，人们就很难相信其理论的有效性。

案例 1.5.1   依情，要尊重多数；依理，则不尽然

李嘉诚先生曾说：选择一件衣服，如果 80%的人说"好看"，他会毅然买下，好看"涉情"；而选择一项投资，如果 80%的人说"看好"，他会毅然放弃，看好"涉理"。"众见其利者，非利也。"相关统计显示：在天使基金、孵化基金所选择的各种投资中，近 90%以上的投资选择是失败的。成功往往要经受住 90%以上大众化认知的不解，去赢得那小概率的超越。大成需要超常的"依理"判断，"超常"则意味着少数。

 案例 1.5.2   罗杰斯的投资哲学：投资要做大胆、理性的独行侠[①]

投资大师罗杰斯有一个响亮的外号叫作"独行侠"，而这个外号的由来则是因为罗杰斯大胆的投资策略，罗杰斯经常会做出一些出人意料的逆大众式的投资。罗杰斯认为投资者就要做大胆、理性的独行侠，不要被他人的想法左右，在仔细、理性的分析后就果断地去执行。

在罗杰斯给女儿的十二封信中，他就曾明确表示："假如每个人都嘲笑你的想法,这可能就是成功的指标！"王阳明"良工心独苦"的慨叹也有同样的意向。

早在 20 世纪 80 年代，罗杰斯发现中国大有潜力，于是他便开始搜集中国的资料，准备在中国投资。当时，大部分人认为他疯了，因为在别人眼里，中国是食古不化、不知变通的国家，绝对不会允许外国人投资，更没有什么投资价值。但是，罗杰斯却坚持相信他的直觉，他的逻辑很简单：中国有超过 10 亿的人口，而且储蓄率高得惊人，而这些钱是可以用来做投资的。罗杰斯后来的成功便是最好的验证。

---

① 根据中国经济网文章整理。http://www.ce.cn/macro/more/201306/05/t20130605_896345.shtml.

案例 1.5.3　马云——成功与否取决于对十年后的判断

2014 年 11 月，马云在首届世界互联网大会上发言："当下社会商人要寻找一个机会，一个今天就能做、明天就能成功的机会，基本是找不到的。因为这个世界聪明人太多了，不要说我们公司以外，我有时候坐在公司里面，看看我们公司那帮年轻人，我也目瞪口呆，这帮人怎么这么聪明，比聪明你已经没有机会了，比勤奋估计更没机会，你只能比未来，我认为十年以后中国社会会出现这样的事情，我必须去做。"马云当初也正是基于对十年后中国电子商务前景的正确判断和笃行，才有了今天的辉煌。

当下，任何人都难以摆脱信息的裹挟与轰炸。学生们辛苦地接受着诸多的专业信息与非专业信息，但如果认知力，尤其是判断力、决策力没有切实得到提升，那么不得不质疑这种"辛苦地教育"是否有真实效果。

案例 1.5.4　真判断——需要"至简""至上""至真"

现举一涉及个人判断的案例。2000 年，北京的房价不到 6000元，当年在北京学习经济学专业的某学生，根据所学所思，如果他能清晰准确地判断出 15 年后房价能涨到 60000 元，他定会付诸行动。当初之所以没有行动，是因为他缺少清晰的判断。若想将书本概念、推理转化为清晰、准确的判断，我们需要用"心"思考！"至简"思考！"至上"思考！"至真"思考！

道家有言："筌者所以在鱼，得鱼而忘筌；蹄者所以在兔，得兔而忘蹄；言者所以在意，得意而忘言。"儒家有言："辞达而已矣。"释家强调："不立文字，直指人心。"中国传统智慧均强调：任何观察思考，若想得其"主旨""要义"，务必要跳出文字概念的纠缠，"悟实得实""心领神会"。在现代经济学中，有很多精巧的概念、定理，比如"弹性""激励相容""科斯定理"等，这些概念当然有助于理解和观察经济现象，但我们不能对其作用过于高估。"弹性"属于现代经济学造出的概念，但早在千百年前，人们已经懂得对食盐、粮食等物品（现代表述为需求价格弹性小的商品）实行政府管控。早在封建社会，符合"激励相容"理念的"分成制"就已经出现。科斯定律提示：产权清晰、边界明确大有裨益。但是在我国传统家庭生活中，父母的舐犊情深、子女的乌鸦反哺，都无法把责权界定得一清二楚，若硬要界定清楚，情致无疑会大打折扣，生活将会变得单调乏味、了无生趣。①

人文日用，不应过于追求确定性。

2015 年，我国居民人均预期寿命为 76.34 岁②。也就是说，大多数人都活不过 80 岁。虽然小于 80 岁是大概率事件，但多数人对超过 80 岁还是心怀希望。我们千万不要低估这一希望，正是由于存在希望，大大激发了个人的内在努力、幻想、期盼与潜能。如果明确告诉一个人，他在 80 岁那天将会死去，一天都不能多活，那对他生活的丰富性和内在努力性可能会产生致命影响。

判断、选择都是在诸多不确定因素的背景下做出的，成功就在于谁能在杂乱的信息中抓住主信息和关键信息。诺贝尔经济学奖得主西蒙谈到他当独立董事的体会时说道：信息充分的假设纯属空谈，信息充分的成本是无限大的。③公司的任何决策都是在信息不充分、仍然面临诸多不确定性的情况下做出的，多数情况下是在有限的几个备选方案中择一而已。

罗素曾说："在鲜明的希望与恐惧之前而不能确定，是会使人痛苦的；可是如果在没有令人慰藉的神话故事的支持下，我们仍希

---

① 曾有新闻报道：某国有男生，只找 AA 制的女友，所有费用必须两人均分。这种所谓的责权清晰，不知道到底是人类生活的进步，还是人类生活的退步。

② 数据来源：http://news.xinhuanet.com/2016-07/21/c_1119259230.htm.

③ 世界太大，事情太多，空间无尽无穷，时间无始无终，人物形形色色，人心变化万千，任何个体仅凭短短几十年的生命体验，所知终归有限，所感终归有限，但个体又必须凭这些有限去思考、去感悟、去行动。杨朱曰："太古之事灭矣，孰志之哉？三皇之事若存若亡，五帝之事若觉若梦，三王之事或隐或显，亿不识一。当身之事或闻或见，万不识一。目前之事或存或废，千不识一。"在杨朱看来，信息充分是不可能之事。

望活下去的话，那么我们就必须忍受这种不确定。无论是想把哲学所提出的这些问题忘却，还是自称我们已经找到了这些问题的确凿无疑的答案，都是无益的事。教导人们在不能确定时怎样生活下去而又不致为犹疑所困扰，也许这就是哲学在我们的时代仍然能为学哲学的人所做出的主要事情了。"

人文日用领域的决策会涉及更多的不确定性，涉及人心的丰富性和可变性，涉及诸多不可估值因素，没有"至简""至上"，难以"至真"，也就难以生成有效判断。正如一些决策论研究者一生做不出一项卓越决策，他们可能过于禁锢于某些逻辑，而忽略了各种不确定性。伟大的政治家、成功的投资者总是不过分拘泥于单一逻辑，他们对基本的规则、简易的哲理总是有着深刻的理解，总是能从"杂乱""纷繁"的信息中捕捉到关键信息，总是能在诸多不确定性中把握住大势，生成有效判断。在任何一个具体决策过程中，纵然头脑中信息万千，但是起主要作用的往往只是几条，有时甚至是一条压倒性的关键信息。

 案例 1.5.5 杨敬年先生的感悟[①]

2016 年 9 月 4 日，杨先生在天津逝世，享年 108 岁，习近平总书记等多位党和国家领导同志以不同方式表示哀悼。一位高校教师何以赢得如此尊重？因其一生对他人、对工作、对社会的诚敬、诚思、诚行。先生去世后，南开大学在其诞辰 108 华诞之际举办追思

① 南开大学杨敬年教授是我国著名经济学家、教育家和翻译家，也是我国财政学、发展经济学科的奠基人之一。1948 年，应时任南开大学校长何廉的召唤，刚刚获得牛津大学博士学位的杨敬年放弃赴美计划，毅然归国，任南开大学教授。1949 年，杨敬年、陶继侃等先生目睹财税人才匮乏之窘境，创建了南开大学财政系。特殊年代，杨敬年先生以惊人的毅力翻译了总计 230 万字的外文著作及 200 多万字的联合国大会、安理会正式记录。1979 年，恢复教授职称的杨先生已逾古稀，仍重登讲坛、教书育人。退休后，杨先生笔耕不辍：88 岁撰写跨学科著作《人性谈》；90 岁翻译完成 74 万字的经济学名著《国富论》；百岁高龄时，撰写自传《期颐述怀》；105 岁时，《人性谈》再版，他"在头脑里头修正"，口述了一万多字的改动……2016 年 9 月 4 日，杨先生在天津逝世，享年 108 岁，习近平总书记等多位党和国家领导人以不同方式向杨先生表示哀悼。

会，杨先生的忘年交、南开大学经济研究所关永强副研究员在追思发言中讲道："关于治学，杨先生对我提到最多的，也就是他在很多其他场合都反复强调的，要有宽广的学问基础。先生曾经很多次在不同场合跟我说到，现代科学之所以要分科，是因为知识太多了，必须得进行分工和专业化的研究，但专业的过度细分对于学生特别是社会科学的学生而言，却不全是好事，因为经济、社会、政治和文化现象本身是相互交织在一起的，而过度细化的科目则会妨碍学生学习相邻学科的知识，也很难以全面的眼光来看待复杂的社会和经济问题。他回忆起自己的求学和治学历程，早年在中政大时学习行政学，到南开经济研究所读研究生时的专业也是地方行政，在牛津读的是哲学、政治和经济（简称 PPE）博士，回国后创办财政系，使南开大学成为国内最早设立财政系的四所大学之一。后来先生在全国最先开设发展经济学课程，晚年还在哲学与社会科学交叉领域撰写了《人性谈》，他的成就正得益于综合的学术背景。先生曾跟我详细提到过牛津 PPE 学位的特色，认为这充分体现了牛津与剑桥等其他大学不同的历史风格，很值得我们参考借鉴。他也经常怀念求学时期的南开经济研究所，说到何廉先生创办经研所时所仿照的就是英国的伦敦政治经济学院，目的在于建立一个社会科学交叉互动的综合性研究机构。当时何廉先生是财政学，方显廷先生是经济史，陈序经先生是社会文化学，而张纯明先生是政治学理论，张金鉴先生则是行政管理，这种多元化的学术气氛给当时在南开读书的杨先生留下了极其深刻的印象。"

在社会科学领域，专业过度细分不是好事，这会导致学生很难以全面的眼光来看待复杂的社会和经济问题。眼光不全面，学生就难以选对主信息与关键信息，就难以生成有效判断。

信息、知识、智慧，三个名词之间的界限何在？能否准确界定三个名词？答案是否定的。名可名，非常名，名与实的对应并非总是"一对一"那样清晰准确的。据百科书讲，信息泛指人类社会能够传播的一切内容；而知识则指系统化的、专业化的信息；而智慧则关乎将知识转化为有效判断和有效行动的能力。

在现实生活中，个体必须借助对自我、他人和社会的思维惯性、情感惯性、行为惯性的观察，面对诸多不可控因素和不确定性，有所思考，有所判断，有所行动。相对有效的判断首先需要的智慧是，分清哪些是确定的、不可改变的、惯性强大的；哪些是基本确定的、不易改变的、惯性较大的；哪些是不确定的、容易改变的、无规律可循的。应用好确定的，应对好不确定的。所谓智者，能做的盖不过如此。

毛泽东同志在战争年代的诸多判断，邓小平同志选择农村家庭联产承包责任制作为改革的突破口，这些都是真知、真思的结果。那里没有抽象的概念，没有故弄玄虚的造词，没有高深的数学推导，有的是对国家命运的负责，有的是一人反复慢走四年踩出的从江西南昌新建县拖拉机修配厂到邓小平住处的"小道"，"小道"上的多年"真思考"悟得了中国改革开放的"大道"，选准了突破口，奠定了中国经济几十年的辉煌。

相比伟人的真思，目前中国学界存在诸多假思考的现象，存在着将自然科学研究方法生硬嫁接到"丰富、易变"的人文日用领域的现象。"格"宇宙发生等自然科学之理与"格"人文社会科学之理的胶着导致了诸多混乱、无效与虚假。玄虚的概念、玄妙的推导凌驾于现实难题之上。一个学科、一个流派到底为人类贡献了多少正向和积极的东西，也许要过几十年或更长时间才能看得清楚。几千年来，真正为人类持续贡献正向作用的书寥寥数本。它们的共同特征是作者几十年如一日的真思、真信。一旦手段超越了目的，炫技到了作者自身都不信的地步，学术就难以赢得真实信任和尊重。

重复卡尼曼的卓见："很多有效判断，既不遵从逻辑，也不遵从概率规律，而是遵从简易规则。"

六、要"逻辑完美"还是要"现实判断力"

逻辑，涉及辨"名"析"理"。有名，万物之母。认知，首先要对万事万物命名——任何文化首先要有口头或书面词汇，事物之间的真实联系可通过词汇组合成的语句予以表达，并借语句探究世间之"道"和"理"。作为 20 世纪最具影响力的哲学家和数理逻辑学家，语言哲学的奠基人，维特根斯坦特别强调哲学的功效就是搞清概念，形而上之"道"就是概念的诗。"名"不清晰，基于名而推出的"道""理"是无效的。

"逻辑是西方哲学中引起中国人注意的第一个方面。"[①]相比之下，中国哲学则不太注重逻辑。初步接触中国哲学的西方人容易困惑:《论语》记载的都是孔子和学生之间的一些日常对话或生活片段，各章之间毫无逻辑可言;《道德经》的 81 章之间也找不到明确的逻辑线索，没有逻辑怎能称得上哲学？一些西方人为此困惑不已。感受到西方哲学的逻辑美之后，中国人也曾因自己的哲学缺少逻辑而感到自卑。先秦哲学中相对注重辨名析理，注重逻辑感的"名家"也因此一度成为"显学"。西方哲学传入中国后，梁启超、胡适都加入过研究"名家"的队伍，胡适还于 1922 年出版了《先秦名学史》一书。但随着这股追捧"名家"的思潮逐渐退去，人们终于看清，"明晰不足,暗示有余"恰恰是中国哲学的大智慧所在。逻辑越唯美，现实反差越大。明晰不足，不把一种道理说得过于绝对，将不同逻辑、不同智慧，甚至互相间存在矛盾的智慧达成融合，才对现实更具有指导力。

---

① 冯友兰. 中国哲学简史[M]. 涂又光，译. 北京：北京大学出版社，2013.

案例 1.6.1　名可名，非常名——以"税收"概念为例

　　比较了多部目前流行的《财政学》教科书后，我们选择了南开大学出版社出版的《现代财政学原理》（第五版）一书中对税收的定义："政府出于提供特定公共产品和公共劳务的需要，通过法律形式对其社会成员规定的强制性的、不付等价物的货币支付。"49 个字基本涵盖了税收的本质特征。但任何一个概念，无论怎么命名，都能找出其"非常"性。把镜头稍微拉长到 200 年前，税收之名的"非常性"就显现出来了：在清朝，税收的目的不单纯是提供公共产品和公共劳务，很大一部分用于皇家消费；税负随意性很大，缺少法律支持；很多税负以实物形式上缴，而非货币支付。

　　名尚且无常，道——基于名的推理更不可能绝对、恒久。道可道，更非常道。

　　现实世界的复杂性，决定了任何逻辑都只能给出部分解释。对于逻辑的构想者，片面追求单一逻辑的完整性，往往孕育着风险。妄想构造一种逻辑来解释整个世界的风险更是致命的，当这种完美逻辑的构造者发现某个关键环节的脆弱或断裂时，对构造者的打击往往是崩溃性的，构造者本人极有可能被其试图构造的单一逻辑所反噬。西方哲学家中为数不少者在这方面栽了跟头，吃了大亏。西方哲学家中也有很多人注意到过于追逐逻辑的弊端："至今还没有人创造成功一种既可信赖同时又自圆其说的哲学。洛克追求可信，以牺牲首尾一贯而达到了可信。大部分的伟大哲学家一向做的和洛克正相反。不能自圆其说的哲学绝不会完全正确，但是自圆其说的哲学满可以全盘错误。最富有成果的各派哲学向来包含着显眼的自相矛盾，但是正为了这个缘故才部分正确。"[①]成大事者不纠结，能将诸多矛盾达成内在的简约一致是大智慧。《论语》在 2000 多年的时间里深得国人敬畏，并非因为它的逻辑美，而是因为它的"好用"，

---

　　① 【英国】罗素. 西方哲学史[M]. 何兆武，李约瑟，译. 北京：商务印书馆，1976.

并因为"好用"而赢得可信。

丰富、多彩、易变、无常的现实生活若仅仅受制于单一逻辑——无论哪种逻辑——无疑都会使生活变得单调、枯燥、乏味、悲哀。

西方哲学家中最后出现认知崩溃和行为自绝者相对较多，中国哲学家中长寿者相对较多。孔子 73 岁（人活七十古来稀，在当时已属高龄）；孟子 84 岁；老子西出函谷关，不知其所终，其年龄是个谜。司马迁说："盖老子百有六十馀岁，或言二百馀岁，以其修道而养寿也"。①东西方哲人寿命的巨大反差，或许与西方哲学过于追求某一逻辑的完美而中国哲学深谙"道可道，非常道"之大道有关系。如此复杂美妙的世界岂是单一逻辑能够解释清楚的？在这方面，中国哲学史和西方哲学史方面的两位权威有着某种程度的一致：罗素在评价洛克时已经将"逻辑与可信"的关系讲得清晰明白；冯友兰讲"从逻辑上说不可感者超越经验；既不可感又不可思者（比如：空间是有限还是无限，时间有无起始点与终结点）超越理智。关于超越经验和理智者，人不可能说得很多。"②面对浩瀚的宇宙和丰富的现实，任何基于"有限可感""有限可知"而生的单一逻辑都具有局限性和相对性，它必须保持足够的谦卑去接纳、融合不同的逻辑或智慧。

 案例 1.6.2   "政经"与"西经"的辩论

近两年，是否应给《政治经济学》课程增加课时这一问题引发了一场广泛的争论。

透过争论，我们能感受到中国知识分子的殷殷责任感，一种对学生、对社会、对民族的责任感。高校任课教师都知道，增加一门课程的课时，在教师人数短期内不能增加的情况下，无疑要增加该门课程任课教师的教学工作量，在目前职称晋升主要看科研的情况下，老师要求增加自己所讲授课程的课时，从个人角度讲等于费力

---

① 司马迁. 史记·老子韩非列传[M]. 北京：中华书局，2011.

② 冯友兰. 中国哲学简史[M]. 涂又光，译. 北京：北京大学出版社，2013：320.

不讨好。所以首先应该跳出私利视角——"个人利益最大化"视角，应基于"社会与历史责任感"来考量这场争论。

中国知识分子富有社会责任感是有历史渊源的。

不妨把镜头稍拉远些，说说心学代表人物王阳明。王阳明的好友湛若水在其墓志铭中指出王阳明年轻时险陷"五溺"——任侠、骑射、词章、神仙、佛氏。单说佛氏之溺，他有过静坐禅修，体验过远离尘世的静空之乐，并有上瘾之势。那时，是本土儒家文化的家庭责任感、社会责任感拯救了他。他想到了家人——"此孝悌之念生于孩提，若此念可去，断灭种性矣。"①他想到了"唯为圣贤，方是第一"的宏愿。佛学源于"西天"，王阳明的心学中确有佛学思想的成分，以至于批评者言"朱子道，陆子禅"，也就是说程朱理学、陆王心学都已不是原本的儒学：理学借用了道家的思想，心学借用了佛学的思想。王阳明正是因为将"西天"思想的合理成分与本土儒家思想有机融合，并积极投身社会实践，使人生意义感的个体性与社会性同时实现，才成就了"不朽"。

再将镜头拉近些，说说民国大儒梁漱溟。梁漱溟在《究元决疑论》中有言："东土学术，凡百晦塞，卓绝光明，唯在佛法。"有人说他能进北京大学教书还和蔡元培校长读过这篇文章有些关系。梁漱溟到北京大学讲授东方哲学后思想渐渐发生了变化，感到中国民族文化的复兴还有赖于儒家文化的复兴。纵使现实相对稳定，人的思想依旧活跃而可变。

王阳明、梁漱溟都曾过于迷信"西天"思想，但成就他们的恰恰是将外来思想的合理成分有机融入本土文化的意识与实践。

《马克思主义政治经济学》和《西方经济学》，最初都是源自比"西天"还西的欧美。中华人民共和国成立后，《政治经济学》首先进入中国，和中国经济实践相融合，《政治经济学》（社会主义部分）的内容随着国家经济发展在不断地更新完善。改革开放后，《西方经

---

① 王觉仁. 王阳明心学——修炼强大内心的神奇智慧[M]. 长沙：湖南人民出版社，2013.

济学》进入中国并为中国的市场化改革提供了理论指导。理论界和决策层在将源自于"西方"的经济学理论有机融入中国的经济实践方面做了大量卓有成效的工作，中国经济改革实践取得的成就与理论上的不偷懒、不照搬、主动融合有直接关系。就分配理论而言，改革开放以来，理论界和决策层关于中国分配体制改革的思考一直在继续，寻找更优分配制度的努力一直在进行，期间既坚持了劳动价值论，又尊重了要素稀缺和有偿使用原则。

关于分配体制改革的思考一直在继续，寻找更优分配制度的努力一直在进行，但我国收入分配实践中的问题仍然凸显。不但在我国凸显，在很多欧美国家这一问题也仍然凸显。现实难题时时变化，不偷懒的理论尚且不能彻底解决问题，偷懒、照搬不但不能解决问题，只能愈发添乱。

照搬从来并将永远不属于智慧，不敢面对现实难题的八股陈科也与智慧毫不搭界。真正的智慧总是关乎"真"与"适合"，总是关乎"判断"与"选择"。能中和运用不同甚至互相间存在矛盾的逻辑或思想，因时、因地做出合适的抉择，这才关乎智慧，比照搬、八股要困难得多！西方很多国家目前经济问题严重，"西方经济学"连对本土经济之病都不能保证具有绝对、长久疗效，何况对于一个13亿人口的社会主义大国。

 案例 1.6.3   事莫明于有效，论莫定于有证

现在回到经济学教学。中国人的勤奋是刻在骨子里的，经济学专业的师生也不例外，绝大部分老师在勤奋地教，绝大部分学生在刻苦地学。经济学的教学成就不可低估，但问题也不容小觑。

"事莫明于有效，论莫定于有证。"具体到经济学专业的学习，最根本的检验标准莫过于切实提升学生对于我国经济发展实践中现实难题的观察分析能力，对于国际、国内经济走势的判断把握能力，对于解决现实经济难题的行动担当能力。我国改革开放后，高校培养了一批又一批的经管人才。他们中的大部分有信念、有智慧、有担当，工作卓尔有效。但我们也注意到了部分经管专业毕业生考试分数很高，但毕业后在"分析力、判断力、担当力"方面表现不佳。这里的原因很多，但其中很重要的一个原因就是：在校学习期间过于重视概念的堆积、逻辑的推演，忽视了对现实经济难题的关注。

近两年，美联储每次 0.25%的加息决策的制定都相当艰难！教科书中有关利率的理论足够丰富，有关利率的模型足够多样，但似乎没有哪个理论和模型能让美联储的决策变得轻松些、明确些。正如美联储一委员所言：决策者们需要密切观察消费者支出、投资率、通货膨胀及就业市场数据；需要关注欧洲和日本的宽松货币政策、中国经济放缓……理论模型需要智慧，现实选择总是需要更高的智慧。人文、经济领域的决策，若过于强调某一逻辑，逻辑就会成为羁绊智慧选择的绳索；若过于强调某一理论框架，框架就会变成心灵的监狱。人文、经济领域的研究与自然科学研究方法有着本质的差异，自然科学研究特别强调一次一个问题，"局部"专注用力，人文、经济领域则特别强调广阔视野下关注与选对关键信息。在人文、经济领域，当事人思想、情绪、行为的可变性和诸多不确定性决定了"万法皆非定法"，任何决策都需要即期智慧。没有人会否认逻辑力的作用，借助逻辑力，人可以将纷杂的信息归并为文件夹或演绎为信息链，从而有助于推理或决策。对于确定性较强的信息，借助逻辑推理可以得出确定性较强的结论。但在人文、经济领域，很多信息具有不确定性，没有哪个重大决策是靠单一逻辑推理得出的，因此也没有哪个决策敢保证是 100%正确的，很多决策都是权衡利弊后的艰难择一，决策后的执行结果如何也多具有盖然性。经管专业的学生练就模型推演力、逻辑力固然重要，但更为重要的是如何将逻辑推演力提升为对复杂实践的判断力与行动力。过于追逐逻辑可能伤害现实判断力，有时甚至令思维背离常识。"洛克一贯通情达理，一贯宁肯牺牲逻辑也不愿意发奇辟的悖论。他发表了一些一般原理，读者总不会看不出，那都是可能推出来的怪结论；但是每当怪结论好像就要露头的时候，洛克却用婉和的态度回避开。对一个逻辑家来说，这是惹人恼火的；但在务实的人看来，这是判断力健全的证据。既然世界实际上是什么就是什么，可见从牢靠的原理出发，进行妥当的推论，不会推出错误来；但是一条原理竟可以近乎正确，在理论方面值得尊重，然而仍可能产生我们感觉荒谬的实际结论。于是在哲学中运用常识这件事便有了理由"。再次重复卡尼曼的卓见："很多有效判断，既不遵从逻辑，也不遵从概率规律，而是遵从简易规则。"

经管不分家，现代管理学之父彼得·德鲁克曾特别提示：管理是一门实践，其本质不在于"知"而在于"行"。其验证不在于逻辑，而在于成效。

经济专业长期热门，使得各省高考中的很大一部分优胜者被吸纳到名校的经管专业。在经管实践中，经管专业毕业生成功者大有人在，但非经管专业毕业的大成者也大有人在：马云、任正非、马化腾、俞敏洪、李彦宏、黄怒波……与"科班"出来的那些成功者相比，他们对经济的判断力和掌控力毫不逊色，甚至更胜一筹。

求真务实是大道，学习经管，强调逻辑推演能力很重要，但不要过头，不该允许"虚假逻辑演绎"超越对现实难题的关注，不该允许"自己不信，别人不懂"的文章大行其道，产生错误的价值导向。如果规则、良知不能阻止这些不该，巨大的资源浪费就无法避免——学生毕业后学无所用必会多发，理论研究者与实践者不能有效沟通必会多发，虚假逻辑演绎面对成功实践者时胆怯心虚必会多发。

以往，社会责任感、外来文化与中国本土文化的有机融合成就了很多人，成就了很多事。中华文明也正是凭借海纳百川的胸怀，凭借不断吸纳其他文明的精华而经久不衰。当今时代，我们更需要这种责任意识，更需要这种融合意识。如果有了"为中华之崛起而读书""为中华之崛起而工作"的责任担当，激辩就会变为主动融合，激烈辩论往往源自于对自有信息的高估或对对方信息的低估。国人是有智慧的，激辩明理后定能从"真正有利于学生、有利于社会、有利于国家"的角度去冷静思考，互相借鉴，以切实提升学生的认知力、判断力、担当力。心中无担当，专业难作为。

逻辑力很重要，现实判断力、现实担当力更为重要。

七、人文教育的重要性

人文，即重视人的文化。其核心是重视人，尊重人，关心人，爱护人。也就是儒家文化首要强调的"仁爱"——仁者爱人。《论语》共计一万多字，"仁"字竟然出现 109 次之多。孝悌、诚敬是为仁之本，君子务本，本立而道生。尊本而得道，唯术而成器。唯术而忘爱人之本，就会出现第二次世界大战期间一些科学家、教授利用专业知识为纳粹服务而残害人类的痛心实例。唯守"仁爱"之本，专业之术才不会偏离正向。这也许是古今有识之士强调人文重要性的根本原因所在。

 案例 1.7.1　一个校长的忠告

第二次世界大战后，一名纳粹集中营的幸存者，成为美国一所学校校长，每当有新老师来到学校时，校长就会给这位老师一封信，这封信是这样写的：亲爱的老师，我是一名集中营的幸存者，我亲眼看到人所不应该见到的悲剧：毒气室由学有专长的工程师建造；妇女由学识渊博的医生毒死；儿童由训练有素的护士杀害。所以，我怀疑教育的意义，我对你们唯一的请求是：请回到教育的根本，帮助学生成为具有人性的人。你们的努力，不应该造就学识渊博的怪物，或者是多才多艺的变态狂或受过教育的屠夫。我始终相信，孩子只有在具有人性的情况下，读书、写字、算术的能力才有价值。

物理学巨擘爱因斯坦就具有浓厚的人文思想，并且十分强调人文的重要性："通过专业教育，他可以成为一种有用的机器，但是不能成为一个和谐发展的人。要使学生对价值有所理解并且产生热烈的感情，那是最基本的。他必须获得对美和道德上的善有鲜明的辨别力。否则，他——连同他的专业——就更像一只受过很好训练的狗，而不像一个和谐发展的人。"审美和崇善的培养需要通过人文教育来完成，专业教育在这方面显得十分无力。

 案例 1.7.2　世界名校的人文观

哈佛大学校长福斯特在 2016 年访问西点军校时提到了一项英国议会的调查。调查显示，在国际上，大约 55% 的领导人持有人文学科或社会科学的学位，而 75% 的商界领袖都承认，最重要的职场技能都与人文学科有关，即分析问题的能力、人与人之间沟通的能力和写作能力。

福斯特批评了"多要电焊工、少要哲学家"这种思想的短视与愚蠢。在过去的 50 年间，西点军校十分重视通识性人文教育，其毕业生大都具有广博的人文知识，这些知识正是构建"自我意识、性格特点，以及真知灼见"的源泉。人文教育对构建健全的人格、审美能力和批判性思维有重要作用，使个体在社会活动中获得尊重和优越感。人文教育的目的是要发展学生的"创意以及自省能力。而这种思维和能力，在各种经济、社会和环境的变迁中都将持续。""而且，这些能力是可以触类旁通。不论学生毕业后选择在哪个领域奋斗，它们都将回馈给学生丰硕的生活和职业生涯。"

无独有偶，法国图卢兹大学名誉校长贝洛克也认为，科技和人文是紧密联系在一起的，重视科技的同时也不能忽视对人文的关注。科技要为改善人类的生活环境与品质而服务，科学精神应与人文精神相辅相成。科研是创新的过程，并不是枯燥的机械试验，需要给科技工作者更多自由研究的空间，把蜡烛研究得再透彻也不可能发明出手电筒。提出问题有时会比解答问题更加困难，因此要将更多的耐心和人文思考投入到科研中。

近代以前，中国旧式教育讲究"袖手谈心性"，重道而轻术，重人文轻科技，在科学技术方面长期落后于西方发达国家，以至于国门难守、国土沦丧、国民流离，民族耻辱的痛楚始终萦绕在知识分子的心头。学者吴宓就曾感叹"热肠频洒伤时泪，妙手难施救国方"。他们不禁沉思，自己自幼苦学的四书五经、人伦日用这些中国传统文化究竟有什么用？满腹经纶抵不过坚船利炮。陈序经于1934年发表《中国文化之出路》，提出"全盘西化"，引起长达一年多的大论战。当时的学界主张"全盘西化"的人为数不少，他们如此激进，是因为切身感受到了落后就要挨打的痛楚，这种痛楚鞭笞着一代又一代的中华学子，他们如饥似渴地学习西方科学知识，出国深造，回国教学，只为实现科技强国的梦想。今天，我国已经蜕变为世界第二大经济体，科技水平全面进步，在某些领域处于国际领先水平。

然而，矫枉容易过正。当下教育看重知识、技能传授，忽视"方法论与独立思考""远大志向与仁爱责任担当""过有意义的生活"等能力的培养，人文教育缺失的问题愈发严重。耶鲁大学有位华人教授曾说："看到这么多从国内培养出来的高才生，他们在专业上这么突出，但思维方式那么僵化、偏执，社会交往能力又那么差，走出自己狭窄的专业领域就不知道怎么跟人打交道、怎么表达自己，让我非常痛心。"诚哉斯言，我们的大部分大学生历来接受的都是专业知识的教育，通过高强度的学习、背诵、实验、练习成为本专业的所谓精英。专业技能固然重要，因为对于绝大部分人来说，专业学习关系到就业谋职、安身立命。但如果仅仅关注自己专业，而忽视如何"做一个和谐发展的人"，对于大部分学生而言，最终会得不偿失。一个人的发展如果不能达到内在的和谐，精于毫末而失去内心之丰盈，他也很难为他人和社会提供太多正向的效用和价值。因此，对于绝大部分受教育者来说，人文是必需的，尤其在当今，这种必须更为迫切。

"在耶鲁大学，我们对本科生的培养理念是：任何一个在耶鲁读完四年大学的毕业生，如果他从耶鲁毕业时，变成物理、电脑、化学或者是任何领域的专家，我们会觉得那是一种失败，因为我们不希望四年大学教育是培养专家，让他们在某一领域里面投入那么深，而忽视掉其他更广泛的机会，比如做人、做公民、做有思辨能力的人的机会。"上文中那位华人教授如是说道。这十分形象地表达了耶鲁大学重视人文教育的教学理念。专家、大师，需要学生毕业后倾其毕生精力专心用力于某一领域而自成，急功近利地去造"专家"、造"大师"无异于造空中楼阁。

 案例 1.7.3　清华校长的特殊见面礼

人文教育能够使人超越外在事物的局限，发掘用寻常眼光难以发掘的世界。2015 年夏天，清华大学校长邱勇为清华大学本科新生送去一份独特的"见面礼"——路遥的《平凡的世界》。尽管对学生们而言，这段发生于 20 世纪 70 年代的故事多少显得有些遥远，但透过文字，"90"后的读者们不但看到了主人公孙少平甩开膀子当矿工，看到了孙少安操办烧砖窑，看到了田晓霞在滔天洪水中英勇献身……而且他们还从中看到了改天换地的中国社会，看到了自己的祖辈、父辈，也看到了平凡的世界里不甘平凡的一种抗争、一种精神。再比如，朱熹在《朱子语类》中写道："天不生仲尼，万古长如夜。"孔子就像一把火炬唤醒了未开蒙的人，照亮了人们原来看不到的地方。孔子说"仁者爱人"，就是把隐藏于生活中的道理揭示给世人。人文素养的匮乏难免会触发空虚感与乏味感，难免导致人对于美的感知力遭到剥蚀。使人在人文日用中看到以往未曾看到的东西，这便是人文教育的力量。

 案例 1.7.4　人文教育之作用

人文教育的一大功效就是使人建立更广泛、更深刻、更美妙的关联感。认知心理学强调"关联感"，扩大的关联感会使生命感延伸。每个生命体的存在，一定与百年前、千年前、万年前、十万年前甚至更早时间之前若干的生命体直接相关,和更多的生命体间接相关。他也一定与百年后、千年后、更远时间后的某些生命体直接或间接相关。个体的生命体验只是一条长长生命链、一张大大生命网上的一节链环。除了生命延续的关联,还有时间、空间、思想、行为的关联,我们的所学、所思、所食、所用和那么多我们知道的或不知道的人、事、时间、地点、思想相关。这种关联会增加我们的感恩心理、浪漫情怀,也拓展和强化了生命的意义感！张若虚的关联感强,他坐在江畔,仰望星空,才发出了"江畔何人初见月,江月何年初照人"的浪漫感慨。同一江畔、江畔同一位置的初见是发生在千年前、万年前、十万年前,还是更早?初见者与他同年代的祖先有无关系? 张若虚虽不能得到确实答案,但他确实产生了这种真实关联。他的祖先虽不知道若干年后在某一具体时间,在江畔某一具体地点,他们的后裔张若虚会产生如此浪漫而真实的关联,作出如此美妙的诗篇,但那一时间、那一地点、那一思想复合成的"真实存在"永远属于张若虚,哪怕过百年、千年、万年……苏轼也感"自其不变者而观之,则物与我皆无尽也",这种生命无尽的感觉,何其妙哉。读文学、阅历史、品哲理、赏艺术,品鉴者可以通过阅读鉴赏获得同情同感,上下俯察游历于历史,从而使自身获得对生命更深沉层次的理解与把握。美感,是心予物以正向关联、予事以正面意义后而自生。晋陶渊明独爱菊,菊可关联隐逸;李唐人盛爱牡丹,牡丹可关联富贵;宋周敦颐爱莲,莲可关联君子。万物,皆可正向关联;万事,皆有正面意义。关联、意义者,人文之心也,关联越广越正,意义越浓,情绪则越足越美。

人文教育可以令受教育者"大其心",知己、知人、知天,达"天人合一"。"尽其心者,知其性也,知其性则知天矣"(《孟子·尽心上》)。在我们观察世界的方式与生命之间的关联感中,孕育着人类对于时间与空间的敬畏,孕育着对"天人之际"和"古今之变"的追问,心灵以它无限的张力实现着个体与世界的对话。每个人的内心都如同浩瀚无垠的大海,它包含着不计其数的信息,"细微至发梢，宏大至天地"。然而，若自管中窥之，则所见不过碗口大小的一汪水，认知的格局就显得局促了。有人在苦难面前自怨自艾，也有人在成功面前忘乎所以。如果他们愿意用一些时间读读文学、历史或是哲学，便会明白无常乃生命之寻常，那些令我们纠结抑或狂喜的，也许真的不算什么，这就是人文教育所具有的"大其心"的作用。庄子在《齐物论》中写道："不知周之梦为蝴蝶与，蝴蝶之梦为周与？周与蝴蝶则必有分矣。此之谓物化。"当世人已习惯于把内心置于世界坐标系的原点上时，庄子在千百年前便做到了将自己的内心置于这个坐标系的任一坐标之下，唯此方见蝴蝶之"心"，方知个体与蝴蝶都有与原点相连成线，合于"大道"的时候。在这般心境下看到的世界应是何等壮美！人文教育的熏陶是潜移默化的过程，更是人类实现精神上的"自新"所不可或缺的过程。我们的内心将因此处于一种"不以物喜，不以己悲"的稳定状态，水波不兴，静影沉璧，不至于被一颗石子就搅得波澜激荡。

我们每个人都生活在现实中而非教科书里、实验室里，现实生活的起居日常是离不开人文二字的。若一个人不懂日心说、万有引力定律、质能方程，他的日常生活可以正常运行，但如果个体没有最基本的人文素养，没有对"仁义礼智信、温良恭俭让"最基本的理解和遵守，没有最基本的审美和道德辨别力，他定会到处碰壁，不但自己很难体验到生活的真善美，也易给他人和社会造成困扰。

案例 1.7.5　长期人文缺失，会导致"生活能力匮乏"之灾难

我们曾经因为重人文轻科技吃过大亏，蒙受过大灾难。而当前很多国家应该预防的是另一场灾难：忽视人文教育会使一些受教育者丧失了过正常生活的能力，这场灾难的严重性不可低估。林森浩事件发生后，他的父母百思不解的是：多年的专业教育怎么竟会将一个本来善良的孩子教育成了杀人犯。早知如此，他们宁愿让自己的孩子少接受些专业教育，宁愿自己的孩子做一辈子能过正常生活的普通人。

一个学生若被扭曲到如此程度，其对个人、对家庭的灾难性毋庸置疑。若一个学生接受了多年教育后，竟然丧失了基本的"交际能力、担当能力、生活能力"，其对个人、对家庭的灾难性也不可低估。若一个国家"交际能力、担当能力、生活能力"缺失者多见，其对国家的灾难性不可低估。若人类"交际能力、担当能力、生活能力"缺失者多见，其对全人类的灾难性不可低估。2008 年汶川地震遇难人数 8 万多，2011 年日本海啸遇难人数也过万，这些天灾是人类的共同灾难。天灾可惧，但心灾更是可畏。据不完全统计，全球每年因心理因素、"生活能力匮乏"而非正常死亡的人数高达几十万。提升个体的心理能力、生活能力已经成为全人类不得不面对的一大挑战。当今，"读书多年但生活能力低下者"在某些发达国家已经多见，在我国虽不能避免，但应该力求出现的少些。

需要再次强调的是：若将"格"自然之理的方法强硬嫁接于"格"人文日用领域，用"自然科学"之真淹没"人文日用"之真，用"自然科学"之专一性、精确性覆盖了"人文日用"之丰富性、不确定性、无价性，其对人类生命丰富性的伤害不可低估，其对人类生命深刻性的伤害不可低估，其对人类生命意义感的伤害不可低估。无论如何，不能混淆了"自然科学"之真与"人文日用"之真。否则，其危害将不堪承受。只讲理，不讲情，生活会变得干枯乏味，缺乏美感。只讲情，不讲理，美感则不可持续。

八、"重复、重复、再重复"——存养正念的
必由之路

 案例 1.8.1　《传习录》中几段文字的启示

先生曰："吾与诸公讲'致知''格物'，日日是此。讲一二十

年，俱是如此。诸君听吾言，实去用功。见吾讲一番，自觉长进一番。否则只作一场话说，虽听之亦何用？"——《传习录》（黄以方录）

师门致知格物之旨，开示来学，学者躬修默悟，不敢以知解承，而惟以实体得。故吾师终日言是而不惮其烦，学者终日听是而不厌其数。盖指示专一，则体悟日精，几迎于言前，神发于言外，感遇之诚也。——《传习录》（钱德洪跋）

先生曰："吾教人'致良知'在'格物'上用功，却是有根本的学问。日长进一日，愈久愈觉精明。世儒教人事事物物上去寻讨，却是无根本的学问。方其壮时，虽暂能外面饰，不见有过，老则精神衰迈，终须放倒。譬如无根之树，移栽水边，虽暂时鲜好，终久要憔悴。"——《传习录》（黄修易录）

先生曰："只念念要存天理，即是立志。能不忘乎此，久则自然心中凝聚，犹道家所谓'结圣胎'也。此天理之念常存，驯至于美大圣神，亦只从此一念存养扩充去耳。"——《传习录》（陆澄录）

先生曰："人若知这良知诀窍，随他多少邪思枉念，这里一觉，都自消融。真个是灵丹一粒，点铁成金。"又曰："此'致知'二字，真是个千古圣传之秘，见到这里，'百世以俟圣人而不惑'。"——《传习录》（陈九川录）

先生曰："良知是造化的精灵，这些精灵，生天生地，成鬼成帝，皆从此出，真是与物无对。人若复得他完完全全，无少亏欠，自不觉手舞足蹈，不知天地间更有何乐可代。"——《传习录》（钱德洪录）

一代圣人王阳明的《传习录》成就了多少先贤志士，造就了多少理义担当。其生前曾终日言"知行合一""致良知""不动心"而不惮其烦，学者终日听是而不厌其数。一以贯之强调认知至上："主正、存善、集义"。强调静以存之、学以聚之、动以磨之，只有这样反复存养、凝聚、磨炼，"久久成熟后，则不须着力，不待防检，而真性自不息亦"。《传习录》告诫人们："务外遗内，博而寡要"是大害。王阳明居夷三年，处困养静，颇见得此意思，乃至天下之物本无可格者，一草一木皆有理，天下之物如何格尽？一味外求无济于事，心中存养正念是关键，本心一旦化解通悟，自一了百当。存养正念，需要重复、重复、再重复。

 案例 1.8.2　关联的广泛性及可引导性①

心理学家用数字（从 0 到 100%）来表示一对词语之间的联系程度，并用连接线的粗细体现出来。比如当提到"大脑"时，4%的人会想到"心智"，而 28%的人会想到"头部"，在图 1-4 中，"大脑"和"虫子/漏洞"之间没有链接，就是说看到"大脑"时，没有人会想到"虫子/漏洞"这个词；但是这两个词之间被两条迂回的线路所联通。

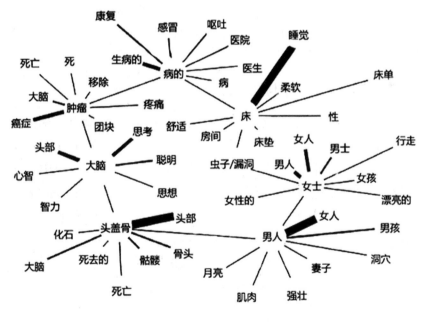

图 1-4　关联性示意图

对于同一信息，不同个体关联到的信息较为广泛且不尽相同，但是这种关联却具有可引导性。研究人员做过实验，让被试者回答如下三个问题：

（1）肯尼亚属于哪个大洲？

（2）国际象棋中对比鲜明的两种颜色分别是什么？

（3）请说出一种动物。

对于第三道题，约 20%的人答案是"斑马"，约 50%的人回答了生活在非洲的动物。但是，当直接让人们说出一种动物时，却只有不到 1%的人说了斑马。这就是说，当将你的注意力直接吸引到"非洲"和"黑白色"上时，便有可能预测你的答案。这个例子指出了关于记忆和认知的重要的两点：第一，知识是以一种呈组织的形式储存在大脑中的，有关概念（如斑马、非洲；公里、英里）彼此相互联系；第二，想到其中一个概念时，思维会发散至另一概念，使得另一个概念更容易被想起。这两点加在一起，就可以解释为什么人们想到非洲和黑白色之后，最容易进入脑海的动物是斑马。

 案例 1.8.3　重复刺激的必要性

加拿大心理学家唐纳德·赫布（Donald Hebb）提出，学习和记忆之所以能够在大脑中表征，是通过发生在突触上的生理变化来实现的。"一段特定的经历导致神经冲动沿着神经元 A 的轴突向下传导，当冲动达到突触时，神经递质被释放给了神经元 B。Hebb 的观点是，这种活动会导致突触的结构发生变化从而强化突触，神经递质释放得越多，神经元的放电频率也越强。"

"追随 Hebb 的研究者们确定了突触的活动会引起一系列的化学反应，导致新蛋白质的合成，从而造成突触的结构变化。""突触变化的结果之一是产生一种'长时程增强'（LTP）的现象——在重复刺激之后，神经元放电增强。'长时程增强'可以通过图中的放电记录来说明。当神经元 A 第一次被激活时，神经元 B 放电频率很缓慢。但是重复激活以后，神经元 B 对同一刺激的放电频率变快。长时程增强很重要，因为它说明重复刺激不仅导致突触的结构变化，还会增强反应①。"

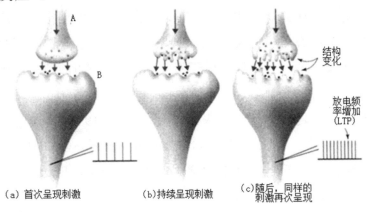

（a）首次呈现刺激　　　（b）持续呈现刺激　　　（c）随后，同样的刺激再次呈现

图 1-5　重复刺激固化关联图示

两条"前置信息"——"非洲"和"黑白两色"，使得被试者由"动物"这种一般性信息刺激（或称为输入信息）关联到"斑马"的概率提高了 20 倍。夫子之道可以简约到"忠""恕"两个信念，正因时时存养"诚于自己、诚于他人、诚于社会；善待自己、善待他人、善待社会"之正念，"忠""恕"两念便由此固化为"前置信息"，使其面对缤纷复杂的日常刺激时，保证了自己的持久的中正平和。"子之燕居，申申如也，夭夭如也。"任何个体，若将正念"躬自厚而薄责于人"存养为"前置信息"，他定会少怨；若将"仁爱"存养为"前置信息"，他定会少忧；若将"正义、勇气"存养为"前置信息"，他定会少"惧"。如何存养正念？唯有"静以存之、学以聚之、动以磨之"。唯有通过"重复重复再重复"，将消极关联（突触）弱化，将积极关联固化为"正念"。越多正念固化为"前置信息"，个体的认知定会越发中正，情绪定会越发中和，行动定会越发卓尔有效。

---

① 戈尔茨坦. 认知心理学：心智、研究与你的生活[M]. 张明等，译. 北京：中国轻工业出版社，2015：250—251.

案例 1.8.4　现代认知科学中有关"突触"的研究

在现今流行的观点中，人们认为大脑通过突触的可塑性存入信息，这一观点恰巧与语义网络的关联结构相符合。获得新的关联性（节点之间新的链接）可以对应于新突触的形成或旧突触的加强。——《大脑在捣鬼》①

突触并不是一个凭空而来的概念，早在 19 世纪末期，神经生物学家圣地亚哥·拉蒙·卡拉尔（Santiago Ramóny Cajal）就提出，记忆可能与神经元之间联系的增强有关。但切实证明突触的可塑性，却已经是近百年之后的事了。20 世纪 70 年代前叶，神经学家蒂姆·布里斯（Tim Bliss）和泰耶·洛默（Terje Lømo）研究了海马大脑（与新的记忆生成有关的脑区）中的突触，发现通过不断激活突触前后的神经元，突触的连接强度在很长一段时间内得到了加强。这种现象被称为"长时程增强"（LTP，long-term potentiation），是突触"记忆"的一种方式：突触们"记住"了他们曾被强烈地激活。这个发现再加上数十年间不断继续的研究，都证明了突触的增强是大脑储存信息的方式，就像 DVD 表面存在的微小凹陷一样。——《大脑在捣鬼》

我们理解世界的方式更多地取决于我们的内心世界，而相对较少地依赖于外部世界。由神经元、神经化学和电活动构成的内部世界，有着令人难以置信的复杂结构，且以一种我们难以明示的方式活动，我们称之为"心智模式"。——《非凡的思维》②

大脑从感官接受世界的信息，然后又抛掉他们中的大部分，使

---

①【美】Bean Buonomano. 大脑在捣鬼——大脑的"漏洞"怎样影响我们的生活[M]. 吴越，译. 北京：中国轻工业出版社，2013（1）.

②【美】杰里·温德，科林·克鲁克，罗伯特·冈瑟. 非凡的思维——用超常的心智模式改变一切[M]. 周晓林，译. 北京：电子工业出版社，2015.

用其中的一小部分来建立一个内心的世界，每一个人的大脑都会创造他自己的内心世界。知觉并不是一个信息接收、加工、存储以及回忆的线性过程；相反，他是一个很复杂的、相互作用的、主观的、唤起性的过程。——《非凡的思维》

我们的大脑随时间的变化而进化。神经元不断死亡和再生，突触不断地衰败和再造。大脑通过选择、加强或是削弱某些突触来形成复杂的神经结构，以此决定我们的思维。我们基于经验、教育和训练重构这些神经"模式"。——《非凡的思维》

在我国，曾经有过关于"我注六经"与"六经注我"的辩论。"我注六经"，是逐字逐句理解经典文字的原本意思；"六经注我"，是将经典中最合心、合时、合道的核心语句注于心、注于脑，重复、重复、再重复，成为自己认知、情绪、行为的一部分。"六经注我"，头脑建立起简约的文件夹后，此后的所闻所见很容易归入各类文件夹。孔子头脑中重复、固化了"忠恕"的文件夹，此后更多的信息便会归并到此文件夹；康熙重复了"诚敬"之念，头脑中固化了"诚敬"这一文件夹，此后对于"诚敬"，他会有更多的认知配合、情感配合和行动配合。[①]

信息万千，存养住几个简约、至上的理念是关键！正念不固，行动不果。

存养正念，唯有重复、重复、再重复！

---

① 《传习录》中谈到朱熹的晚年之悔：朱熹一生忙于"我注六经"，到晚年却发现自己的问题所在："博而寡要、务外遗内"，内心并没有存养住简约的正念。因而，其在行动力方面，远远逊色于其前的孔子，更逊色于其后的王阳明、康熙。若不通过守静、重复将正念存养住，若不通过"静以存之、动以磨之"将正念转为认知习惯、情绪习惯和行为习惯，即使书破万卷、六经注遍，也是枉然。

九、守得安静，才有精进①

　　2015 年 4 月 23 日，"世界读书日"当晚，"2014 中国好书颁奖盛典"在央视一套播出，叶嘉莹的《人间词话七讲》与杨绛的《洗澡之后》同时获得"中国好书"奖。91 岁的叶嘉莹女士曾表示：她喜欢多些安静的时间，多读些好书，多些静思，多些与先哲的神交。百岁高龄的杨绛先生守静功力更是了得，她和钱钟书春节时一样专注学问，面对前来拜年的客人只透过门缝寒暄几句，没有让客人进屋，显得有些不近人情。但正是因为有了这种超常守静的功力，才铸成大美之作。

　　"动静等观"。人的生命与动密不可分，生活中要有动态美，但不能过，更不能变味。追求动态美更不能演变成公共场所的喧嚣、极尽显露能事的夸张动作、声嘶力竭的吼叫、酒桌上的推杯换盏、资讯的有量无质。这些都属于厚动薄静，不具有持久的生命力。

　　守静能安。韩国的一项长期跟踪实验显示：长期身处节奏过快、喧嚣的环境中，少年易有注意力不集中、多动症等疾患，成年人的逻辑推理能力会弱化，主管短期愉悦的细胞会更活跃。美国的脑科学研究也证实：长期守静有利于神经细胞轴突的延长，有利于树突棘的增加，有利于正向链接的巩固和负向链接的解开，有利于信息

---

① 在学习与提升认知力方面，累而无效的现象时有发生，原因很多，其中一个重要的原因是"厚动薄静"。因此，特意以"守得安静才有精进"一文结束本章，该文于 2015 年 5 月 19 日发表于《人民日报》评论版，文章发表后，新华网、人民网、光明网、求是网、中国网、国学网、凤凰网、新浪、搜狐、《广州日报》《兰州日报》《思维与智慧》等几十家媒体相继对文章做了转载，多个省份将该文选做高考、中考语文模拟试卷中"现代文阅读理解"试题。"厚动薄静"，累而无效。杨绛、叶嘉莹两位大师因守静有了大为，并得人生之大乐。"重为轻根，静为躁君"，环境略显喧嚣时，多些静，或许更好。

在脑细胞中的存储、分辨、比较与联系，有利于提升记忆力、分析力、判断力与决策力。[①]这些恰恰应验了"水静极则形象明，心静极则智慧生""非宁静无以致远，非淡泊无以明志"等诸多中华古训。

守静以削冗举要。信息爆炸的今天，削冗力、举要力至关重要。此力不举，个人就无法从杂乱的海量信息中甄别出主信息与有效信息。此力足，主信息得以甄别，有效信息得以链接，创新性认知易得，大美之作可成。而削冗力、举要力、甄别力、链接力的提升无一不需要守静。万万不可因占有信息的过于求多而挤没了"思"的时间，车多而不管理就会堵路，信息多而不整理就会堵心，学而不思则罔。过多的信息若缺乏整理，带来的只能是负效用。只有在"不窥牖，见天道"的守静中方能带来创新与突破。

守静以求"信息一致"。神经生物学进一步证实，注重整理信息使头脑中信息得以一致，不但有益于认知创新，而且有益于提升积极情绪占比。杨绛百岁时感言：我们曾如此期盼外界的认可，到最后才知道世界是自己的。人生最曼妙的风景，竟是内心的淡定与从容。谁得"内在信息一致"之法，谁就得"真实幸福"之道。

守静而"无不为"。"大音希声，大象无形。"杨绛、叶嘉莹两位大师因守静有了大为，并得人生之大乐。"重为轻根，静为躁君"，环境略显喧嚣时，多些静，或许更好。

---

① 中国千古之智者诸葛亮强调"静以修身""非宁静无以致远"；《道德经》强调"致虚极，守静笃"；前台湾大学校长傅斯年叮嘱"每天静思的时间不应该少于 3 小时"；《哈佛幸福课》作者泰勒给出的幸福"四药方"之一是"每天守静时间不应该少于 1 小时"；乔布斯的很多创新性认知都是在静思时获得……所有这些给出的综合性启示是："厚动薄静""务外遗内、博而寡要"是大弊，"无限外求信息而缺乏了静存动磨"易导致认知认知混乱、情绪焦躁、行动无效。人须"动静等观"，切不可"过动少静"。这与五百多年前龙场大悟的阳明先生所悟之道不谋而合。"博闻善感"而不在静思中厘清"要念"，"无用"；一味"外求"而不让"要念"在内心"静以存之"（或谓"结圣胎"），"无用"；"要念"不重复、不笃实、不真切到"行"，"无用"；处于非"舒适区"的一两次勉强之"行"，若不在"动以磨之"中将"要念"磨炼为"天人合一"之"习惯"，也几乎"无用"。得益于古今智者的提示，近三年笔者自己初步践行了"动静等观"之理念，每天早晨 6 点多起床，简单洗漱后，静坐 30 分钟（静坐时听些有关传统文化的诵读、讲解）。"静"之效果已经初现，笔者虽年过五旬，记忆力改善明显，现在能在一分钟内背完圆周率小数点后面 300 位数字，最好记录是 53 秒完成。

第二章
行为：至利？至义？至善！

行动，只有行动，才能决定价值。

————约翰·菲希特

一步实际行动比一打纲领更重要。

————马克思

道虽迩，不行不至；事虽小，不为不成。

————荀况

知之真切笃实处即是行，行之明觉精察处即是知。

————王阳明

行动大于智慧，智慧将会永恒。

————佚名

只是阅读本书（或其他任何书籍），本身是无法令你的生活发生任何实质性改变的……你必须把它看作一本练习册，不断地反思和行动才行。

————泰勒

儒家重入世，重实践，重行为。《论语》开篇即强调"学而时习之，不亦说乎？"习，即实习、实践也，亦"重行"也。学之所用，惟行；学之笃实，惟行；学之真切，惟行。朱熹在《四书章句集注》如此解释："习，鸟数飞也。学之不已，如鸟数飞也。说，喜意也。"既学而又时时习之，习中有所解，行中有所悟，则所学者熟，学外化为行，知行相融，知行互促，知行合一，而心喜，其进自不能已矣。他进一步引用了"二程"（程颢和程颐）、谢良佐等先贤的深悟。程子曰："习，重习也。时复思绎，浃洽于中，则说也。"又曰："学者，将以行之也。时习之，则所学者在我，故说。"谢氏曰："时习者，无时而不习。坐如尸，坐时习也；立如齐，立时习也。"《大学》开篇也讲："大学之道，在明明德，在亲民，在止于至善。"学习的根本在于明德识礼。有仁爱之行，生命方能至真至善。

美国心理学家迪恩·布诺曼诺（Dean Buonomano）在《大脑在捣鬼——大脑"漏洞"怎样影响了我们的生活》一书中提到这样一个案例："电脑键盘上 E 键的左键字母是什么？"在不低头查看键盘的前提下，即便是熟练掌握打字技能的人也极有可能瞬间卡壳，难以给出答案。但倘若要求大家打出"文化"一词，大多数人的手指都能够很快地做出反应，从而得到正确的答案——W 键与 E 键相邻。这一简单的例子表明，通过长期的操作、使用与练习，我们的身体能够养成"不由自主"、"无意识"的行为反应。而这种不必通过高级神经中枢的"程序性记忆"的效果，有时甚至可以比经过大脑处理再给出控制指令的"描述性记忆"效果更优。

"电脑键盘上 E 键的左键字母是什么？"这个案例说明：认知落实于行为，方为真得。种种迹象表明，低级中枢"简单重复"带来的"程序性记忆"反射极有可能促进高级中枢"全新链接"的形成，正可谓"实践出真知"。

"知之真切笃实处即是行，行之明觉精察处即是知""知是行之始，行是知之成"。王阳明深悟"知行合一"之道，无行，则知之不真，知之不实。①

---

① 动静等观。傅斯年主张每日应"静思"三个小时，泰勒主张每日应"守静"四个十五分钟。静，是为了减少精力的认知消耗和情绪消耗，"静"是为了更好地"动"：惟精惟一地动，顺势合赋地动，好之乐之地动，卓尔有效地动。

一、至利？至义？

至利，可以解释古今中外人类的大部分行为。司马迁的"天下熙熙，皆为利来"，斯宾诺莎的"自我保全"优先说，现代经济学的"效用最大化""利润最大化"，都是基于对人性的同一考量。至利，能解释人类行为中的大部分，但不能解释全部。人有利他性，有追求社会正义、利社会、利宇宙的内在驱动。孔子的"君子喻以义"、亚里士多德的"至善说"……都是基于对人性的另一考量。子曰："君子之于天下也，无适也，无莫也，义之与比。""君子义以为质，礼以行之，逊以出之，信以成之。君子哉！"

在当下市场经济的大背景下，个人利益最大化、企业利润最大化等"至利"思想已被宣扬得足够广泛，也已经实践得足够充分，甚至有局部"过之"的现象。①关于"至利"在此不做赘述，本部分内容多涉及"至义"。

正义一词，在中国最早见于《荀子》："不学问，无正义，以富利为隆，是俗人者也。""正义"多用于现代，古代通常单用一个"义"字。"义者，宜也，尊贤为大。"（《中庸》）"君臣父子人间之事谓之义……义者，谓各处其宜也。"（《管子》）"义者，天理之所宜。"（《论语集注②》）"义者，万物自然之则，人情天理之公。"（《舜水文集·杂说》）柏拉图认为："各尽其职就是正义。"亚里士多德认为："所谓公正③，一切人都认为是一种由之而做出公正的事情来的品质。"

---

① "人心惟危"，人心都有被私欲蒙蔽的危险，以至于苏轼也感慨："长恨此身非我有，何时忘却营营"。

② 朱熹. 论语集注[M]. 北京：中国社会出版社，2013：23.

③ 在亚里士多德的著作中，正义与公正为同一概念。

案例 2.1.1　古之圣贤皆重"义"

"义"字在《论语》中共出现 24 次，其中 18 次由孔子亲口说出，其余 6 次出自其弟子之口。"君子之于天下也，无适也，无莫也，义之与比。""主忠信，徙义，崇德也。""君子义以为质。""君子义以为上。"义是儒家思想的核心内容之一，是君子立身、为人、治事最为重要的准则之一。

孟子将"义"提升到与"仁"相并列的高度。"仁，人之安宅也；义，人之正路也。""仁，人心也；义，人路也。""居仁由义，大人之事备矣。""仁"是一种内心情感和内在道德，为安身立命之根本。而"义"则是将"仁"付诸实践之途径，是指导行为之准则，是"仁"的内在要求和外在表现。

《传习录》借用孟子之言："必有事焉，则君子之学终身只是'集义'一事。义者，心得其宜之谓义。能致良知则心得其宜矣，故'集义'只是致良知，君子之酬酢万变，当行则行，当止则止，当生则生，当死则死，斟酌调停，无非是致其良知，以求自慊而已。故'君子素其位而行'，'思不出其位'。"《中庸》也强调："素富贵，行乎富贵；素贫贱，行乎贫贱；素夷狄，行乎夷狄；素患难，行乎患难。"王阳明认为"义"就是"宜"，心做到了它应当做的就是"义"。能致良知，心就做到了它应当做的事，所以"集义"也就是致良知。君子待人接物应对种种事变，该做就做，该停就停，该生就生，该死就死，斟酌考虑都是实现他们的良知，来求得自己心安理得罢了[①]。

 案例 2.1.2　正义感——人类与生俱来的品格[②]

日本京都大学等机构的研究人员让 20 名 6 个月大的婴儿观看了两段动画片。在一段动画片中，一个蓝色的卡通形象在攻击挤压一个黄色的卡通形象，一个绿色的卡通形象出来挡在两者之间，阻

---

①　王阳明. 传习录[M]. 叶圣陶点校. 北京：北京时代华文书局，2014：159—161.
②　参考资料：http://world.huanqiu.com/hot/2017-02/10045837.html.

止了攻击；另外一段动画片中，一个蓝色的卡通形象在攻击挤压一个黄色的卡通形象，而一个橙色的卡通形象却"袖手旁观"。

研究人员让 20 名婴儿交替观看这两段动画片各四次，之后让他们选择"路见不平"的绿色卡通形象玩偶或"袖手旁观"的橙色卡通形象玩偶。结果 17 名婴儿选择了绿色的卡通形象玩偶，只有三名婴儿选择了"袖手旁观"的橙色卡通形象玩偶。

研究人员还通过其他试验证实，婴儿选择绿色卡通形象玩偶，并非出于对玩偶颜色的喜好，而是出于对"正义"行为的理解和支持。这表明"正义感"是人类与生俱来的品格。

正义——如此难以把握

正义（抑或公正）关乎个人行为是否适宜；关乎社会道德、法律等领域的善恶、是非判断；关乎国家的整体利益和人类的共同福利。"老吾老以及人之老，幼吾幼以及人之幼""在一切美德中，正义是最有助于人类的共同福利的""君子之于天下也，无适也，无莫也，义之与比"等哲言多从道德层面对个体行为的正确性、适宜性给出建议。现代社会则多从法律层面对个体行为的正确性、适宜性给出建议。无论是从道德层面还是法律层面，想准确把握"正义""公正""适宜"都非容易之事。

一种社会价值被关注得越广泛，其理解的角度也自然就越发多重。孔孟倡导"义"；墨子倡导"万事莫贵于义"；王阳明几十年如一日教导弟子"集义"；柏拉图倡导"各尽其职就是正义"；亚里士多德倡导公正；科学巨擘爱因斯坦也坦言："我要做的只是以我微薄的绵力来为真理和正义服务"；现代罗尔斯的《正义论》与桑德尔的《公正：该如何是好？》也广受关注。正因为"正义"广受关注，所以把握好"正义"的要旨才并非易事。

 案例 2.1.3 苏格拉底辩正义

某日，苏格拉底和一个名叫攸德谟斯的青年讨论正义与非正义问题。他在一根柱子上写上"正义"，在另一根写上"非正义"，然后问道："说谎应当归入哪一类？"

攸："归入非正义，这是显而易见的。"

苏："欺诈呢？"

攸："当然也属非正义。"

苏："偷盗呢？"

攸："和欺诈一样。"

苏："卖人为奴呢？"

攸："也是如此。"

苏："看来这些行为没有一样能归入'正义'一类了，是不是，攸昔德谟斯？"

攸："是的，谁也不会荒唐到那个地步。"

苏："那么，如果一个被选为将军的人，带领部队去奴役一个同我们敌对的城市，我们也说他的行为不公正吗？"

攸："绝对不能这么说。"

苏："我们将会说他的行为是公正的，对不对？"

攸："一点不错!"

苏："假如他在作战时欺骗了敌人呢？"

攸："那也是正义行为。"

苏："如果他盗取或抢劫敌人的财物，他的行为不也是正义的吗？"

攸："一点也不错。可是我原先以为你问的那些只是对朋友而言的。"

苏："那么，刚才我们归入非正义的那些行为，同样也可以算作正义，对不对？"

攸："对的。"

苏："那么，我想改动一下刚才的分类。就是说，欺骗敌人是正义行为，但这样对待朋友就不是正义的了，可以这样说吗？"

攸："当然可以。"

苏："那么，在失利的时候，一位将军发觉士气低落，谎称援军就要来到。如果，士气竟被他鼓动起来，我们应当把这种欺骗士兵的行为归入哪一类呢？"

攸："应当归入正义一类。"

苏："一个小孩生病不肯吃药。父亲说，这是好吃的东西，不是药，骗他吃了下去，病也好了。这种欺骗儿子的行为应当归入哪一类呢？"

攸："我想这也是正义行为。"

苏："某人因为绝望而想自杀，他的朋友出于友谊而偷走了他的剑。这种行为应该归入哪一类呢？"

攸："当然也应当归入正义一类。"

苏："可是你刚才不是还说应该永远对朋友坦率无欺吗？"

攸："实在是我错了。如您允许的话，我愿意把原先说过的话收回。"

即使到了现代，关于正义的争论也没有停止。20世纪70年代，罗尔斯发表《正义论》前后，关于正义的争论仍显广泛而难以达成一致："德沃金认为正义是平等，诺克奇认为正义是权利，拉兹认为正义是善，麦金太尔认为正义是应得，沃尔策认为正义是社会意义，哈贝马斯认为正义是程序。"

正义关乎价值判断、道德选择，无统一、绝对之评判标准，视角变了，事件、行为的正义性也随之发生变化。把握"正义"在理论层面有难度，在实践层面也经常遇到困难。

 案例 2.1.4　海难食人案①

1884年夏，四名英国海员被困在南大西洋的一只小救生艇上，远离陆地一千六百多公里。他们的船——"米尼奈特"号（Mignonette）在一场暴风雨中沉没了，他们几个人逃到救生艇上，只带有两罐腌

---

① 迈克尔·桑德尔. 公正：该如何做是好？[M]. 朱慧玲，译. 北京：中信出版社，2012：34—35.

制的芜菁甘蓝，而且没有淡水。托马斯·达德利（Thomas Dudley）是船长，埃德温·斯蒂芬斯（Edwin Stephens）是大副，埃德蒙·布鲁克斯（Edmund Brooks）是船员。据报纸报道，"这些人全都具有高尚的品德"。

这组船员中的第四个成员是船舱男仆理查德·帕克（Richard Parker），年仅17岁。他是个孤儿，这是他的第一次海上长途航行。他没有听取朋友们的建议，而是"怀揣年轻人的梦想"，认为这次旅途会使他成为一个男人。可悲的是，结果并不是这样。

四名被困的船员在救生艇上凝望着地平线，希望能有一艘船经过并解救他们。在最初的三天里，他们按定量分食了部分甘蓝。第四天，他们抓住一只海龟，并以这只海龟和剩下来的甘蓝维持了一些日子。然后，连续八天，他们什么都没吃。

当时，男仆帕克蜷缩在救生艇的小角落里。他不顾别人的劝告喝了海水，并因此生了病，看起来快要死了。在他们经受严峻考验的第19天，船长达德利建议用抓阄来决定让谁死，这样其他人也许能够活下去。但是布鲁克斯拒绝了，因此他们没有抓阄。

接下来的一天，仍然不见别的船只。达德利让布鲁克斯把目光移开，并向斯蒂芬斯示意，他们不得不杀掉帕克。达德利做了祷告，告诉男孩他的大限到了，然后用一把袖珍小刀刺进他的喉部静脉杀死了他。布鲁克斯摆脱了来自良心的谴责，分享了这可怕的施舍。三人以男仆的尸体和血为食，又支撑了四天。

救援终于来了！达德利用犹豫而委婉的口吻在日记里描述了他们的获救过程："第24天，正当我们吃早饭的时候"，一艘船只终于出现了，这三个人被救了上来。回到英格兰之后，他们被捕并接受了审判。布鲁克斯成为污点证人，达德利和斯蒂芬斯则被送上了法庭。他们毫不隐瞒地承认，他们杀害并吃掉了帕克，他们声称自己这么做完全是出于必要。

1884年12月，经过法律技术方面的讨论后，合议庭发现，无论是基于法律先例，还是基于伦理与道德，在普通法上，根本没有任何针对谋杀指控所涉及的危急状态的辩护理由。法庭依法判处达德利和斯蒂芬斯死刑，但建议予以宽赦。最终女王将刑期减至6个月监禁。后来，达德利移居澳大利亚，但始终认为对他的有罪判决是不正当的。

文字是死板的，人是灵活的；法律条文是刻板的，现实却是丰富的。为了避免用死条文套用于活现实致使执法结果偏离了正义、偏离了人心，现代法律体系已经进行了很多自我完善，比如陪审团制度的完善。当今社会，套用法律条文下的初审，经过"人心、直觉、正义"的审视与呼吁，再审时调整幅度较大的案件也时有发生。

 案例 2.1.5 阿富汗的牧羊人①

2005年6月，一个由美国海军士官马库斯·勒特雷尔（Marcus Luttrell）和其他三名海豹突击队队员所组成的特殊军事小组，在阿富汗境内靠近巴基斯坦边界的地方，进行一项秘密的前期侦察任务：寻找一名塔利班领导人，他是奥萨姆·本·拉登的亲信之一。据情报显示，这名领导人率领140～150名全副武装的战士正藏匿在崇山峻岭中的一个小村庄内。

这一特殊军事小组在山脊上占据了一个位置并俯瞰那个村庄。突然，两名阿富汗农民赶着上百只"咩咩"叫着的羊，和他们撞了个对面。他们还带着一个约14岁的小男孩。这些阿富汗人没有武器，美国士兵用步枪对准他们，命令他们坐在地上，接着便开始讨论如何处理这三个人。一方面，这些牧羊人是手无寸铁的平民，另一方面，如果放他们走，就会冒这样的危险——他们可能会告诉塔利班分子，有一帮美国士兵在这里。

当四名士兵仔细考虑他们的可选择余地时，他们意识到自己没有带绳索，因此，捆住这几个阿富汗人以争取时机找到另一个藏身之处的办法并不可行。他们仅有的选择就是，要么杀了他们，要么

① 迈克尔·桑德尔. 公正：该如何做是好[M]. 朱慧玲，译. 北京：中信出版社，2012：25—27.

放他们走。勒特雷尔的一名战友认为应该杀掉这些牧羊人，"我们是在敌后执行任务的现役军人，受高级长官的委派来到这里。我们有权做任何事情来挽救我们自己的生命。如何做对军事行动有利是显而易见的，放走他们是不对的。"

勒特雷尔难以抉择。他在回忆录里这样写道："从我的内心深处，我知道战友说得对，我们不能放走他们。可是有个东西在我的灵魂深处不停地告诉我：杀害这几个手无寸铁的人是不对的。"最后，他的良心不允许他杀害这些牧羊人。他投了决定性的一票，放走了他们。但正是这一票，让他后来无比悔恨。

在他们释放那几个牧羊人一个半小时以后，这四名士兵发现自己被80～100名手持AK-47和火箭筒的塔利班分子所包围。在接下来的那场惨烈的战斗中，勒特雷尔的三名战友都遇难了，塔利班分子还击落了一架试图解救该海豹突击队的直升机，机上16名士兵全部遇难。勒特雷尔身受重伤，他跳下山坡并爬行了5公里，来到一个普什图人的村庄。那里的居民保护着他，不让他落入塔利班分子之手，直到他获救。

在回忆录中，勒特雷尔谴责自己所投的反对杀那些牧羊人的一票。他在一本有关此次经历的书中写道："这是我一生当中所做出的最愚蠢、最糊涂、最笨的决定。我当时一定是脑子出问题了。我投了这样一票，而我实际上知道这是签下我们的死亡执行令……至少，当我回顾这些的时候我是这样认为的……决定性的那一票是我投的，它会一直困扰着我，直到我栖息在东得克萨斯的一座坟墓里。"

 案例 2.1.6   "义""利"兼容

司马迁认为人一切行为的动机都是一个"利"字。斯宾诺莎认为"自利"，特别是"自我保全"，主宰着人的一切行为。"任何一种德性，我们不能设想它先于这种保持自己存在的努力。"[①] 然纵观

---

① 罗素. 西方哲学史（下卷）[M]. 北京：商务印书馆，1976：104.

古今中外，舍"利"取"义"者大有人在。苏武留居匈奴十九年持节不屈，"苏武牧羊"的故事被后世传为千古佳话；关云长千里走单骑，过五关斩六将，义薄云天；普法战争期间，法国著名微生物学家、爱国化学家巴斯德毅然决然地将名誉学位证书退还给波恩大学，留下名言"科学虽没有国界，但是学者却有自己的祖国。"

子曰："富与贵，是人之所欲也；不以其道得之，不处也。""不义而富且贵，于我如浮云。""见利思义。""义"与"利"并非截然对立。

子问公叔文子于公明贾曰："信乎，夫子不言，不笑，不取乎？"公明贾对曰："以告者过也。夫子时然后言，人不厌其言；乐然后笑，人不厌其笑；义然后取，人不厌其取。"子曰："其然，岂其然乎？"

 案例 2.1.7　《阿博都巴哈文选》中的一段文字

"凡有缺陷之灵魂，莫不以自我为中心，只顾一己之私利。但是，当他考虑的范围扩大一点，他就会开始关心家人的幸福安康。如果他的思想更为宽广，他就会关心同胞的幸福；如果他的思想更为开阔，他就会时时想到自己国家和种族的荣耀。而当他的思想和视域扩展到最大程度，从而达到完美境界时，他关心的将是人类的兴盛。此时，他就会衷心祝福全人类，致力于所有国家的共同繁荣昌盛。这就是完美的象征。"

正如"仁"有"愚夫愚妇小仁"与"圣贤大仁"之分，"义"也有"酒肉朋友之义、国家民族大义，甚至是人类宇宙宏义"之别。个人的短期利益与长期利益经常不一致，个人利益与集体利益、国家利益乃至全人类的利益经常不一致，如何协调？唯有"义之与比"。"小利"遵从"大利"，"小义"遵从"大义"。县域协调发展需要乡镇放弃一些局部利益，市域协调发展需要县域放弃一些局部利益，省域协调发展需要市域放弃一些局部利益，国家协调发展需要省域放弃一些局部利益，"人类命运共同体""一带一路"之理念需要国家放弃一些局部利益。

唯有"义之与比"，方有"利""义"合一，方有真正的"大善"。

二、"干中学"

《大学》曰："心诚求之，虽不中，不远矣。未有学养子，而后嫁者也。"王阳明强调心之重要、知之重要，但亦强调行之重要："知是行的主意，行是知的功夫；知是行之始，行是知之成。若会得时，只说一个知，已自有行在，只说一个行，已自有知在。"[①]就像知中包含着行一样，行中也必定包含着知，通过行动、实践，先贤的"至上"原则、间接经验、书本知识得以体会与领悟；借助新信息的获得，借助"闻一而知二"或"闻一而知十"这种心之功力，创新性认知易得。马克思主义哲学认为"实践是认识的基础，是认识的目的和归宿，是检验认识的真理性的唯一标准"。大教育家陶文濬，因敬仰王阳明"心学"里的"知行合一"思想，先将名字改为陶知行，后体悟到"行"更为重要，又将名字改为陶行知。1962年美国经济学家阿罗（Arrow）在其论文《干中学的经济含义》中提出了著名的"干中学"理论，认为人们在生产产品与提供服务的同时也在积累经验、获得知识，从而能提高生产效率、增加知识总量[②]，这一理论无疑是对王阳明"知行合一"理念很好的诠释。无论是自然科学领域还是人文日用领域，皆应重视行动、重视实践，唯有行动能践行认知、巩固认知、提升认知。

---

① 王阳明. 传习录[M]. 叶圣陶点校. 北京：北京时代华文书局，2014（8）.

② Arrow K. The Economic Implication of Learning by Doing[J]. Review of Economics & Statistics, 1962, 29(3).

案例 2.2.1　毛泽东眼中的"干中学"

读书是学习，使用也是学习，而且是更重要的学习。从战争学习战争——这是我们的主要方法。没有进学校机会的人，仍然可以学习战争，就是从战争中学习。革命战争是民众的事，常常不是先学好了再干，而是干起来再学习，干就是学习。从"老百姓"到军人之间有一个距离，但不是万里长城，而是可以迅速地消灭的，干革命，干战争，就是消灭这个距离的方法。（摘自《中国革命战争的战略问题》）

 案例 2.2.2　王阳明释"知行合一"

爱（徐爱）因未会先生知行合一之训，与宗贤惟贤往复辩论，未能决，以问于先生。先生曰："试举看。"

爱曰："如今人尽有知得父当孝，兄当弟者，却不能孝，不能弟，便是知与行分明是两件。"

先生曰："此已被私欲隔断，不是知行的本体了。未有知而不行者；知而不行，只是未知。圣贤教人知行正是要复那本体，不是着你只恁的便罢。故《大学》指个真知行与人看，说'如好好色，如恶恶臭'。见好色属知，好好色属行，只见那好色时已自好了，不是见了后又立个心去好；闻恶臭属知，恶恶臭属行，只闻那恶臭时已自恶了。不是闻了后别立个心去恶。如鼻塞人虽见恶臭在前，鼻中不曾闻得，便亦不甚恶，亦只是不曾知臭。就是称某人知孝、某人知弟，必是其人已曾行孝、行弟，方可称他知孝、知弟；不成只是晓得说些孝、弟的话，便可称为知孝、弟。又如知痛，必已自痛了方知痛；知寒，必已自寒了；知饥，必已自饥了。知行如何分得开？此便是知行的本体，不曾有私意隔断的。圣人教人必要是如此，方可谓之知；不然，只是不曾知。此却是何等紧切着实的工夫！如今苦苦定要说知行做两个，是甚么意？某要说做一个，是什么意？若不知立言宗旨，只管说一个两个，亦有甚用？"

爱曰："古人说知行做两个，亦是要人见个分晓，一行做知的功夫，一行做行的功夫，即功夫始有下落。"

先生曰："此却失了古人宗旨也。某尝说知是行的主意，行是知的功夫；知是行之始，行是知之成。若会得时，只说一个知已自有行在。只说一个行已自有知在。古人所以既说一个知，又说一个行者，只为世间有一种人，懵懵懂懂地任意去做，全不解思惟省察，也只是个冥行妄作。所以必说个知，方才行得是；又有一种人，茫茫荡荡悬空去思索，全不肯着实躬行，也只是个揣摸影响，所以必说一个行，方才知得真。此是古人不得已补偏救弊的说话，若见得这个意时，即一言而足。今人却就将知行分作两件去做，以为必先知了，然后能行，我如今且去讲习讨论做知的工夫，待知得真了，方去做行的工夫：故遂终身不行，亦遂终身不知。此不是小病痛，其来已非一日矣。某今说个知行合一，正是对病的药，又不是某凿空杜撰，知行本体，原是如此。今若知得宗旨时，即说两个亦不妨，亦只是一个；若不会宗旨，便说一个，亦济得甚事，只是闲说话。"[①]（《传习录·徐爱录》）

 案例 2.2.3　"事上磨"方能"立得住"[②]

问："静时亦觉意思好。才遇事便不同。如何？"先生曰："是徒知静养，而不用克己工夫也。如此，临事便要倾倒。人须在事上磨，方立得住，方能静亦定，动亦定。"（《传习录·陆澄录》）

 案例 2.2.4　哥伦布的航"行"与人类对陆地的新"知"[③]

十五世纪中叶奥斯曼帝国兴起后，占领了巴尔干半岛和小亚细亚地区，不久又占领了克里米亚，控制了东西方间的传统商路，对

---

① 王阳明. 传习录[M]. 叶圣陶点校. 北京：北京时代华文书局，2014（8）：9.
② 王阳明. 传习录[M]. 叶圣陶点校. 北京：北京时代华文书局，2014（8）：29.
③ 该案例根据纪录片《大国崛起》和百度百科（哥伦布）资料整理. http://www.iqiyi.com/v_19rrk1eqsg.html?vfm=2008_aldbd.

往来于地中海区域的欧洲各国商人横征暴敛，百般刁难，因此，运抵欧洲的商品，数量少且价格高，而欧洲上层社会把亚洲奢侈品看作生活必须，不惜高价购买，这种贸易造成西欧的大量黄金外流，于是西欧各国贵族、商人和资产阶级急切地想绕过地中海东部，开辟一条新航路通往印度和中国，从亚洲直接获得大量奢侈商品。

从当时已经盛传的地圆学说中，意大利航海家哥伦布产生了一个想法，那就是：向西走也能到达东方。哥伦布相信，他的航海计划能很快将欧洲人带到东方。哥伦布为实现自己的计划，游说了十几年。直到 1492 年，西班牙女王伊莎贝拉慧眼识英雄，她说服了国王，使哥伦布的计划得以实施。

1492 年 8 月 3 日，带着女王授予的海军大元帅的任命状，哥伦布登上甲板，对女王资助给他的三艘帆船下达了出航命令，帆船一路向西驶入了大西洋的腹地。为了减少船员们因离开陆地太远而产生的恐惧，哥伦布偷偷调整计程工具，每天都少报一些航行里数。但即便如此，两个月后，一无所获的船队依然走到了崩溃的边缘，10 月 10 日，不安和激愤的船员们声称继续西行就将叛乱。激烈争论后，哥伦布提议再走三天，三天后如果还看不见陆地，船队就返航。10 月 12 日，仅仅在这次骚乱三天之后，曾经反对哥伦布的船员在桅杆上看见了陆地——位于今天北美洲的巴哈马群岛。从这一天起，割裂的世界开始连接到一起，人类对地球的认知有了进一步提升。

实际上在 1491 年，就已经很少有人相信地球是个平面了，很多航海家也知道向西航行可以到达位于欧洲东方的印度，但没人就此做出尝试，没有将"知"付诸行动。在哥伦布起航的同年，世界上第一个地球仪诞生了，而其对应的美洲大陆位置是一片海洋。尽管哥伦布不是第一个到达美洲的欧洲探险家（第一个到达美洲的欧洲探险家是莱夫·埃里克松），但哥伦布的航海开辟了后来延续几个世纪的欧洲探险和海外殖民地的大时代，这些对现代西方世界的历史发展有着无可估量的影响。马克思在《共产党宣言》中写道："美洲的发现，绕过非洲的航行，给新兴的资产阶级开辟了新天地，使正在崩溃的封建社会内部的革命因素迅速发展。"

哥伦布以其勇于实践的品质开启了人类认知的新天地，也在不觉间成为历史的推动者，这正是对"干中学"的生动诠释。

 案例 2.2.5　寻鸟调查

1930 年 5 月，为了确定土地政策，争取富农对于革命的理解与支持，毛泽东在江西省寻鸟县进行的一次农村经济调查，堪称调查研究的经典范例。当时的寻鸟县已经在江西省苏维埃政权的管辖下，这使得毛泽东可以对当地的经济社会运行情况进行比较详尽的考察研究。毛泽东从学生时代起就重视实地考察，他从实际体验中获得了大量可靠信息。1917 年，毛泽东对湖南长沙、宁乡、安化、益阳、沅江五个县进行了"游学"式的考察。1918 年，毛泽东和蔡和森一起对浏阳、沅江进行了半个多月的考察。在进行寻鸟调查时，毛泽东已经具备了相当成熟的调查技巧和丰富的调查经验，选取的调查对象涵盖老中青各个年龄段，包含大部分阶级，调查内容广博而有条理，切中所考察问题的要害，主要调查内容包括政治区划、交通、商业、土地关系、土地斗争等方面，调查数据翔实、细节丰富、详略得当，信息含量很大，由表及里，深入挖掘了寻鸟的阶级关系、生产关系等核心问题。毛泽东在延安时对于寻鸟调查这样评价："我做了寻鸟调查，才弄清了富农与地主的问题，提出解决富农问题的办法，不仅要抽多补少，而且要抽肥补瘦。这样才能使富农、中农、贫农、雇农都过活下去。"毛泽东通过亲身的实地考察得出了真知，这些真知指导了后来的革命实践，这正是马克思主义实践观"实践——认识——再实践——再认识"的典型范例。

人类认知的每次重大进步，都是由若干奉献者、无畏者脚踏实地、不辞劳苦地"干"出来的。从哥伦布到哥白尼，从爱迪生到莱特兄弟，真知的获得需要付出无数的汗水和努力，唯有在"干"中才能逐渐提升认知的正确性和科学性。

　　以上案例表明，只有重视实践、重视"干"，才能使认知得到践行、巩固和提升。自然科学发展到今天，浅显的、容易发现的规律大多已被揭示，还未被揭示的深层次规律多需要专业人员持续驻心用力去关注、去钻研，以实现人类认知的进一步突破，持续地驻心用力就是"干"，就是"行"。在人文日用领域，无论是密歇根大学提出的跨文化的六个美德，或是儒家提倡的"仁义礼智信"，还是康熙皇帝强调的"诚敬"，任何一个至上理念皆需个体亲自去实践，去感悟。拿孝来说，"孝经"常念，不如"孝行"常现。光念"孝经"，没有"孝行"，对孝的感悟、理解不可能太深、太透；唯有在实践中、在行动中、在"干"中才能对其加深理解、加深体悟。

　　"干中学"是知与行的辩证法与"协奏曲"。一方面，"实践出真知"，只有通过行动、实践，认知才能得以提升，这就是为何毛泽东、洛克[①]等智者皆强调直接经验的重要性。[②]另一方面，时间和精力的有限性决定了人的认知不可能全靠直接经验获得，好在人类可以借助思维力和逻辑力将书本信息、间接经验（即他人的直接经验）转化为自己认知的一部分。子贡"闻一以知二"，颜回"闻一以知

---

　　① 洛克是认识论中经验主义的奠基者，他说："盖然性的根据有二，即与我们自己的经验一致，或旁人的经验的证据。""我们的全部知识（逻辑和数学或许除外）都是由经验来的。"洛克说："那么我们且设想心灵比如说是白纸，没有一切文字、不带任何观念；它何以装备上了这些东西呢？人的忙碌而广大无际的想象力几乎以无穷的样式在那张白纸上描绘了的庞大蓄积是从何处得来的？它从哪里获有全部的推理材料和知识？对此我用一语回答，从经验：我们的一切知识都在经验里扎着根基，知识归根结底由经验而来。"

　　② 洛克的经验论，用现代脑科学术语表达：直接经历某事物后在头脑中都要建立神经元之间的链接（突触），某些观念的形成源自深刻刺激或重复刺激而致突触的强化（链接系紧程度）和扩大（链接数目）。事实上，观念不是全部来自经验，尤其不是全部来自直接经验。只要稍加回忆，个体可能都有过这样的经历：自己信奉的权威的一次报告或一句话可以彻底改变自己此前的某些信念。张学良青年时期在南开大学听过张伯苓校长的一次报告，就彻底改变了他原有的抗日救国的一些理念。

十",①认知力的提升，是直接经验、间接经验、思维力和逻辑力综合作用的结果。认知与实践相生相成，交织在人类认识世界、改造世界的征程中，共同创造、丰富着人类的生活。

三、惟精惟一

据《尚书·大禹谟》记载，舜帝禅让大禹帝时叮嘱："人心惟危，道心惟微，惟精惟一，允执厥中！"这十六个字所表达的意思就是人心是危殆难测的，道心是幽微难明的，只有自己一心一意，精诚恳切地秉行中正之道，才能不负天命。《朱熹中庸章句》有言："夫尧、舜、禹，天下之大圣也。以天下相传，天下之大事也。以天下之大圣，行天下之大事，而其授受之际，叮咛告诫，不过如此。则天下之理，岂有以加于此哉？"

虽无加无上之大道恒理，然深悟此理并恒久抱持者，罕也。孔子以"一以贯之"得其要，王阳明以"一念抱持"践其实。《论语》中两见"一以贯之"。一为《论语·里仁》，"子曰：'参乎，吾道一以贯之。'曾子曰：'唯。'"二为《论语·卫灵公》："子曰：'赐也，

① 强调在"行"中获得直接经验的同时，人类不要忽视了头脑本有的"闻一以知二"或"闻一以知十"这种思维延展力，这种先天禀赋。子谓子贡曰："女与回也孰愈？"对曰："赐也，何敢望回！回也闻一以知十，赐也闻一以知二。"子曰："弗如也。吾与女弗如也。"罗素在《西方哲学史》中讲到康德的"经验"命题与"先天"命题时也强调了这种思维延展能力："小孩学算术时，经验到两块小石子和另外两块小石子，观察到他总共在经验着四块小石子，可以这样帮助他去学。但是等他理解了'二加二等于四'这个一般命题，他就不再需要由实例来对证了。"理解了"二加二等于四"，他以后不再需要由实例来对证，不再需要亲身经验，仅仅借助思维就会逐渐理解并相信了关于"数"的十、百、千、万、亿，甚至更大规模的加、减、乘、除。人类发展到今天，各学科的自然之理需要交付给专家倾毕生精力去"格"、去"干"、去经验、去突破，其他人只能借助思维间接理解和接受。好在人文日用之理不是无穷无尽的，密歇根大学的"六条"通用原则也好，孔子的"仁义礼智信"也好，只需要个体在"干"中、在实践中去体悟、去理解、去提升。

女以予为多学而识之者与？’对曰：‘然，非与？’曰：‘非也，予一以贯之。’”现代语言则用"专注""专一""心流""福流"等教导忙乱众生要"合势承赋"，要"惟精惟一"。

 案例 2.3.1　钟表匠对金字塔的判断因何高过历史学家

"金字塔的建造者，绝不会是奴隶，而只能是一批欢快的自由人。"1560 年，瑞士钟表匠布克在游览金字塔时，做出这一石破天惊的推断。很长的时间，这个推论都被当作一个笑料。然而，时隔 400 年之后，即 2003 年，埃及最高文物委员会宣布：通过对吉萨附近 600 处墓葬的发掘考证，金字塔是由当地具有自由身份的农民和手工业者建造的，而非希罗多德在《历史》中所记载——由 30 万奴隶所建造。

历史在这里打上了一个问号，穿过漫漫的历史烟尘，400 年前，那个叫布克的小小钟表匠，究竟凭什么否定了伟大的希罗多德？何以一眼就能洞穿金字塔是自由人建造的？埃及国家博物馆馆长多玛斯对布克产生了强烈兴趣，他下决心要破解这个谜团。

真相一步步被揭开：布克原是法国的一名天主教信徒，1536 年，因反对罗马教廷的刻板教规，锒铛入狱。由于他是一位钟表制作大师，囚禁期间，被狱警安排制作钟表。在那个失去自由的地方，布克发现无论狱方采取什么高压手段，自己无论如何都不能制作出日误差低于 1/10 秒的钟表；而在入狱之前，在自家的作坊里，布克能轻松制造出误差低于 1/100 秒的钟表。为什么会出现这种情况呢？布克苦苦思索。

起先，布克以为是制造钟表的环境太差，后来布克越狱逃跑，又过上了自由的生活。在更糟糕的环境里，布克制造钟表的水准，竟然奇迹般地恢复了。此时，布克才发现真正影响钟表准确度的不是环境，而是制作钟表时的心情。

在布克的资料中，多玛斯发现了这么一段话："一个钟表匠在不满和愤懑中，要想圆满地完成制作钟表的 1200 道工序，是不可的；在对抗和憎恨中，要精确地磨锉出一块钟表所需要的 254 个零件，更是比登天还难。"

正因为如此，布克才敢于大胆推断："金字塔这么浩大的工程，被建造得那么精细，各个环节被衔接得那么天衣无缝，建造者必定是一批怀有虔诚之心的自由人。难以想象，一群有懈怠行为和对抗思想的奴隶，能让金字塔的巨石之间连一片小小的刀片都插不进去。"

布克后来成为瑞士钟表业的奠基人。瑞士到现在仍然保持着布克的制表理念：不与那些强迫工人工作或克扣工人工资的外国企业联合。他们认为那样的企业永远也造不出瑞士表。

有控制、有不满就会有对抗，心力分散而不能专一。唯有自愿的心力归一，无杂的精力专一，恒久的禀赋合一，才可以创造奇迹。

 案例 2.3.2　任正非的"惟精惟一"

2016 年 5 月 30 日，人民大会堂，习总书记发表重要讲话，李克强总理主持会议，两院院士齐聚一堂……在如此高规格的全国科技创新大会上，华为公司创始人、总裁任正非向中央汇报发言，不打官腔，不夸成绩。

整篇发言稿短短 2010 余字，却字字珠玑，充满着力量。任正非表示："一个人一辈子能做成一件事已经很不简单了，为什么？中国 13 亿人民，我们这几个把豆腐磨好，磨成好豆腐，你那几个企业好好去发豆芽，把豆芽做好，我们 13 亿人每个人做好一件事，拼起来我们就是伟大祖国。"不搞金融、不炒房地产的华为能够以实业发展至今天地步，很大程度上得益于其一条路走到底的坚持，28 年来"对准一个城墙口持续冲锋"。

而其在研发创新上的大手笔投入同样令人印象深刻：华为 2015 年的研发投入达 596 亿元人民币（92 亿美元），占销售收入的 15.1%；过去十年，累计投入超过 2400 亿元人民币（370 亿美元）。

华为有八万多名研发人员，每年研发经费中，有 20%~30%用于研究和创新，70%用于产品开发。很早以前华为就将销售收入的 10%

以上用于研发。未来几年，每年的研发经费会逐步提升到 100 亿~200 亿美元。

正是由于华为 28 年来坚定不移地对准通信领域这个"城墙口"冲锋，2015 年华为销售收入 3950 亿元人民币——相当于南昌的地区生产总值。且世界知识产权组织发布的最新公报显示，在企业专利排名方面，2015 年华为以 3898 件连续第二年位居榜首，而高通的数据是 2442 件，爱立信是 1481 件。

好好向任正非学习，要安心磨好豆腐。任正非本人恰恰没有一种叫做"全网解决方案"的毛病，所以才讲得出"要安心磨豆腐"的话。

磨豆腐的最高境界就是"心如止水"，这便不再只是磨豆腐，而是静修，是南怀瑾先生强调的心念，是我们谈论的"惟精惟一"。

我们都知道，华为目前还是一家非上市公司，按任正非的话说，上市后要考虑市盈率等多方因素，而作为科技公司，华为前期研发成本还是很大的，目前还不是上市的最佳时期。

不仅仅是华为，纵观世界上的众多企业，凡其成功者无不是多年来深耕于某一专门领域，积累了行业内顶尖的技术、汇聚了高端的人才、构筑了完善的管理体系，使得企业能够凭借核心竞争力执业界之牛耳，既实现了经营目标又获得了社会尊重。

 ### 案例 2.3.3　一个餐馆只要做好一道菜

"一招鲜，吃遍天"这句话应该是在每个行业都适用的法则，在餐饮这个行业尤其如是。一道菜，一个特色，用心做到极致，便可扬名。例如，狗不理包子，全聚德烤鸭，西贝莜面……

当今社会，有一类人受到相当的推崇和青睐，就是那些可以进行"多媒体任务处理"的人，具体来说就是一边听着歌曲，一边在网上搜索所需要的信息，一边还偶尔回朋友几条微信的人。很多大学生都有这样的习惯，他们认为这是合理的习惯，这样的自己才是高效的。针对这种情况，斯坦福的脑科学专家们进行了实验，对这些人的多任务处理能力进行了定量的分析。结果表明，那些被认为是高效的"多媒体任务处理"的人多任务处理的能力其实非常糟糕，他们在实验中的表现很差，成功的概率很低。所以专注于一件事，心无旁骛地做一件事，才有最高的效率。

 案例 2.3.4　砍柴、担水、做饭

一个行者问一位得道高僧："您得道前，做什么？"高僧："砍柴、担水、做饭。"行者问："那得道后呢？"高僧："砍柴、担水、做饭。"行者又问："那何谓得道？"高僧："得道前，砍柴时惦记着担水，担水时惦记着做饭；得道后，砍柴即砍柴，担水即担水，做饭即做饭。"

《昆虫记》的作者法布尔也曾表达过类似的观点，他说："把你的精力集中到一个焦点上试试，就像透镜一样。"为何古今中外的智者大家都如此强调专注？究其原因，现代脑科学研究表明，人的头脑不能同时呈现多个主信息，短时间内，多关注等于无关注，多信息定会忽略主信息。行为专注可以使个体头脑中信息一致，排除其他干扰，从而能将精力集中，更容易达成既定目标，甚至能激发出超乎想象的潜能。

面对纷纷扰扰的世界，如何才能做到"惟精惟一"呢？中国历史上"三不朽"的圣人王阳明给出的答案是"一念抱持，成圣之要"。王阳明有言："只念念要存天理，即是立志。能不忘乎此，久则自然心中凝聚，犹道家所谓'结圣胎'也。此天理之念常存，驯至于美大圣神，亦只从此一念存养扩充去耳。染缘易就，道业难成。"许多人虽说心中有想法，却容易被外界环境影响，被情绪所拖累。抛却了最初的信念，忘记了初心，鲜有人能够坚定信念，最终实现目标。正所谓"靡不有初，鲜克有终"，王阳明告诉我们，只要时刻保持这种"想要"的念头，久而久之就能凝聚积累成一股强大的力量，逐渐解决所有阻挠因素，使"我想"转变成"我能"，使目标一步一个脚印地实现。

月牙山人曰："一者，谓精专也，用心一也，专于一境也，不偏、不散、不杂、独不变也，道之用也。故君子执一而不失，人能一则心纯正，其气专精也。人贵取一也，此自然界不二法则。"

王阳明的《传习录》有言："问：'惟精惟一是如何用功？'先生曰：'惟一是惟精主意，惟精是惟一工夫。'"（明·王阳明《传习录》卷上）

"一"的思想在不同哲人思想中都有所体现，是很多哲学所推崇的一种境界。黄帝曰守一，管子曰专一，老子曰执一，儒家曰精一，道教曰贞一。

 案例 2.3.5 斯特鲁普效应

1935 年，斯特鲁普（Stroop）设计了一个实验。实验人员事先用带有颜色的颜料写出代表其他颜色的字，例如用蓝色颜料写出"红"字，用红色颜料写出"绿"字。实验要求被试者说出字的颜色，而不能说出字本身，即正确答案是"蓝、红"而不是"红、绿"。结果发现被试者的反应速度比字色一致时的反应速度明显要慢一些。这个事实说明在"字"与"色"不一致时，人的认知过程受到干扰，即被试者在报告字的颜色时受到了字的意义的干扰。心理学上把这种干扰因素对反应时间的影响称为斯特鲁普效应。

想不受此影响的最佳方法无疑是忽略掉文字，只当文字是图片，那样大脑就不会处理文字信息了，速度也可以迅速提升。

此后的研究表明，在斯特鲁普的实验中，呈现的刺激包含着两种信息（字义和书写它的颜色），而大脑对这两种信息的加工是不同的。当这两个信息同时输入时，想只对其中一个信息加工而不对另一个加工是难以做到的。因为对字义的加工更容易，所以人总是倾向于报告字义，然而这个实验又不允许做这种反应。因此，两种加工过程容易发生冲突，从而导致字义对书写它的颜色的干扰。心不可分，惟一方有效率。

"蚓无爪牙之利，筋骨之强，上食埃土，下饮黄泉，用心一也。

蟹六跪而二螯,非蛇鳝之穴无可寄托者,用心躁也。"《荀子·劝学》中的名句揭示了一个很简单的道理:做事要专注,更要专一。

"惟精惟一,允执厥中。"尧舜时代是中华民族历史上的鼎盛春秋,统治者以身作则,修正心灵,文明治世,教化万民,造就了尧天舜日、五风十雨、麦收双禾,麒麟在野、凤凰鸣山,夜不闭户、路不拾遗的太平盛世。《中庸》写道:"子曰:舜其大知也与!舜好问而好察迩言,隐恶而扬善,执其两端,用其中于民……"赞誉了中华祖先以仁德为治国之本的聪明睿智。

再次强调朱熹之感慨:夫尧、舜、禹,天下之大圣也。以天下相传,天下之大事也。以天下之大圣,行天下之大事,而其授受之际,叮咛告诫,不过如此。则天下之理,岂有以加于此哉?

"惟精惟一,允执厥中。"至矣,尽矣!

四、行之根本——仁爱[①]

"博爱之谓仁,行而宜之谓义。"对生命施以最广泛的尊重,行以最深厚的爱护,是人类最容易达成一致的共同价值。"不仁者不可以久处约,不可以长处乐。仁者安仁,知者利仁。"中国传统文化重"仁",近代西方也高举"博爱"之旗帜。教育家说"博爱者,人生最贵之道德也"(蔡元培);文学家说"只有对人类最强烈的爱,才能激发出一种必要的力量来追寻和领会生活的意义"(高尔基);思想家说"我们必须博爱众生,这样一来不可能的事就变为可能"(爱默生);政治家说"本互助博爱之精神,谋团体永久之巩固"(孙中

---

① "仁"作为"一致程度最高"的人类共同价值,古今中外的先贤对其思之已深、悟之已厚、观之已博,辩之已久,行之已笃。后人尤为必要本着足够的敬畏之心去领悟、去践行。基于这一考虑,本部分内容多述少作,少妄评。

山）。就人类价值的一致性而言，唯"仁爱"居于首位，无超"仁"者。"仁者不忧，智者不惑，勇者不惧"，抱持"博爱"之念，付诸"仁爱"之行，是个体获得心安无忧、踏实不惧的一剂良方，宜长期坚守，不可须臾离也。"苟志于仁矣，无恶也。"

儒家重"仁"，《论语》有 109 处涉"仁"，但究竟如何行为，方达"仁"之标准，并非容易判断。孔子对于自己的爱徒、忠于职守的令尹子文、舍利逐义的陈文子都有着正面的评价，但却不敢断定他们是否已经达"仁"。

孟武伯问："子路仁乎？"子曰："不知也。"又问。子曰："由也，千乘之国，可使治其赋也，不知其仁也。""求也何如？"子曰："求也，千室之邑，百乘之家，可使为之宰也，不知其仁也。""赤也何如？"子曰："赤也，束带立于朝，可使与宾客言也，不知其仁也。"

子张问曰："令尹子文三仕为令尹，无喜色；三已之，无愠色。旧令尹之政，必以告新令尹。何如？"子曰："忠矣。"曰："仁矣乎？"曰："未知。焉得仁？""崔子弑齐君，陈文子有马十乘，弃而违。至于他邦，则曰：'犹吾大夫崔子也。'违之。之一邦，则又曰：'犹吾大夫崔子也。'违之。何如？"子曰："清矣。"曰："仁矣乎？"曰："未知。焉得仁？"

"仁"，念之抱持十分必要，更为必要的是行之付诸，行之持久，行之不失。"回之为仁也，择乎中庸；得一善，则拳拳服膺而弗失之矣。"为仁，庸人不能期月守之。现实生活中，高呼"博爱"之念，大展"悖仁"之行的案例更是俯拾即是。法国大革命时期，雅各宾政府领袖罗伯斯庇尔深受卢梭影响，向往自由、平等、民主、法治，在大学毕业后还成为律师，帮助无助的、受到不公待遇的普通民众进行辩护。而就是这样一位梦想建立起充满美德的民主国家的领袖，却不惜通过暴力和恐怖手段达成目的。雅各宾政府执政的1791—1794 年，三年内被斩首的"反革命分子"达几万人之多，而仅在"热月革命"前的短短一个月之间，巴黎就有一千三百余人被送上断头台①。而这一切的杀戮虽被冠以"革命"与"人民"的名义，实则是对人权的无情践踏。罗伯斯庇尔本人随后也被砍头，这场高举民主与博爱大旗的革命最终以悲剧收场。

无独有偶，英格兰首位女王、伊丽莎白一世的姐姐玛丽一世是极为虔诚的天主教徒。为使英国"充满信仰"，从国教恢复到天主教，玛丽一世不惜处死大量新教教徒，引致国民反抗情绪激烈、社会仇恨滔天，被迫害的新教徒甚至被赞美为"殉道者"，玛丽一世本人则被冠以"血腥玛丽"的暴君称号。而伊丽莎白一世虽致力复兴新教，但她采取了对天主教和新教兼容的政策，不拘泥于宗教改革，并广泛发展国家政治、经济、文化、军事、外交实力，终于造就了英国的黄金时代。报"博爱"之念而不行"仁义"之实，结果只会背道而驰；心怀"博爱"之心亦要广施"仁爱"之举，仁者爱人，亦包含家国天下的大道大仁。"仁人之事者，必务求兴天下之利，除天下之害"，孔子对管仲的评说即是如此。

孔子对管仲在"俭""礼"方面的评价是负面的，对其"仁"的评价却好于子路和子贡。

"管仲之器小哉！"或曰："管仲俭乎？"曰："管氏有三归，官事不摄，焉得俭？""然则管仲知礼乎？"曰："邦君树塞门，管氏亦树塞门。邦君为两君之好，有反坫，管氏亦有反坫。管氏而知礼，孰不知礼？"

子路曰："桓公杀公子纠，召忽死之，管仲不死。"曰："未仁乎？"子曰："桓公九合诸侯，不以兵车，管仲之力也。如其仁，如其仁。"

子贡曰："管仲非仁者与？桓公杀公子纠，不能死，又相之。"子曰："管仲相桓公，霸诸侯，一匡天下，民到于今受其赐。微管仲，吾其被发左衽矣。岂若匹夫匹妇之为谅也，自经于沟渎而莫之知也？"

子贡曰："如有博施于民而能济众，何如？可谓仁乎？"子曰：

---

① http://noe-education.org/D12B1.php.

"何事于仁？必也圣乎！尧舜其犹病诸。夫仁者，己欲立而立人，己欲达而达人。能近取譬，可谓仁之方也已。"

孔子看来，虽说管仲在俭、礼方面有欠缺，但他帮助齐桓公召集诸侯会盟，而不依靠武力，是仁德的表现。常人非天子诸侯，乍议施民济众、兼济天下实为遥远，何况这并非易事，尧舜其犹病诸。对于普通人而言，推己及人、仁者爱人或许是"为仁"的现实选择。现代科学亦证实，"为仁不亏"——"为仁"的付出常有超乎想象的美好回报。

美国最著名的生命伦理学教授史蒂芬·波斯特（Stephen G. Post）和记者吉尔·奈马克（Jill Neimark）从现代科学和医学的角度出发，对人的"付出"与"回报"之间的关系进行挖掘，研究出版了《好人会有好报吗？》一书。作者开创了专门研究"付出"的机构，在综合四十多所美国主要大学的一百多项研究成果的基础上，大胆地抛出了一个令人惊讶的信息："付出产生的巨大能量会以一种你未曾注意的形式回报给你""付出与回报之间存在着神奇的能量转换秘密，即一个人在付出的同时，回报的能量正通过各种形式向此人返还，只不过在大多数情况下，自己浑然不知。"这种"付出"包括赞美、传承、宽恕、勇气、幽默、尊重、同情、忠诚、倾听、创造。书中指出，"'宅心仁厚、乐善好施'的人格的确能对自身心理和身体健康产生巨大而深远的影响""付出能提高一个人各方面的能力，比如社会能力、判断力、正面的情绪和心态"[①]。

此外，英国《每日邮报》报道，经科学研究证实，志愿服务不仅可以净化心灵，还能改善健康状况。美国纽约的伊坎医学院（the Icahn School of Medicine）研究员汉娜·施雷尔（Hannah Schreier）博士在加拿大温哥华的英属哥伦比亚大学（the University of British Columbia）工作期间研究了志愿服务对青少年身体健康的影响。试验中，施雷尔博士将 106 名青年学生按是否参与志愿服务分为两组，

---

① 史蒂芬·波斯特，吉尔·奈马克. 好人会有好报吗[M]. 海口：南方出版社，2011.

并对其生理状态（包括体重指数、炎症情况、胆固醇状况）和心理
状态（包括自尊心、精神健康、情绪、同情心）进行跟踪。十个星
期后，经常做义工的一组学生，他们的炎症症状、胆固醇水平和体
重指数都比对照组的学生低。研究中还提到，英国慈善组织皇家女
子志愿服务队（Women's Royal Voluntary Service，现为 Royal
Voluntary Service）发现，老年人做志愿者同样对健康有益，老年志
愿者不易抑郁、生活质量更高、对生活也更加满意。研究结果表明，
从事志愿服务不但能够让人获得心理上的愉悦，而且对身体健康也
有好处，在精神上的投入越多，对健康的好处也越大①。

　　仁者爱人，怀仁爱之心，行仁爱之举，实为利己、利他的双赢
结果。"仁爱"之美德，可内安其心，铸就平和与超脱；亦可外现于
行，营造和谐与至美。北宋大儒程颢强调，"仁"之主要特征乃是与
万物合一，其在《识仁篇》中有言："学者须先识仁。仁者浑然与物
同体，义礼智信皆仁也。识得此理，以诚敬存之而已，不须防检，
不须穷索……此道与物无对，大不足以名之，天地之用，皆我之用。
孟子言'万物皆备于我'，须'反身而诚'，乃为大乐。若反身未诚，
则犹是二物有对，以己合彼，终未有之，又安得乐？"

　　诚存仁爱之心，不耗纤毫之力于"非一"，浑然与万物同体，
天人合一，此乃人生之"上乐"。

五、顺势

　　悠久的农耕历史孕育了中华民族的灿烂文明，也启发着炎黄子
孙向天地、自然学习立身之道。不管是"君子藏器于身，待时而动"

---

① 每日邮报，2013-2-25，http://www.dailymail.co.uk/health/article-2284301/Volunteering-reduces-risk-heart-disease-improves- physical-wellbeing.html.

（《周易・系辞下》），还是"天时、地利、人和，三者不得，虽胜有殃"（《孙膑兵法・月战》），抑或是"审度时宜，虑定而动，天下无不可为之事"（张居正《答宣大巡抚吴环洲策黄酋》）均点明了顺势的重要性，明晰"势"为何物，在生活中察势而虑，顺势而为，方得大道。

（一）"势"为何物

《说文解字》对于"势"的解释是"盛力"。也就是说，"势"是事物变化的趋向。更进一步地，它是客观规律在事物变化和发展过程中的表现。泥丸临长坂，其势为落下；流水临低洼，其势为充盈；气团相摩擦，其势为闪电；暖云遇冷气，其势为降雨……自然科学率先将"天势"和"地势"纳入了考察范围，并以公式、定理乃至假说删繁就简，揭示出其背后隐藏着的万有引力、摩擦起电等客观规律。

而即便是纷繁复杂的人类社会，背后也隐藏着各种各样的"势"，隐藏着各种规律性趋向："多行不义必自毙""忧劳可以兴国，逸豫可以亡身"……不同的是，人类社会的"势"总是以一个个鲜活的人为基本单位，但就是每个人不约而同的行为，形成了巨大的共振效应，创造出能够影响社会乃至人类发展进步方向的力量。在人文与社会科学的探索中，价值规律、供求定律等成了对这些"势"的回答，启迪着我们继续揭开它们的面纱。因此，"势"是具有普遍性的存在。

 案例 2.5.1 康德拉季耶夫周期理论——经济生活中的"势"

1925 年，苏联经济学家康德拉季耶夫发现，资本主义经济发展存在着以 50~60 年为周期的长期波动，人们将这种长期波动称为"康德拉季耶夫周期"。康德拉季耶夫通过分析美、英、法等资本主义国家 18 世纪末到 20 世纪初的主要经济指标（如价格水平、利率、进口额等）认为，资本主义经济经历了三个长波：① 1789—1849 年，

其中 25 年处于上升阶段，35 年处于下降阶段，共 60 年；②
1849—1896 年，其中 24 年处于上升阶段，23 年处于下降阶段，共
47 年；③自 1896 年起，有 24 年处于上升阶段，在 1920 年后进入
下降阶段①。经济学家们认为，这种周期性波动的根源在于资本主
义基本矛盾，也与科技革命有着密切联系②。由于康德拉季耶夫周
期的上升阶段往往伴随着新业态出现和资本市场繁荣等经济现象，
这种理论正在受到越来越多的人的关注。

（二）察势而虑

"识时务者为俊杰。"如能穿透虚实相生的表象，把握事物发展
的内在趋势，自修身至于平天下，则内心有定而无惑矣。

 案例 2.5.2　毛泽东眼中的"势"

作为一名杰出的无产阶级革命家、军事家，毛泽东在长期革命
斗争中展现出的战略眼光令世人惊叹。

1930 年元旦，林彪在给毛泽东的新年贺信中发出了"红旗还能
打多久"的疑问。对此，毛泽东在给林彪的回信中对革命与反革命
力量的形势对比做了深刻分析，在此基础上得出了"中国革命高潮
快要到来"的结论，这封回信就是后来著名的《星星之火，可以燎
原》。

"我所说的中国革命高潮快要到来，绝不是如有些人所谓'有
到来之可能'那样完全没有行动意义的、可望而不可即的一种空的
东西。它是站在海岸遥望海中已经看得见桅杆尖头了的一只航船，
它是立于高山之巅远看东方已见光芒四射喷薄欲出的一轮朝日，它
是躁动于母腹中的快要成熟了的一个婴儿。"（摘自《星星之火，可
以燎原》）

1937 年 7 月，抗日战争爆发。不久，国内便出现了对于战争形

---

① 周路军. 几类具有时滞的动态商业周期模型研究[D]. 长沙：湖南大学，2009.
② 向祖文. 康德拉季耶夫的长波理论述评[J]. 当代世界社会主义问题，2009（2）：80—88.

势的不同判断：一部分人对抗战前景充满悲观，提出所谓"亡国论"；一部分人对中日两国实力缺乏认识，盲目主张"速胜论"。不同于上述两种论调，毛泽东在 1938 年 5 月的《论持久战》一文中指出，抗日战争是一场持久战，最后胜利的必然属于中国，并给出了科学的依据。

"日本的军力、经济力和政治组织力是强的，但其战争是退步的、野蛮的，人力、物力又不充足，国际形势又处于不利。中国反之，军力、经济力和政治组织力是比较弱的，然而正处于进步的时代，其战争是进步的和正义的，又有大国这个条件足以支持持久战，世界的多数国家是会要援助中国的——这些，就是中日战争互相矛盾着的基本特点。这些特点，规定了和规定着双方一切政治上的政策和军事上的战略战术，规定了和规定着战争的持久性和最终胜利属于中国而不属于日本。"（摘自《论持久战》）

随着抗战形势的变化，毛泽东做出的诸多判断一一应验。

案例 2.5.3　吴建民：时代变了[①]

2014 年，外交官吴建民先生登上央视节目《开讲啦》的舞台，为观众们做了《世界的变化与中国》主题演讲：

"当今世界最大的变化是什么？这个变化影响一切，那就是时代变了。

时代变化不是一个空洞的概念，时代变化是具体的，每一个时代都有自己的主题。上个世纪很长的时间里面时代的主题是战争与革命，现在的主题是什么？和平发展。时代的主题从战争与革命进入了以和平发展为主题的时代，这是最大的变化。

那么是哪些因素推动时代主题发生变化的呢？五大因素。第一个因素：两次世界大战的惨痛教训。战争教育了人类，所以在第二次世界大战结束之后成立联合国，这就是人类的良知。第二个因素：

---

① 该案例根据吴建民演讲《世界的变化与中国》整理。http://kejiao.cntv.cn/2014/01/06/ARTI1388981134138876.shtml.

核武器的出现。第三个因素：全球化。全球化形成了你中有我、我中有你的局面，谁也离不开谁。第四个因素：西方世界进行了深度的改良。它有两重含义：第一重含义，民主解放运动的潮流如此汹涌澎湃，殖民体系荡然无存了；第二个方面的调整在内部，即有了一个庞大的、丰厚的社会保障体系。第五个因素：全球化使南北鸿沟在加深，这个发展的问题突出了。

　　这五大因素推动时代的主题从战争与革命的时代，进入了和平与发展为主题的时代，这个是最大的变化。这个变化对中国有什么影响呢？太大了。改革开放之前，中国领导人毛主席挥之不去的忧虑是准备打仗，1978年，十一届三中全会决定把中心工作转移到经济建设上来。中国的大发展是什么时候？大概就是你们成长起来这一段时间……邓小平早在1984年就讲了这个话，说'解决国际争端我们要根据新情况、新问题、新办法'。邓小平一连讲三个新，绝对不是为了赶时髦，三个新，每个新都有具体的含义。第一个新：新情况。什么新情况？时代变了。新问题，什么新问题？1984年距离1997年、1999年临近了，香港、澳门回归的问题提上了议事日程。新办法是什么新办法？一国两制。

　　今天中国的大发展离不开天时、地利、人和。第一是天时，世界变了。第二是地利，什么意思？我们在亚洲。大家知道过去几百年这个全世界的重心在什么地方，在欧美；现在这种情况开始发生变化，重心在向亚太地方转移。亚洲国家在崛起的过程当中是相互帮助的，不是相互排斥的。所以这种状况，地利对中国的发展非常重要。第三是人和，就是改革开放的政策。没有改革开放的政策，天时地利都没有用。就是邓小平所开创的中国特色的社会主义道路，这条道路我们三十多年是走得很好的。所以我讲了这两个方面。一个方面就是世界，今天的中国人必须要看到世界的变化。世界在变化，对中国的发展是有利的，如果世界不变，中国不可能发展到今天这样。第二个，看到我们中国，我们中国采取了比较明智的行动，实行改革开放，赶上了这个浪潮，所以中国起来了。"

上述案例提醒着我们：准确地认清"势"，实际上是对个人信息处理能力的考验。瞬息万变的世界为我们创造了庞大的信息集，我们必须从中剥离无效信息，提取有效信息；必须分清楚信息间的新旧和主次，抓住新信息和主流信息进行决策；必须理解事物的本质，从质的规定性看到它的"归宿"。对"势"的认识一旦形成，我们就能够在这个信息集面前"反客为主"，用对"势"的认识过滤无效信息的干扰，用新信息不断修正对"势"的认识。唯有如此，我们才能维持内心恒常的节奏，动而不乱，动则有时。

（三）顺势而为

"天下大势，浩浩荡荡，顺之者昌，逆之者亡"（孙中山）。当大海上掀起滔天巨浪时，总会产生这样的现象：那些与巨浪运动方向一致的浪花在巨浪的作用下腾空而起，而那些与巨浪运动方向不一致的浪花则被冲得七零八落。从蒸汽时代到互联网时代，从"交子"到电子货币，从资产阶级革命到无产阶级革命……回顾人类社会掀起的每次"巨浪"，其背后都是群体选择乃至博弈的结果，而不以某一个人的主观意志为转移。

"察势者智，驭势者赢"[1]。对个人来讲，势在必行时，逆势而动无异于螳臂当车；大势已去时，一意孤行常落得人仰马翻。而正如《大趋势》的作者、美国著名未来学家约翰·奈斯比特所说的那样，只有顺势而动，方为明智之举。

趋势像奔马一样。你骑在它的背上，按照它奔赴的方向前进，这样就比较容易驾驭。如果你所做的决定能与大势相一致，这趋势就会帮你的忙。即使不得已要逆向而行，知道大势所趋终究是有好处的。

---

[1] 引自光明日报文章《中国特色大国外交的理论创新与辉煌实践》。http://news.gmw.cn/2017-09/09/content_26088698.htm.

案例 2.5.4   霍英东与广州白天鹅宾馆

霍英东（1923—2006），香港实业家，著名的爱国人士。在香港长大的他，从日据时期日本宪兵的残酷奴役与港英政府的欺压中明白了"覆巢之下，岂有完卵"的道理，决心以实际行动报效祖国。20 世纪 80 年代，邓小平主持工作，结束了"文化大革命"时期中国大陆的封闭状态，实行了改革开放的伟大决策。看到了时机的霍英东马上决定在广州沙面岛建设中外合资的五星级宾馆——白天鹅宾馆，成了第一批回国支援的香港商人。在当时改革开放风气未开的背景下，白天鹅宾馆的建设时常遭受非议和争论，但霍英东坚信：中华民族是世界上最勤劳的民族，大陆的腾飞是必然的趋势。1983 年，白天鹅宾馆正式建成。成立以来，这座宾馆先后招待了包括美国前总统尼克松、英国女王等在内的尊贵客人，为内地传播了先进的酒店管理经验，成了联系中国与世界的窗口。同时，它也为广州引进大量外商投资，为中国的改革开放事业做出了不朽的贡献。

 案例 2.5.5   "巨星陨落"——柯达公司

2012 年，相机行业的"元老"——柯达公司申请破产保护，从此风光不再。长期以来，柯达公司将经营重点放在其赖以成名的胶卷业务上。到 20 世纪 90 年代，随着数码相机的发展，传统的胶卷业务开始面临巨大冲击。柯达虽然也于 1996 年推出了数码相机，但由于管理层坚持认为数码照片不会取代胶卷照片，造成了严重的战略误判，柯达在富士胶卷、索尼等对手的挑战面前萎靡不振，市场份额呈现降低态势。而当越来越多的人开始在互联网社交平台上分享照片时，柯达的经营战略再次出现重大失误：尽管柯达早在 2001年便收购了一家照片分享网站（Ofoto），但柯达公司的用意是借助其提升自身照片冲洗业务的竞争力。没有能够顺势而为，是柯达公司走向衰败的关键原因。

小米公司的创始人雷军做过一个诙谐的比喻："创业，就是要做一头站在风口上的猪。风口站对了，猪也可以飞起来。"这里所说的"风口"是客户的新需求、企业的新模式、行业的新业态，说到底是经济生活中的"势"。在此起彼伏的创业浪潮中，每一位创业者都将经受来自客户、竞争者的多重考验，只有率先找到"风口"，才有存活下来的可能。正是从这个角度来说，"形势比人强"，顺势而为常常是一种必然的选择。

但是，顺势不等于也不应该等于机会主义行为。毛泽东这样讲："什么是机会主义呢？机会主义就是这里有利就到这里去，那里有利就到那里去，无一定原则，无一定方向。"

机会主义行为的弊病主要有两个。其一是把顺势演变成投机。2015年春晚小品《投其所好》生动塑造了"马科长"的形象。这位"马科长"整日溜须拍马，不把心思放在做好本职工作、为人民服务上，却在迎合一任任上级领导的喜好。如此"顺势而为"，不过是眼中有"小势"无"大势"，顺"假势"不顺"真势"，在公平与正义面前必然受到应有的惩罚。

其二则是忽视个人主观能动性。正所谓"千红万紫安排著，只待新雷第一声"，顺势的最高境界就是在"势"初起或未起之时看到成"势"的可能，待到客观条件成熟时顺势作为，也就是我们常说的"造势"。我们见证了淘宝网如何掀起电子商务的大潮，也要明白随着互联网技术的发展，电子商务已经成为历史发展的必然趋势。而淘宝网的出现，实质上是将其成"势"的时间提前了。顺势而为时，人是"势"的主人；机会主义中，人是"势"的奴隶。懂得顺势而为，才能在"动"中守住自己，获得主动。

六、合赋

《中庸》在开篇处写道:"天命之谓性,率性之谓道,修道之谓教。"幸福的体验需在个体与自然界、人类社会及个体自身的和谐统一中获得。在顺应外界大势的基础上,合于本我之禀赋,便成了幸福的秘诀。

（一）天赋既存

绝大多数经济学理论出于简化模型的需要,将个体假设为完全同质化的"理性人"。天赋的存在或许足以提醒我们:现实生活永远要比理论更精彩。

 案例 2.6.1　天赋——隐藏在大脑中的密码

20 世纪 70 年代末,美国通用电气公司管理发展中心主任奈德·赫曼(Ned Herrmann)根据美国国家卫生研究院科学家保罗·麦克莱恩(Paul Mclean)提出的"脑部三分模型"和诺贝尔奖得主罗杰·斯佩里(Roger Sperry)的"半脑理论",创造了 HBDI(Herrmann Brain Dominance Instrument)理论与全脑模型(Whole Brain Thinking),用以测量不同的人具有的不同的职业优势。

在此之前,斯佩里通过实验证明了人脑可以分为两个半球且各司其职;麦克莱恩则依照人类的进化过程划分人脑功能区,认为人脑的演进次序是由爬虫类脑到哺乳类脑,最后到新皮层。综合这些研究成果,赫曼建立了其探索人脑存在相对优势的模型[1]。

---

① 奈德·赫曼. 全脑优势[M]. 宋伟航,译. 北京:中国人民大学出版社,2006:12—16.

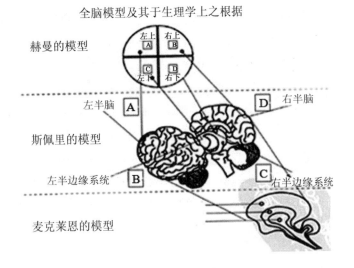

图 2-1　全脑模型和斯佩里、麦克莱恩理论之间的关联①

　　HDBI 理论与全脑模型提出后，德克萨斯大学、伯克利大学相继证明该理论是成立的。也就是说，人存在着其相对擅长的领域。目前，许多跨国公司开始注重引导员工从事其擅长的领域，从而提高员工的工作效率。

 案例 2.6.2　天赋也许藏在"没有希望"中②

　　吉莉安·莱尼（Gillian Lynne）是作品《猫》《歌剧魅影》的舞蹈编剧。一天，有人问她："你是怎样成为舞蹈学家的？"她回答道："当我正在上学时，觉得自己完全没有希望。"莱尼谈到，老师曾给她的家长写了一封信："我认为吉莉安·莱尼有学习障碍症，她老坐不住。"于是莱尼的妈妈带她去看病。医生先让莱尼坐下并把手压在腿上，持续了 20 分钟，然后跟莱尼说："你在这里等一会儿，我想

　　① 奈德·赫曼. 全脑优势[M]. 宋伟航，译. 北京：中国人民大学出版社，2006：16.
　　② 该案例根据 Ken Robinson TED 演讲视频整理。https://www.ted.com/talks/ken_robinson_says_schools_kill_creativity/transcript?language=zh-cn#t-31374.

和你妈妈单独谈谈，我们马上谈完"。医生把桌上的收音机打开，走出了房间，然后示意莱尼的妈妈在门外观察她一会儿。当收音机里播放起音乐时，只见莱尼站了起来，随着音乐翩翩起舞。医生对她妈妈说："莱尼太太，吉莉安没病，她是个舞蹈天才，让她去上舞蹈学校吧。"莱尼的妈妈听了医生的话，送她去了舞蹈学校，在舞蹈学校里，有很多像她一样坐不住的人，他们必须在动态中才能思考。就这样，吉莉安·莱尼后来考入皇家艺术舞团，为千千万万的观众带去美的享受。

每个人都有自己的天赋，我们不必艳羡他人的幸福与成功，而应专注于发现那些潜藏在我们身上的闪光点。

（二）发掘天赋

每个人眼中的自己都是自我存在与社会存在的综合体。自我省察有助于我们形成自我认知，同时我们也在借助外部世界的评价完善这种自我认知。从这个意义上讲，发掘天赋的过程就是自我认知不断深化的过程，是自我省察与社会评价不断互动的过程，最终形成一张高精度的"天赋分布图"。

 案例 2.6.3   瓦拉赫是如何走上化学之路的[1]

诺贝尔化学奖获得者奥托·瓦拉赫（Otto Wallach）并没有从一开始就选择从事化学研究工作。在读中学时，瓦拉赫的想法是从事文学创作，不料一个学期下来，老师为他写下这样的评语："瓦拉赫很用功，但过分拘泥。这样的人即使有着完美的品德，也绝不可能在文学上发挥出来。"于是瓦拉赫改学了油画课。但是他对艺术的理解力不强，成绩在班上是倒数第一，老师甚至给了他这样的评语："你是绘画艺术方面不可造就之才。"面对这位"不可造就之才"，绝大部分老师已认为他成才无望，只有化学老师认为他做事一丝不苟，

---

[1] 该案例根据搜狐教育文章《瓦拉赫效应：让孩子成为最棒的自己！》整理。http://www.sohu.com/a/82447117_112087.

具备从事化学研究的品质，建议他尝试学习化学。瓦拉赫听取了化学老师的意见，竟很快在化学领域崭露头角，从此成为了在化学领域"前程远大的高才生"。

（三）合赋致胜

如果个体的行动能够合乎天赋，在相同的时间、精力成本下，他将更容易成功。这会使得他在该领域更易于走向精进，在全人类的知识积累与创新层面上产生更大的福利效应；这会使得个体在收获意义感的同时不至于疲惫不堪，有条件在艺术、科学等更多方面全面发展、自我充实；这会使得个体养成心态沉稳、心志专一的习惯，至少能够免于思绪在"我能行吗"这样的问题上辗转；更重要的是，天赋与兴趣常常是一对伙伴，合赋而行，个体便能获得登上幸福之船的船票。

 案例 2.6.4　J. K. 罗琳在哈佛大学的演讲

2008 年，英国著名作家、畅销全球的小说《哈利·波特》的作者 J. K. 罗琳在美国哈佛大学发表演讲。以下是其演讲的部分内容：

"我人生的前一部分，一直挣扎在自己的雄心和身边的人对我的期望两者之间。我一直深信我唯一想做的事就是写小说。不过，我的父母都来自贫穷的家庭，而且两人都没上过大学。他们都坚持认为我过度的想象力是一个令人惊讶的个人怪癖，绝不能用于支付按揭或保证安稳的退休金。他们希望我拿到一个职业学位。可我想学习英国文学。最终我们达成了一个折中的意见，现在想起来仍不令人满意，最终我去学习现代语言。几乎刚把车停在路尽头的墙角（指去学校报到，译者注），我便放弃了德语并逃到古典文学的殿堂。我不记得是否告诉我的父母我是学习古典文学的。也许他们很可能在我毕业那天才第一次发现我的专业是什么。在这个星球上的所有科目里，我想他们会认为再没有比希腊神话学更糟糕的了。"

"我不是在伪装自己，我只是直接把所有精力放在最重要的工作上。如果不是因为我没有在其他领域成功过，我可能绝不会有在真正属于自己的舞台上取得成功的决心。"

大学毕业后，罗琳前往葡萄牙，成为一名英语学院的老师，并与当地的一名记者坠入爱河。然而仅仅三年，两人的婚姻便走到了尽头。她带着女儿回到英国，靠微薄的政府救济金生活。因自家的屋子又小又冷，她时常到附近的咖啡屋里把《哈利·波特》的故事写在小纸片上。罗琳自己回忆，在人生最拮据的时候她有过沮丧，甚至想过自杀，但对天赋的发现和目标的坚守最终拯救了她。

罗琳的文学创作之路体现着她对自身天赋的不断发掘。24岁那年，罗琳在一次乘坐火车的旅途中偶然萌生了创作魔法题材小说的想法。在此之前，罗琳曾做过短时间的教师和秘书，而她超凡的想象力与文学修养促使着她此后迅速专注于《哈利·波特》系列故事的创作。尽管《哈利·波特》的创作过程堪称艰辛，但她始终没有放弃，最终凭借绝妙的构思让哈利·波特的故事风靡全球。合赋而行给罗琳带来了财富，更让她收获了幸福的生活。

人说"天生我才必有用"，然而我们又听到太多的人在感叹自己学非所长、工作非所长。2010年，复旦大学青年女教师于娟因乳腺癌入院。当她回忆自己的人生时，不禁写下这样的文字：

"我曾经试图做个优秀的女学者。虽然我极不擅长科研……不说这些了，为了一个不知道是不是自己人生目标的事情扑了命上去拼，不能不说是一个傻子干的傻事。得了病我才知道，人应该把快乐建立在可持续的长久人生目标上，而不应该只是去看短暂的名利权情。"[①]

合赋有时是一种气度——不向短期的功名利禄低头，追求长期的个体幸福感。唯有这个过程，才能使个体行为真正以人为本，而不是以外物为本。老舍先生在《艺术与木匠》中曾这样写道：

"我有三个小孩，除非他们自己愿意，而且极肯努力，做文艺

---

① 摘自搜狐网文章《复旦女博士于娟：为啥是我得癌症？》。http://business.sohu.com/20111222/n329939266.shtml.

写家，我绝不鼓励他们，因为我看他们做木匠、瓦匠或做写家，是同样有意义的，没有高低贵贱之别。"[①]

每年的高校招生季都是各种择校观、择专业观的"交火地带"。很多家长得知当下经济、金融专业毕业生收入水平高，便不由分说地要求子女学经济、学金融。正如十多年前，在计算机专业、外贸专业如日中天的时候，也同样有很多学子被诱惑得可以忽视天赋与兴趣差异……但其实很少有人认真想过：这些学生是否符合该专业的素质要求？是否在该专业学有所长？

当下所谓的"热门专业"确实是一种"势"，但本质上讲，它只是以毕业生收入水平为基准对专业的一种分类，不是唯一的"势"，更不是人人非"顺"不可的"势"。如果我们能够合乎天赋地进行专业选择，在天赋所向的学科中以该学科发展之"势"指导我们的学习，又何来"热门专业"之说呢？顺势而不合赋，备尝艰苦；合赋而不顺势，壮志难酬。只有顺势合赋，才是幸福之道。

需要注意的是，强调合赋绝不能夸大天赋的作用。爱因斯坦在16岁时就曾因调皮贪玩导致多门功课不及格，直到在父亲的劝导下迷途知返，方才充分施展出其超群的智力天赋。正如著名作家高尔基所说："人的天赋就像火花，它可以熄灭，也可以燃烧起来，而逼它燃烧成熊熊大火的方法只有一个，就是劳动再劳动。"

常言道："勤能补拙是良训，一分辛苦一分才。"其实勤奋的作用不只在于"补拙"，还在于将天赋的效用值最大化。如果说天赋是未经打磨的美玉，那么勤奋与努力就是锋利的刻刀，足以将天赋精雕细琢。生活在祖先世代奋斗过的土地上的我们，唯有以勤合赋，才能将幸福的愿景一一兑现。

练习：SWOT 自我认知框架

老子云："知人者智，自知者明。"建立合理的自我认知是走向

---

① 摘自中国教育新闻网文章《家庭教育须走出三个盲区》。http://china.jyb.cn/china/gnsd/201611/t20161110_682096.html.

幸福的开始。在这里我们可以借助经典的 SWOT 自我认知框架，从四个方面定位我们的人生：

S——"Strength"（优点，长处）。在未来的学习、工作、生活中，我们应当充分体现它们的存在。

W——"Weakness"（缺点，短处）。在未来的学习、工作、生活中，我们应当尽量避免在这些方面"发力"。缺乏乐感或许是你的短处，但它并不意味着你唱不好一首歌，而是意味着为了唱好一首歌你可能要花费多于他人的时间和精力。那么，把唱歌作为一个需要精益求精的目标，或者作为谋生的手段，显然不是好主意。

O——"Opportunity"（机会，机遇）。很多时候机会是不可预知的，但形势是我们相对容易看到的，或者说形势暗示着我们能够利用的机会有哪些。我们没有理由不为此做好准备。

T——"Threat"（威胁，风险）。机遇和风险总是相生相伴的。我们也要对形势有着清醒的认识，留心可能发生的变化。

你可以先自主思考上面四个方面的内容，然后同你的父母、老师、朋友交流，询问他们对你的看法和建议。这有助于拓宽你的信息渠道，帮助你得出更全面的结论。

七、习惯养成与例行公事

在看篮球比赛时，我们常常感叹职业运动员惊人的命中率——球出手后，在空中划过一道抛物线直奔篮筐。但是运动员能准确地描述他出手时的用力和角度吗？恐怕不能，运动员在出手的一瞬间靠的是长年累月练习所留下的"手感"。这种由成千上万次练习所形成的"无意识""自主"的投篮习惯，使其能够精准地将球投入篮筐。记者曾问科比："你为什么能如此成功？"科比笑笑，问道："你知道凌晨四点的洛杉矶是什么样子吗？"记者摇摇头。科比接着说："我知道，因为那时候我已经开始训练了。"

研究表明，人们日常活动的90%源自习惯和惯性。小到啃指甲、挠头、握笔姿势等细微事件，大到饮食健康、运动选择，甚至与朋友同事家人的日常交往，都是基于我们的习惯，再说得深一点，连我们的性格都是习惯使然[①]。

案例2.7.1　习惯回路——习惯是如何产生的[②]

科学家发现，习惯之所以存在，是因为大脑一直在寻找可以省力的方式。如果让大脑自由发挥，那大脑就会让几乎所有的惯常行为变成习惯，因为习惯能让大脑得到更多的休息，这种省力的本能是一大优势。大脑中的基底核与习惯密切相关，是回忆行为以及依此行动的核心，在大脑其他部分沉睡时仍在存储生物的习惯[③]。建立习惯的过程是一个由三步组成的回路：第一步，暗示让大脑进入某种自动行为模式，并决定使用哪种习惯；第二步，惯常行为，这可以是身体、思维或情感方面的；第三步则是奖赏，让大脑辨别出是否应该记下这个回路，以备将来之用。慢慢地，这个由暗示、惯常行为、奖赏组成的回路变得越来越自动化，暗示和奖赏互相融合，习惯随之诞生。

（一）好习惯能给我们带来什么

美国心理学家威廉·詹姆士这样讲："播下一个行动，收获一种习惯；播下一种习惯，收获一种性格；播下一种性格，收获一种命运。"勤俭的习惯有利于财富的延续，踏实的习惯有利于真名的铸就，坚持早睡早起有利于身心的健康，遇人常说"谢谢"有利于和谐的

---

① 杰克·霍吉. 习惯的力量[M]. 吴溪，译. 北京：当代中国出版社，2004：8.

② 查尔斯·都希格. 习惯的力量[M]. 吴奕俊等，译. 北京：中信出版社，2013：15—22.

③ 基底核（Basal Ganglia，或称为基底神经节）是位于大脑皮质底下一群运动神经核的统称，与大脑皮层、丘脑和脑干相连。

人际关系……好习惯如同繁星点点，在幸福的夜空中持久闪耀。

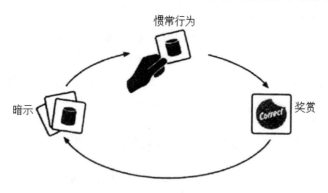

图 2-2　习惯回路

 案例 2.7.2　成功源自"好习惯"[①]

　　芝加哥大学的本杰明·布鲁姆博士（Benjamin Bloom）开展了一项对杰出学者、艺术家以及运动员的研究，前后长达 5 年之久。研究选取了各个领域中杰出的 20 位成功人士进行匿名访谈，其中涉及了知名钢琴家、网球运动员、奥林匹克游泳冠军、雕塑家、数学家等。此外，还对这些成功人士的家人及教师进行了补充访谈，以获取更充分的信息。本杰明和他的同事仔细地研究采集到的信息，希望能够从中得出一些结论，以解释究竟是怎样的共同点使成功人士能有效开发自己的潜能，让他们和普通人区别开来。最终，他们的研究结果表明，不是天赋造就了这些原本普通人士的非凡，而是坚忍不拔的"好习惯"。

---

① 杰克·霍吉. 习惯的力量[M]. 吴溪，译. 北京：当代中国出版社，2004：21—22.

案例 2.7.3 竺可桢：一生与好习惯相伴①

2017 年 5 月 21 日，中国著名气象学家、地理学家、教育家、浙江大学原校长竺可桢之子竺安为正值 120 周年华诞的浙江大学送去一份珍贵的礼物——56 册《竺可桢日记》原稿。这 800 余万字的原稿记录着竺可桢自 1936 年至 1974 的生活点滴，也诠释着他一生实事求是、刻苦钻研的高尚品格。

1910 年，竺可桢以优异的成绩考取第二批留美庚款公费生。为改变祖国积贫积弱的落后面貌，他最初选择研究农学，后转向与农业关系密切的气象学。1918 年学成归国后，他先后到武昌高等师范学校、东南大学、南开大学等校任教，在南京筹建气象研究所，并出版了中国近代第一本《气象学》专著。中华人民共和国成立后，他筹建中国科学院地理研究所，潜心钻研物候学，主编《中国自然区划》《中国自然地理》等丛书，为我国的气象事业及环保事业做出了不朽贡献。

竺可桢的成就与他的好习惯密不可分。早在哈佛大学留学期间，竺可桢便养成了每天写日记的习惯②，这个习惯伴随了他一生，甚至在去世的前一天，他都还坚持记录下当天的气温和风力。他的日记多记载气象研究资料，而日记记述所遇之人、所做之事的详尽程度更是了得。据竺安回忆，父亲随身携带一个小本子，如果是去参加会议，那么从参会人员的名字到发言内容，甚至是发言时间，他都会记录下来，然后整理到日记本上。竺安感叹："父亲认真到有时

---

① 本案例根据以下资料整理：网易：浙大 120 周年庆竺可桢亲属捐《竺可桢日记》手稿，http://news.163.com/17/0521/18/CKVU7NCE000187VI.html. 中国天气网：中国近代地理学和气象学的奠基者——竺可桢，http://www.weather.com.cn/static/html/article/20091119/143006.shtml. 网易：竺可桢每天坚持写日记，http://news.163.com/14/1031/12/A9SRUFR300014AED.html. 浙江新闻：竺可桢日记背后的那些故事，http://zjnews.zjol.com.cn/zjnews/hznews/201705/t20170509_3578467.shtml. 搜狐网：竺可桢：胡适曾预言我活不过 20 岁，http://www.sohu.com/a/137985933_350858.

② 据考证，竺可桢于 1917 年开始每天写日记。由于 1936 年以前的日记本在后来的火灾与抗战中毁坏或遗失，故至今只有 1936 年后的日记原稿保留了下来。

要引用古人的诗句他都会去翻原著。"

此外，竺可桢与胡适"赌命"的趣事也广为人知。竺可桢少时身体羸弱，同学胡适因此嘲笑他"此君活不过二十岁也"；后来两人赴美留学，胡适还放言竺可桢活不过六十岁，更不可能比他活得长，两人便因此事打起了赌，而最后的"赢家"是竺可桢（胡适享年 71岁，竺可桢 84 岁）。原来，竺可桢正是因为这件事养成了每天跑步、做体操的好习惯，并学会了网球、骑马等多种体育运动，游泳运动更是一直坚持到了 76 岁那年。长期的体育锻炼不仅使竺可桢练就了强健的体魄，更为他日后开展野外实地考察奠定了坚实基础。

"合抱之木，生于毫末；九层之台，起于累土；千里之行，始于足下。"（《道德经》）。竺可桢以他振兴中华的壮志豪情、严谨踏实的治学态度与常年不懈的优良生活习惯，成了我国老一辈科学家中的典范。

（二）让习惯见于日常

 案例 2.7.4   曾国藩家训——"书蔬鱼猪，早扫考宝"[①]

曾国藩从小受家庭影响，苦学成才，处处谦虚谨慎，再三告诫子孙后代"半耕半读，勤俭持家"。他对祖父留下的"治家八字诀""书蔬鱼猪，早扫考宝"甚为推崇——读书、种菜、养鱼、喂猪，为居家之事；起早、打扫洁净、诚修祭祀、善待亲族邻里，是治家之法。这八字家训看似简单，平常百姓家要真正做到，却不是易事。

百姓家，首先要栏中有猪，塘中有鱼，园中有蔬，生活就有了基本保障。大人们辛勤劳动，持家有方，就会丰衣足食。小孩们好好读书，健康成长，长辈就放心。做到了"猪""蔬""鱼""书"四个字，百姓家就能小康居家。

居家后，进而考虑的就是如何治家。勤俭持家，读书科考，首

① 该案例整理自新华网和凤凰网。http://news.xinhuanet.com/local/2017-04/15/c_129538089.htm、http://sd.ifeng.com/chinese/guoxuejiangtang/detail_2013_05/24/832926_0.shtml.

先要讲究两个字："早"和"扫"。早，就是事事要赶早，要勤于劳动，勤于读书。扫，就是要天天打扫环境，也可扫除心灵灰尘。家中儿女只要发奋读书，勤于劳动，修身养性，那么考取功名，成就事业，指日可待。

在治家中，还要特别强调"考""宝"二字。"考"即诚修祭祀，是告诫家人要诚心祭祀，缅怀先人；"宝"即善待亲族邻里，是告诫家人要友善对待一起生活的世人。诚心、友善待人是中华民族的传统美德，是为人的根本所在，体现了一种淳朴的民风。一个地方的人，生活在一起，人人辛勤耕耘、学风浓厚、诚心待人、友善相处，就会安居乐业，人才辈出。地方出人才，国家就会人才济济。有了人才，国家就会兴旺。国家兴旺，小家哪有不兴旺之理？八字家训，一家奉之，家道兴旺；家家奉之，国泰民安。

此外，作为家中长子，曾国藩十分注意以身作则。在给弟弟们的家信中，曾国藩曾这样写道："学问之道无穷，而总以有恒为主。兄往年极无恒，近年略好，而犹未纯熟。自七月初一起，至今则无一日间断，每日临帖百字，抄书百字，看书少须满二十页，多则不论。"他还曾以"余在军中，不废学问，读书写字，未甚间断"告诫其子曾纪泽勤勉向学。曾国藩能在日用伦常之事中治心养性，以自己的优良习惯培育崇德尚学、勤俭持家的家风，堪为后世之楷模。

 案例 2.7.5　孔子之礼与南开容止格言

《论语》中的几段文字：

"齐，必有明衣，布。齐必变食，居必迁坐。"

"虽疏食菜羹，必祭，必齐如也。"

"君赐食，必正席先尝之；君赐腥，必熟而荐之；君赐生，必畜之。侍食于君，君祭，先饭。"

"升车，必正立，执绥。车中，不内顾，不疾言，不亲指。"

南开容止格言：

"面必净，发必理，衣必整，纽必结，头容正，肩容平，胸容宽，背容直，气象勿傲、勿暴、勿怠，颜色宜和、宜静、宜庄。"

行为体现习惯，习惯见之于日常。行为有时需要庄严感、仪式感、神圣感。有理可依，行必坚，有范可仿，行必果！

（三）让习惯变成例行公事

 案例 2.7.6 富兰克林的"自我修行计划"[①]

大约在 24 岁那年，富兰克林立志要让自己拥有完美的品德，为此，他开始了一个自称为"达到完美品德的大胆而艰巨的计划"。在计划中，他列举了 13 项决定要培养的美德：节制、寡言、秩序、决心、节俭、勤勉、真诚、公正、中庸、整洁、镇静、节欲、谦逊。为了切实有效地养成上述美德，他专门制作了一个小册子，每一页都画了表格，纵向 7 行，代表一星期的 7 天；横向 13 行，写上 13 项美德的名称。如果当天在哪一项美德上做得不能令自己满意，就在相应的位置上涂一个黑点。除了修炼目标及操作工具，要想真正达到预期效果，还少不了专注坚持的精神。富兰克林决定依次给每一项美德以一个星期的严格注意。比如，在第一个星期，他就密切预防有违"节制"的任何极细微的行为，其他美德就像平常一样，只是记下有关过失。这样，如果在第一周，写着"节制"的第一行里没有"黑点"，那么下一周就要争取前两行中都没有"黑点"。这样一来，13 周内可以完成整个过程，一年可以循环 4 次。久而久之，原先涂满黑点的小册子逐渐变得干干净净，以往需要刻意养成的美好品德已经悄然内化为自己人格的一部分，良好的行为举止已成为"例行公事"。

可见，以"例行公事"的方式锤炼一种美德，正是富兰克林能够成功实现完美人格的方法所在。专注一事以至于最终变为例行公事，其过程必然是充满纠结、反复，甚至是痛苦的。在这个过程中，

---

① 王觉仁. 王阳明心学——修炼强大内心的神奇智慧[M]. 长沙：湖南人民出版社，2013.

就需要时刻提醒自我，只有"例行公事"，使一个行为反复锤炼，才能克服旧有习惯的强大力量。一旦我们将渴望养成的行为品德变成了例行公事，那么"知行感合一"所产生的美好体验将会使我们感受到精神的宁静与愉悦。就像很多坚持夜跑的人那样，每天晚上要去跑步，这在外人看来是何其自律及困难，但于本人来讲，这就是例行公事，生活也因此变得健康、充实。

（四）理性与自律

例行公事需要理性，习惯养成需要自律。人们何以保持理性？哲学家丁尼金曾说：唯有自律，能把自己引导向最光明的王国。理性总关乎长期利益的考量或对近期满足的约束，在行为层面多关乎以道治欲和自我约束。只有严于律己，坚忍不拔，才会达到理性，才能成就伟业。戚家军正是由于纪律严明，作战勇敢，方能横扫倭寇，荡平九州，越王勾践正是严于律己，卧薪尝胆，才有"三千越甲可吞吴"的壮举。

自律，用心在律，从自身出发，正人先正己。唐张九龄《贬韩朝宗洪州刺史制》有言："不能自律，何以正人？"张伯苓长期任南开大学校长，有一次他看见一个学生手指被熏得焦黄，便指着他说："你看,把手指熏得那么黄,吸烟对青年人身体有害,你应该戒掉它！"但这位学生反唇相讥："你不也吸烟吗？怎么说我呢？"当下张伯苓将自己所存的吕宋烟全数拿出来，当众销毁，并表示再不吸烟。果真如此，张伯苓再没吸过烟。

唐太宗李世民如果不能保持理性与克制，容忍魏征对他到处掣肘的直谏，他就无法达到"千古明君"的高度！正是由于他能够自律地控制好自己的情绪，才能放下自己作为皇帝的面子，多次听从魏征的建议，开创"贞观之治"，同时留下一段贤君良臣的千古佳话。

 案例 2.7.7　小李子与威尔·史密斯

同是好莱坞超级巨星，看看 1974 年出生的小李子莱昂纳多，再看看 1968 年出生的威尔·史密斯：小李子比史密斯还小了将近 6 岁，可是看起来却像是两代人。

年轻时的小李子英伦贵族气十足，可是人到中年，却生生从一个帅气王子变成大腹便便的大叔，身材完全走样；反观史密斯，数十年如一日地坚持有氧慢跑和力量训练，年近五十依然保持着令人歆羡的健硕身形，体脂从未超过 10%，可以轻松驾驭文艺或硬汉的任何角色。所有由他出演的影片，都创下了奇迹般的票房纪录，被中国粉丝誉为"史皇"（意即电影史上的皇帝）。

萧伯纳说过：自我控制是强者的本能。那些不放任，不沉沦，拥有强悍自我主宰能力的人们，终有一天，会在自己所在的领域里，做出非凡成就。哲学家康德也曾说过：所谓自由，不是随心所欲，而是自我主宰。一句著名的广告语是这样说的：自律给你自由。自律，是成功的基石，是人真正通向长久幸福的源泉。欲望人人都有，而只有自我约束者，才能得到更好的释放。

 案例 2.7.8　杰克·拉兰纳

极致自律的体验一开始可能是痛苦，所有那些让人变得更好的选择，执行起来都不会太容易。这也就是为什么在这个世界上平凡的人占了大多数。很多人羡慕别人的精彩和成功，但了解到别人背后那种近乎残酷的自我管理时又会望而却步。

杰克·拉兰纳生于 1914 年，被称为美国健身运动教父。他主演过一档时间最长、专为商业电视台制作的健身节目。他还是一名高产的发明家，设计出了世界上第一台前踢腿训练器，第一个钢索滑轮和第一台配重器，这些都已成为现代健身房的标准器械。他还发明了一项运动，最后该运动以他的名字命名——杰克开合跳。

他曾戴着手铐、脚镣被扔进加利福尼亚州的长滩港，他被绑在一条漂浮的绳子上，绳子的另一端系在连在一起的、在港口里上下浮动的 70 条船上，每条船上都载着人。然后，这个男人拖着 70 条船（以及船上的乘客），与强风和海流搏击着游了 2.4 公里后到了皇家大道湾。他通过这种方式来为自己庆祝生日。那年他 70 岁。

拉兰纳活了 97 岁，如果有机会听他生前在电视台做专访节目，那么对他印象最深的可能不是他发达的肌肉，而是他敏锐的思想。拉兰纳头脑灵活，几乎超出了常理，他的幽默感像闪电般快速，他还可以即兴创作笑话。为什么近百岁的老人还能保持如此健壮的身材和敏锐的思维？他曾声称，自 1929 年以来他就没有再吃过甜点，并日复一日地执行着自己系统的健身训练。他常常对着镜头埋怨："为什么我会如此强壮？你知道黄油、奶酪、冰淇淋里面含有多少热量吗？你会在早上叫你的狗起来喝咖啡、吃油炸圈饼吗？"他总是精力充沛，有点固执，重要的是他拥有着 20 多岁运动员的智力与活力。

感性，往往意味着意志力的抛弃，只关心当下美感的最大满足。

理性，总是关乎意志力的使用和长远利益的顾及，旨在实现综合效用最大化！

第三章
情绪：至乐？至安？至美！

喜怒哀乐之未发，谓之中；发而皆中节，谓之和。中也者，天下之大本也；和也者，天下之达道也。致中和，天地位焉，万物育焉。

——《中庸》

至人之用心若镜，不将不迎，应而不藏，故能胜物而不伤。

——《庄子·应帝王》

如果世间真有这么一种状态：心灵十分充实和宁静，既不怀恋过去也不奢望将来，放任光阴的流逝而仅仅掌握现在，无匮乏之感也无享受之感，不快乐也不忧愁，既无所求也无所惧，而只感受到自己的存在，处于这种状态的人就可以说自己得到了幸福。

——卢梭

一念天堂，一念地狱，忙于外界的同时，不要荒芜了内心天堂的建设，绝大部分苦和乐与内心的认知有关！

——星云大师

我国最早的医学名著《黄帝内经》记载："精神内伤，身必败亡。"现代相关研究也证实："一切不利的影响因素中，最能使人短命夭亡的，莫过于不良的情绪和恶劣的心境。"苏联外科专家皮罗戈夫观察到："在战场上，胜利者的伤口比失败者的伤口要愈合得快，愈合得好。"生理学家巴甫洛夫说："一切顽固沉重的忧悒和焦虑，足以给各种疾病打开方便之门。"在消耗人类精力的所有因素中，最为严重的莫过于情绪消耗。

积极、愉快的情绪和坚强的意志可以战胜疾病，更可以使人强壮和长寿。大量临床实践证明，人的健康与情绪的好坏密切相关，积极愉快的情绪对增强免疫力和提升康复能力起着显著作用。当人产生精神压力，往往会处于紧张、焦虑和愤怒等不良的心理状态，从而引起生理上的异常改变。若持续时间较长，反复发生，便可能由功能性改变逐渐演变成器质性损害，所以培养良好的情绪管理能力至关重要。良好的情绪力表现为：能更积极地感知自我、感知他人、感知世界，善待自我、善待他人、善待世界；在学习、工作、生活中能更积极地感悟"真、善、美"，能更多地体验"仁、智、勇"；有"止于至善"的人生目标，"知止"而后"有定""能静""能安"；有较好的抗压力、包容力、和谐力。脑科学等现代科学研究证实：幸福并没有人们想象得那么复杂、那么被动，积极情绪感知度往往取决于头脑中多巴胺等积极神经递质的分泌量。充足睡眠、适度运动、静思训练、清除垃圾信息使头脑中信息一致、"珍惜已有"的感恩练习、"知足"的认知习惯、"唯一"的心流体验、"和谐"的目标期盼等实践，都有助于积极神经递质的分泌和积极情绪占比的提升。

一、现代人情绪问题普遍而严重

众多调查研究表明，现代人的情绪问题普遍而又严重。医学领先杂志《新英格兰医学杂志》曾刊发文章：调查美国不同类别学校的 13500 名大学生，发现 45%的学生在过去一年，经历过无法正常生活学习的抑郁期。事实上这样的问题不仅限于美国，2016 年 4 月，中国香港儿科医学会和中国香港儿科基金公布的一项调查结果显示：

在受访的 1685 名中国香港中学生中，62%的人表示过去半年中曾感到不开心或曾无故哭泣，其中 27%的人在过去半年中曾有过自残甚至更糟的想法。正如第 66 届联合国大会所告诫：人类 21 世纪面临的最大生存挑战，不是污染、战争，也不是瘟疫，而是我们的幸福感低下。幸福感偏低，积极情绪占比严重不足，情绪问题普遍而严重，已经成为世界性难题。

现代人情绪问题源自何方

美国临床心理学权威克劳宁格在总结了三十多年的临床经验后坚信：几乎所有的情绪问题都源自于头脑中的"信息不一致"。一方面，太多、太杂、太乱甚至互相矛盾的劣质信息使个体头脑中的信息难以达成一致，各种或显或隐的信息冲突和逻辑对抗，从认知层面消耗了个体过多的精力；另一方面，负面信息或认知对抗往往导致负面情绪，媒体负面信息的充斥、社会对公民"不知情权"的保护缺乏，使得公民承担了过多不必要的负面情绪，从情绪层面又消耗了个体过多的精力。认知消耗和情绪消耗足以毁掉相当多的个体，使得我们行动时感到精力不足，难以惟精惟一，卓尔有效。

 案例 3.1.1　信息繁杂、冲突，难以达成一致

信息时代，"信息过剩""信息冲突"问题日益严重，人们被信息裹挟、轰炸，繁杂、冲突的信息常常使人感到困惑、迷茫、不知所措。获取信息本身是为了有效地指导我们的行为选择，然而，由于当今时代信息的泛滥与冲突，看了其中某条信息后，可能使我们选择"向左"，看了另一条信息后，可能使我们选择"向右"，两条信息都看后，也许我们又被迫回到了"原点"，可谓是即鹿无虞，无功而返。此时回到"原点"，还不如一直静而不动，因为我们已经经历了多次的认知调整和情绪损耗。打开电视、报纸、网络，这样的信息比比皆是：《〈易经〉告诉我们，为什么"沉默是金"》《沉默不是病，伤害却不小》《喝白开水，好处不只一点点》《多喝白开水导致的危害》《素食生活大有好处》《长期素食危害多》《红葡萄酒可抗乳腺癌》《女性每天喝葡萄酒易导致乳腺癌》《跑步百利唯伤膝？超三分之一跑者膝盖会受伤》《英国运动专家称，跑步不会伤膝盖反而保护膝盖》《父母对孩子教育要有严格的要求》《平和和自由，是最好的教育》……

"目妄视则淫，耳妄听则惑""非礼勿视，非礼勿听""吾生也有涯，而知也无涯。以有涯随无涯，殆已！"这些先哲的至理名言都在告诫我们，我们要有选择性地听、有选择性地看，而选择应该遵从"至简""至上""至真"之标准。

 案例 3.1.2　部分网络媒体中，负面新闻偏多些

激烈的市场竞争让许多网络媒体把负面新闻当作撒手锏，为吸引人们的眼球，一些媒体大肆报道负面新闻。有研究曾报道：某日国内某门户网站，其新闻页面 22 个标题中，有 13 个为负面新闻，仅有两条是正面报道，另外 7 条为中性报道。众多媒体缺少统一的管理，经常是负面报道一窝蜂扎堆上，着实让人有点儿吃不消。例如，某日，国内网络媒体报道：《男子用假红包敲诈医生没成，掏刀子明抢对方名表》《男教师家中熟睡被杀害，凶手竟是同校老师》《"碰瓷党"用鸽子血做道具，碰瓷百名大货车司机》《巴基斯坦多地发生自杀式爆炸袭击，伤亡超百人》《美一名护士涉嫌杀害 60 名孩童，被称"死亡天使"》《巴西连环车祸死亡人数升至 21 人》……这些负面新闻密集地出现在同一天，如果读者本人不能"非礼勿视，非礼勿听"，做好阅读选择，这些信息对其头脑容量会造成无效挤占，并可能使其养成"夸大灾难"的思维习惯：感觉生活里随时都有可能发生欺骗、暴力等各种危险事件。这种过度担忧所造成的伤害远远大于事件本身的伤害。

 案例 3.1.3　没有保护好"不知情权"

早在 1978 年，俄罗斯作家索尔仁尼琴在哈佛大学毕业典礼上提出了"不知情权"这一概念："除了知情权以外，人也应该拥有不知情权，后者的价值要大得多。它意味着高尚的灵魂不必被那些废话和空谈充斥。过度的信息对于一个过着充实生活的人来说，是一种不必要的负担。"①宇宙浩瀚，历史悠久，任何个体穷其一生"能知道"的信息与其"不知道"的信息相比都只不过是"茫茫大海中的一个小岛"。有些时候人们不是知道得越多越好，不知情权即公民有拒绝或者暂时拒绝知晓、获取某些信息的自由与权利。通俗来说，就是人不是知道得越多越好，有些时候人们不知道某些信息会更好。海量信息不仅过分"满足"了"知情权"，同时毫不留情地剥夺了"不知情权"。许多无效信息已经像雾霾一样弥漫，垃圾信息像幽灵一样如影随形，严重影响了人们的正常工作和生活②。鉴于此，从国家层面，应该制定完善的法律保护体系，捍卫和保护公民的"不知情权"；从公民个人层面，应该用好、用对自己的"不知情权"，拒绝、抵制垃圾信息，坚守好"非上勿视，非上勿听"，看后、听后，一定要保证足够的静思时间，用以鉴别信息的真伪，去伪存真、去粗取精、删繁就简、删劣取上，使核心价值和信念得到进一步存养和巩固，使正向链接不断强化。

 案例 3.1.4　该不该告诉"患者"③

20 世纪 80 年代以来，由于人体基因检测技术发展迅速，通过对人类基因的检测，医学不仅能够做到对于现有很多疾病的准确检测，而且可以对很多由基因缺陷或者突变所导致的未来发作的疾病做出具有一定可靠性的预测，这种预测往往会给被检测者及其家属造成很大的心理和生理损害。

一名医生在知晓其患者罹患亨廷顿舞蹈症①（Huntington's

① 朱颖科. 信息爆炸时代：未被满足的知情权遭遇被侵犯的不知情权[J]. 东南传播，2012（9）：39—40.

② 参考资料：http://www.chinacourt.org/article/detail/2013/07/id/1042463.shtml.

③ 袁治杰. 基因技术发展背景下的不知情权研究[J]. 政治与法律，2016：71—85.

Disease）之后，告知患者前妻：其两个未成年的子女有高达 50%的患病概率。患者前妻因此罹患反应性抑郁症，医生则被起诉承担损害赔偿责任。一项世界范围内针对亨廷顿舞蹈症的研究表明，在得知检测结果之后被认定可能罹患该病的 4527 名受试者中，44 人（0.97%）经历了重大灾难，其中 5 人自杀，21 人尝试自杀，18 人因心理原因住院治疗。

德国学者施默芬·舒特就新生婴儿基因检测做过简略论述。他认为，新生儿筛查技术在 20 世纪 60 年代被引入时，最初严格局限在可以治疗的疾病范围内。然而，伴随着新技术的发展，比如采用质谱分析，可以一次性检测多达三十余种疾病，而当代医学对于其中的很多疾病束手无策。如果说产前的检查还给父母一定的选择空间的话，那么产后检查出的不可治愈的疾病只会把婴儿、父母乃至整个家庭置于手足无措的境地。如果医学丝毫不能治疗、防止或者减缓这些潜在的疾病，那么这样的筛查就不能给婴儿及其家庭带来任何益处。

一个个打破常规的生命奇迹也在时刻提醒人们医学论断并非绝对。

 案例 3.1.5   学霸：医生曾断言我活不过 4 岁[2]

2015 年 5 月，一段名为"最励志昆明父女演讲，看完泪崩！"的视频走红网络，网友们被这对父女深深震撼。视频的主人公徐瑞阳在两岁三个月时被确诊患上脊肌萎缩症（一种发病率为四百万分之一的罕见病），医生断言她活不过 4 岁，但其父母并未放弃，用自己的所有精力呵护她。2015 年，徐瑞阳已经 14 岁了，她不仅坚强地活了下来，还努力学习，以优异成绩考上昆明滇池中学。初一下

---

① 亨廷顿舞蹈症是一种遗传神经退化疾病，一般患者在中年发病，逐渐丧失说话、行动、思考和吞咽的能力，病情大约会持续发展 15～20 年，并最终导致患者死亡。这种病的遗传概率为 50%.

② 该案例整理自腾讯网。http://xian.qq.com/a/20150617/024418.htm.

学期，她甚至冲到了年级第一名，老师和校长都对她赞不绝口。

 案例 3.1.6　曾被诊断只剩三周生命的她，战胜病魔后成时尚博主[①]

时尚博主凯科斯以其时髦打扮和丰富多彩的生活闻名。然而，凯科斯 14 岁时患癌，被诊断只剩三周寿命，她最终战胜病魔存活下来，但这一可怕疾病让她失去右腿。花季少女失去右腿，在这样沉重的打击下，凯科斯却依旧保持乐观："我觉得自己很幸运，毕竟还有很多人担负不起高昂的医疗费用，而且大多数残疾人多多少少都会受到歧视。接下来我要为残疾人团体做出贡献，改变残疾人的社会地位。"

当被问及是什么支撑她不断前进时，凯科斯说："我觉得是人性，全世界有那么多的人支持我，他们的善意让我不能轻言放弃"。"我们都讨厌伤疤，但它就是我们身体的一部分，它讲述着我们的故事，我们的抗争与坚强。"凯科斯的博客拥有大量粉丝，她写博文来记录旅行、美食以及自己的时尚，她的博客给了很多粉丝巨大启发。

二、认知影响情绪

在情绪决定方面，是客观因素多些，还是主观因素多些，不同哲学派别有着不同的强调。20 世纪以来，神经学与生物学等学科对情绪产生的大脑机制的研究也取得了突飞猛进的发展。坎农－巴德学说、阿诺德"评定－兴奋"说、拉扎勒斯的认知—评价理论、情绪的动机—分化论等理论相继提出并日臻成熟，从更科学的角度研

---

① 该案例整理自中华网。http://news.china.com/hd/11127798/20160819/23331875.html.

究了情绪形成与转化的内在机制。随着研究的深入，客观因素与主观因素共同决定情绪的理论逐渐成为共识。积极心理学的创始人马丁·塞利格曼（Martin Seligman）曾在他的著作《真实的幸福》（*Authentic Happiness*）中提出这样一个公式：H（幸福）=S（个人生理幸福感受的固定指数）+C（环境）+V（个人主观选择）。

美国加利福尼亚大学索尼娅·柳博米尔斯基（Sonja Lyubomirsky）等人研究发现①，一个人的幸福程度，50%由基因决定，10%由外在环境决定，40%由思想和行为决定。鉴于基因一般是无法改变的，多数情况下外在环境在短期内也很难改变，要想提升幸福感、增加积极情绪占比，最容易改变的莫过于个体的认知模式，因此本部分主要讨论认知对情绪的影响。

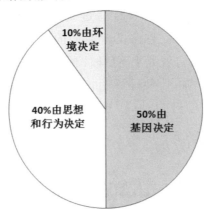

图 3-1　决定幸福的三个因素

大约两千年以前，希腊哲学家埃皮克提图（Epictetus）就说过，人的烦恼并非来源于实际问题，而是来源于看待问题的方式。认知对情绪的影响是巨大的，决定人们情绪的往往不是客观事物，而是人们对客观事物的见解。所谓情绪的主观说，说的也就是主观认知

① Lyubomirsky S., Sheldon K. M., Schkade D. Pursuing happiness: The architecture of sustainable change[J]. Review of General Psychology, 2005, 9(2):111-131. 索尼娅·柳博米尔斯基. 幸福有方法[M]. 周芳芳，译. 北京：中信出版社，2014.

对情绪的影响。正如斯宾诺莎所说："心灵理解到万物的必然性，理解的范围有多大，它就在多大的范围内有更大的力量控制后果，而不为它们受苦。"这个意思用道家的话说，就是"以理化情"。冯友兰在其《中国哲学简史》中也谈道：下雨天小孩子不能出去玩，他会不高兴，甚至大哭大闹。大人则不会，因为他对下雨天有了理解，有了正确认知，他就不会对抗，也就不会产生消极情绪。

 案例 3.2.1 疑心彩票中头奖，夫妻吵架闹离婚①

　　听闻自己半月前随机选号的彩票头奖无人认领，彩民丈夫判断自己可能中了百万大奖。丈夫兴奋地跑回家，却发现妻子在洗衣服时把衣服口袋里的彩票洗了。彩票没了，百万大奖就没了，这一信息使丈夫焦躁不已、怒火中烧，与妻子爆发激烈争吵，惊动了警察，甚至请民警作证扬言明天就离婚。民警将情绪失控的二人带回派出所"冷静冷静"。理智的民警上网查询了该期彩票的信息，查知该头奖真实得主已经现身，刚刚领走了大奖，丈夫的念头纯属臆想。听闻此言，原本喋喋不休、怒不可遏的丈夫顿时安静了下来。丈夫情绪的大起大落，其实均因一个认知信号的输入而起……②

---

　　① http://weifang.dzwww.com/wfxwn/201501/t20150114_11725420.htm.

　　② 小时候，一到冬天，就换上厚厚的棉衣，感觉很暖和，一年又一年重复着这样的行为和感受，于是逐渐坚信：棉衣、棉被能产生热量。某一年夏天，天气炎热，见到有个卖冰棍儿的大爷，竟然用厚厚的棉被包裹着白色冰棍儿箱，着实困惑了许久……为什么？百思不得其解。已经记不得是哪年哪月哪一天，也记不得是某位老师的讲解，还是自己的顿悟，终于明白了：棉衣、棉被不会产生热量，只有保温作用，一切相关困惑顿无。从出生，不，现代科学证实从出生前，个人便通过感知器官积累着各种感受，并在经验的基础上积累着各种认知——有中正的，有远离中正的，有积极的，有消极的……

　　这些积累起来的感受、认知也影响着个体的行为。感受、认知、行为进一步交互作用，影响着后续的行为、认知和感受。很幸运，人类有智慧让个体不时地产生着渐悟和顿悟，更正着一些错误的认知、感受。也很遗憾，个体没有足够的智慧，能够更正所有的错误认知和感受。学习，从某种意义上讲，就是增加、积累正确的认知和感受，减少、消解错误的认知和感受，进而增加善举。

案例 3.2.2　情绪因何而起？——ABC 理论

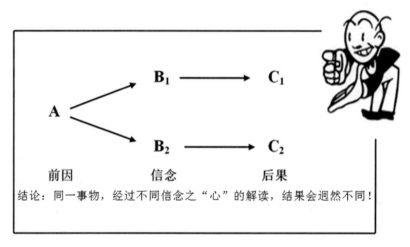

图 3-2　ABC 理论

　　ABC 理论（ABC Theory of Emotion）由美国心理学家埃利斯所创建，该理论认为激发事件 A（activating event）只是引发情绪和行为后果 C（consequence）的间接原因，引起后果 C 的直接原因是个体对激发事件 A 的认知和评价而产生的信念 B（belief），即人的消极情绪和行为障碍结果（C），不是由于某一激发事件（A）直接引发的，而是由于经受这一事件的个体对它不正确的认知和评价所产生的错误信念（B）直接引起的。错误信念也称为非理性信念。

　　根据 ABC 理论，情绪、行为反应的生成路径如下：

　　◎A（触发事件）→B（信念／认知／自动想法）→C（结果——非理性的情绪、生理或行为反应）

　　如果我们能通过积极的认知调整或正向的信念刺激调节，便可能避免非理性的、负面的情绪产生，转而获得积极理性的情绪体验与行为反应：

　　◎A→B→C→D（驳斥、正向内省）→E（结果——理性的想法、情绪、生理或行为反应）

案例 3.2.3 《前赤壁赋》中，主客的两次情绪转变

苏轼所著《前赤壁赋》，表达精妙，构思独特，说理透彻，饱含情韵，可谓"千古绝唱"。除了文学性的大美，全文的起承转合中还包含了认知变化引发情绪波动的典型案例：

"……苏子与客泛舟游于赤壁之下……纵一苇之所如，凌万顷之茫然……飘飘乎如遗世独立，羽化而登仙……"

伊始，苏子与客泛舟于江上，大江奔流，明月高悬。优美的外部环境令苏子、客卿头脑中的积极神经递质分泌增加，积极情绪油然而生。主客对酒吟诗，十分享受，羽化登仙般飘然，情不自禁"扣舷而歌"。

"……于是饮酒乐甚，扣舷而歌……'桂棹兮兰桨，击空明兮溯流光。渺渺兮予怀，望美人兮天一方。'客有吹洞箫者，倚歌而和之。其声呜呜然，如怨如慕，如泣如诉；余音袅袅，不绝如缕。舞幽壑之潜蛟，泣孤舟之嫠妇……"

"空明""流光"之景令人心怀悠远，歌至望美人而不得，认知产生了负面关联，客卿之情绪瞬时由喜转悲，感伤而怅惘，洞箫音也"如泣如诉"。消极信号的注入直接影响了客卿的精神状态：由忘怀世俗的欢乐转入现实生活的苦闷。此为客卿情绪的第一次转变，由"饮酒乐甚"转为悲凉感伤。

"……苏子愀然，正襟危坐，而问客曰：'何为其然也？'……"

呜呜箫音、客卿悲意的刺激，令苏子也"正襟危坐"，由把酒言欢转为严肃正襟，问询客卿伤悲缘由。此为苏子情绪的第一次转变。

"……客曰：'月明星稀，乌鹊南飞。此非曹孟德之诗乎？方其破荆州，下江陵，顺流而东也，舳舻千里，旌旗蔽空，酾酒临江，横槊赋诗，固一世之雄也，而今安在哉？况吾与子渔樵于江渚之上，侣鱼虾而友麋鹿，驾一叶之扁舟，举匏樽以相属。寄蜉蝣于天地，渺沧海之一粟。哀吾生之须臾，羡长江之无穷。挟飞仙以遨游，抱明月而长终。知不可乎骤得，托遗响于悲风……'"

客卿由山水联想到曹操的诗，触景伤怀，感慨人生无常与苦短，是非成败转头空。英雄豪杰如曹操，放诸历史长河依旧是过眼烟云，何况我辈？念及此意，客卿感伤之意溢于言表。一负念现，百正念隐，再无羽化登仙之情致。景色相同，关联不同，情绪迥然。

"……苏子曰：客亦知夫水与月乎？逝者如斯，而未尝往也；盈虚者如彼，而卒莫消长也。盖将自其变者而观之，则天地曾不能以一瞬；自其不变者而观之，则物与我皆无尽也，而又何羡乎……"

苏子的认知是辩证的思想，他意识到了事物有变化的一面，也有不变的一面；有空的一面，也有实的一面：从变化的一面看，人生如流水，一刻也不能停留，令人感到神伤；若自不变的角度看，世间万物皆是永恒无尽的：任何时间、地点、人物、思想、情绪、行为的组合，都是一种真实的存在、永久的存在、不朽的存在，知此不朽，自得心安。豁达的宇宙观和人生观，辩证的、超脱的认知状态为苏子带来了乐观、豁达的精神状态，并不沉溺于"人生无常"的怅惘。此为苏子情绪的第二次转变，不再肃穆，而是悠然豁达。一正念现，百负念消。

"……客喜而笑，洗盏更酌。肴核既尽，杯盘狼藉。相与枕藉乎舟中……"

苏子的宽解同样为客卿提供了新的认知思路，客卿随即"喜而笑"，回归了文章开头游赏山水、忘怀自我的超脱状态，相枕而眠。此为客卿情绪的第二次转变，不再哀伤，而是豁然开朗。

一夜之间，外在事物并没有变化，所看到的景色并没有变化，主客的情绪却分别经历了两个转变。明月依旧，清风依然，只不过是苏子与客卿对于同一事物、同一景色的认知发生了变化罢了，认知对于情绪的影响显而易见。

此外，《前赤壁赋》作于苏轼因不支持王安石变法而被贬谪期间，其悲伤与苦闷不言而喻。"望美人兮天一方"是对心中理想的向往，"哀吾生之须臾"是对人生无常的感怀……其间种种，都可谓苏轼内心的真实写照。但文中，苏轼"自其不变者而观之，则物与我皆无尽也"的回答却映现出其豁达乐观、辩证思维的大智慧。认知的达观，带来情绪的中和、精神的解脱。苏轼虽经历了"乌台诗案"的巨大打击，其人生的后半程却依旧精彩。被贬的消极情绪得以合理化解，焉能不得益于苏轼饱含智慧的认知调整？

案例 3.2.4　小事大情绪，归根在认知

小品《心病》中有经典对白："心小了，中奖三千元就可以把人整'抽'了。心大了，想开了，掂量好生命中更为重要的东西，别说是三千块钱，就是三万、三十万、三百万，我也会微微一笑，绝对不抽！"

心大了，认知提升了，人的困惑就少了。但人毕竟是"情""理"双控的生命体。在"情"的作用下，"理"有时会失控。小品中的另外两位主角在某些"特殊信息"的刺激下，心也会难以平静、难以中和，心也会突然变得"拔凉拔凉"的，也会突然"抽"过去。

真实世界的日常小事，在不同的思维和认知模式下，引致的情绪反应很可能完全不同。畅销书作者戴维·伯恩斯在其作品《新情绪疗法》中以图示的方式生动地体现了类似的观点[1]：

认知可以调整情绪，但在某些特殊情绪下可能失效。正如哲学家罗素的感悟："假定你是犹太人，你的家族被屠杀了。假定你是个

---

① 戴维·伯恩斯. 新情绪疗法[M]. 李亚萍，译. 北京：科学技术文献出版社，2010：37.

反纳粹的地下工作者，因为抓不着你，你的妻子被枪毙了。假定你的丈夫因为某种纯属虚构的罪，被解送到北极地方强迫劳动，在残酷虐待和饥饿下死掉了。假定你的女儿被敌兵强奸过后又被杀死了。在这种情况下，你也应该保持哲学的平静吗？"

真实世界：一系列积极事件、中性事件和消极事件。

思维：在解读事情时，你会运用脑海中不断闪现的一系列思维，这就是你的"内部对话"。

情绪：你的感受来自于思维，而不是真正发生的事。所有的感觉都必须先由头脑处理赋予主观意义，之后才会产生情绪反应。

图 3-3　新情绪疗法

在上述情况下，常人实难平静，枉论中和，如庄子鼓盆而歌者能有几何？人若无情徒生悲，现代心理学证实，情绪缺失者麻烦更大，人不要压抑自己的情绪，可以通过认知调整，适当表达情绪。认知中，情绪和；认知正，情绪美。只要"适情"，威廉王子对妈妈的"爱之深"，林冲对高俅的"恨之切"皆是真，皆合众，皆有"美"！

现代心理学巨匠罗杰斯说："在我生气和不满时，做出一副平静和友善的样子，是没有用的；不懂装懂，是没有用的；在某一时刻实际上充满敌意，却装作一个仁慈的人，是没有用的；如果实际上既害怕又缺乏信心，却做出非常有把握的样子，是没有用的。总之，当我感到不舒服，却装出一切都好的样子，那毫无益处。实际上，我在个人关系上所犯的大多数错误，我对于别人无所助益的大多数情况，都可以用一个事实来说明，即出于某种自我防御的原因，我的表面行为与自己的实际感受背道而驰。"简单"压抑"非上途，调整认知为上策。

认知局促了，"小其心"，忧、怨、恼、恨必然多现；认知提升了，"大其心"，理解、包容、感恩、和悦必然多现。为了他人，更为了自己，最好将自己的心放大些！将"忠恕""诚敬"等正念每天多存养几遍，将这些正念在"静以存之、动以磨之"中转换为认知习惯、情绪习惯、行为习惯。

三、情绪"过"了会导致麻烦，情绪缺失会更加麻烦

认知影响情绪，情绪也影响认知。正所谓"身有所忿懥则不得其正，有所恐惧则不得其正，有所好乐则不得其正，有所忧患则不得其正。"

（一）有情绪会导致麻烦

 案例 3.3.1　情绪影响认知——白帝托孤

大多数人对三国的故事都非常熟悉，并且对刘备也有各种不同的看法，然而，人们对刘备的冷静与谨慎的看法是基本一致的。正是由于他的冷静，他能很好地驾驭关羽、张飞等一代名将，令孤傲的关羽和暴躁的张飞都能忠心辅佐自己，成就霸业。任何人都有情绪激动的时候，这是人正常的情绪波动，无法避免，即使冷静如刘备，也会有冲动的时候，并且正是这让他无法控制的冲动毁了自己，毁了蜀汉的前程。

赤壁之战以后，曹魏政权退守长江以北，三国呈鼎立局面。蜀汉与盟友东吴开始貌合神离，开始明争暗斗。最终，关羽一意孤行败走麦城，为东吴所害。张飞更是冲动，当即率兵进军东吴，要为关羽报仇，可奈何其脾气暴躁，鞭打部下，最后反被部下杀害。部下带着张飞的头颅投靠了东吴。

祸不单行，关张二人皆因东吴而死，刘备也终于失去理智，不顾群臣谏阻，举全国之力讨伐吴国。在仇恨的驱使下，刘备无视兵

法，一味进攻，最终中了陆逊火烧连营之计，几乎全军覆没，多年心血毁于一旦。这一战也使刘备急火攻心，病死于白帝城，中兴汉室的心愿随之付诸东流，令后世嗟叹。

我们可以通过两个问题来思考这个案例：①刘备因何而败，败于一世还是败于一时？②"冲动""愤怒"的情绪在这个故事里扮演了什么角色？为什么？

这个案例为我们清晰地展示了一个负面情绪的场景，刘备的失败，最大的因素是在关键的时刻失去了必要的冷静，说白了就是败在了情绪的失控。原本刘备是一个三思而后行的人，具有处事不惊的气度，却因为两兄弟的丧命而变得不冷静、失去理智。可以说是谨慎一世，冲动一时，此时愤怒的情绪占据了主导地位，处于这样的情绪之下会让人做出不理智的行为。

通过分析第二个问题，我们可以明显地看出，"冲动""愤怒"等消极的情绪在刘备的决策过程中，起到了支配性的作用。复仇的情绪让刘备失去了理智，支配着他去做不该做的事情，使他听不进别人的劝谏，使他失去了对战场形势的判断，最终导致了他的失败。

 案例 3.3.2　一位台球天才的陨落

1965 年 9 月 7 日，在纽约举行了一场台球世界冠军赛。这场争夺赛在路易斯·福克斯和约翰·迪瑞之间进行，奖金四万美元。这两位都是台球界的奇才，观众们在静静地观看着比赛的进展。福克斯得分已遥遥领先。他只要再得几分，这场比赛就将宣告结束。

这时赛场上的气氛十分紧张。福克斯洋洋自得地准备做最后几杆漂亮的击球。迪瑞沮丧地坐在一个角落里，他的败局已定。突然在那死一般沉寂的赛场上出现了一只苍蝇，嗡嗡作响。它绕着球台盘旋了一会儿，然后叮在了主球上。福克斯微微一笑，轻轻地一挥手，"嘘"地一声赶走了苍蝇。他又盯着台球，伏下身子准备击球，可是这只苍蝇第二次来到台盘上方盘旋，而后又落在了主球上。于是观众中传出了一阵紧张的笑声。福克斯又轻嘘一声将苍蝇赶跑了，他的情绪并没有因为这种干扰而波动。但是这只苍蝇第三次回到了台盘上，观众中发出了一阵狂笑。原先冷静的福克斯这次也不冷静了，他试图用球杆驱赶苍蝇，不料球杆擦着主球，主球滚动了一英寸。苍蝇是不见了，可是由于福克斯触及了主球，他就失去了继续击球的机会。迪瑞充分地利用了这一个幸运的机会，打得极漂亮，长时间地连续击球，直至比赛结束。迪瑞夺得了台球世界冠军，并拿走了四万美元奖金的大部分。第二天早上，人们在河上发现了福克斯的尸体，他自杀了。

与其说福克斯是被苍蝇打败，不如说是被自己的心态打败。倘若我们不能以平静的心态来对待某些事情，就很难收获轻松与快乐。

（二）情绪缺失会更加麻烦

 案例 3.3.3　没有情感的人难以正常生活

电视剧《星际迷航》（Star Trek）中有这么一个角色——史波克（Spock）。他的母亲是地球人，父亲是"瓦肯星"人，该星球上的人以信仰严谨的逻辑推理和排除情感干扰而闻名。在电视剧中，Spock是一个能干、有才华、在某些方面非常优秀的人，他不会因情感问题而受到干扰、影响和伤害。没有情感成了他的优势，这使他能够在关键时刻做出理性的思考、判断和选择。现实中有很多人凭感觉认为：如果没有了情感，我就可以完全理性地思考和判断，而不是让情感引导行为，那么我将会变成更好、更优秀的人。事实真是这样吗？

在耶鲁大学心理学教授保罗·布鲁姆（Paul Bloom）的《心理学导论》课程中，菲尼斯·盖奇和埃利奥特的例子是两个关于没有情感的人的经典案例[①]。1848 年，25 岁的菲尼斯·盖奇在美国佛蒙特州铁路工地工作时发生意外，一根铁棒刺进盖奇的左面颊，穿透

---

① 耶鲁大学公开课：心理学导论[第 11 集]演化、情感、理性之情感第一部分。http://open.163.com/movie/2007/1/O/H/M6HUJ9GBL_M6HV142OH.html.

颅骨底部，经过脑的前部，从头顶高速穿出。经过治疗后，盖奇的触觉和听觉仍然正常，四肢和舌头也没有麻痹。他的左眼瞎了，但是右眼视力仍然很好，走起路来很稳，可以灵活使用双手，说话也没有明显的困难。但糟糕的是，他失去了自己的性格。美国神经科学家达马西奥在其著作《笛卡尔的错误》中如此描述盖奇的情况：他曾是一个很负责任的家伙，一个居家男人，非常可靠，值得信赖。但那个意外之后，他变得反复无常、无礼，喜欢不时地用不堪入耳的话辱骂别人，很少尊重他的同事，对约束和别人的建议显得很不耐烦。他的粗话如此下流，连妇女们都被告知不要在他面前停留太久，以免她们敏感的心灵受到伤害。他失去了工作，失去了家庭，后来一个马戏团把他招了进去，他靠叫卖自己的不幸换取别人的金钱①。

《笛卡尔的错误》中有另一个例子，一个名为埃利奥特的患者患上了脑膜（脊）瘤，在切除肿瘤时，被肿瘤损坏的额叶组织也被切除了。手术各方面都很成功，肿瘤不再继续生长，前景很乐观。他的智力、行动和语言能力都很正常，但他失去了分清主次的能力，失去了设定目标的能力。当需要中断某项工作而转向另一项工作的时候，他却可能会继续坚持之前的工作，好像忘记了主要目标是什么。或者他可能会中断自己正在从事的某项活动，而转向自己突然发现的、他所认为更有意思的事情。他和菲尼斯·盖奇一样，失去了家庭，失去了工作，最后他只能靠领救济金度日②。

菲尼斯·盖奇和埃利奥特并没有完全丧失他们的情感，但是他们都失去了情感能力中很重要的一部分，所以他们的理性都不再起作用了。情感让一个人设定目标并分清主次，没有情感的话他根本不知道该做什么。你渴望学习知识、与朋友游玩、读一本书、组建一个家庭……这些事情的主次是靠情感来区分的。所以如果没有了情感，我们是不可能做出理性的思考、判断和选择的。没有了情感，

---

① 达马西奥. 笛卡尔的错误[M]. 北京：教育科学出版社，2007：14.

② 达马西奥. 笛卡尔的错误[M]. 北京：教育科学出版社，2007：35—36.

我们连正常生活都做不到。

 案例 3.3.4 人的情感影响大脑判断

美国神经学家研究发现，大脑的额前正中皮层使人的情感和直觉能与理智共同发挥作用，从而影响大脑的判断。大脑在做决定时并不是只运用理性思维，也带有感情色彩，人在判断对错时情感也发挥一定的作用，这有助于解释人为什么会富于同情心而不是完全理性的。人类的大脑经过了生物和文化方面的进化，需要一定的同情心并拒绝像机器人似的做出功利主义的决策。美国南加利福尼亚大学的安东尼娅·达马西奥说："这是大脑体系中决定人类智慧和仁爱的部分之一。研究表明，人在面对各种情况时会做出并非纯理性的道德判断，情感会在其中发挥作用。我们的研究还表明，人拒绝极端的功利主义分析形式，这与社会情感的调动有关。"达马西奥认为，这种理智与情感相结合的道德判断形式证明，人类进化过程中智慧在缓慢积累。研究还表明，情感并不是在人做出决定以后才发挥作用的，它是决策过程中一个不可缺少的部分。研究人员要求 30 名志愿者就一系列道德难题做出决定。其中有 6 人大脑额叶受损，这致使他们缺乏同情心，比其他志愿者更容易做出冷漠的决定，他们明确表示愿意伤害他人[①]。

人们总认为是情感让其做出错误的判断和决策，事实却是如果没有情感的参与，任何思考、判断、决策可能更加糟糕。没有情感的人也并非影视作品中那般优秀，让人羡慕；恰恰相反，在现实生活中，一个没有情感的人，更有可能是一个无法工作、无法与人沟通交流、无法享受生活乐趣的人。

---

① 文章来源：新华社，有改动。http://www.tj.xinhuanet.com/shkj/2007-03/27/content_9632493.htm.

四、"情"贵于心，"情"贵适度

汉语"情"字出现得并不早，甲骨文里没有"情"字，《周易》古经部分也无"情"字。"情"字的大量出现，是在春秋战国时期的文献中，即中国思想的"原创时代"，也就是雅斯贝斯所谓的"轴心时期"，这是与诸子百家思想包括儒家哲学的兴起同步的。"情"字的构造，"青"为声符，"心"为意符，即是说"情"是一种"心"的现象。许慎的《说文解字》有云："情：人之阴气有欲者。从心，青声。"情自心发，是古人的初步认识。《礼记·礼运》说："何谓人情？喜怒哀惧爱恶欲七者，弗学而能。"这就是"七情"说，人生而具有各种情绪，不是后天习得的。与生俱来的丰富细致的情绪是人区别于动物的重要特征。人生并不是像编程一样罗列堆砌，种种情绪的变化就像是一个个不同的音符，时而高亢，时而低沉，通过不同的排列组合才能够演奏出人生的优美乐章。

庄子认为圣人无情，并且高度理解万物之性，所以他的心不受万物变化的影响；儒学大家朱熹主张"存天理，灭人欲"，教人消除基本需求以外的欲望。他们所说的"无情无欲"并不是让人们冷酷无情扼杀人性，而是对于情和欲有所节制，"无情"是内心平静，"无欲"是精神满足。反过来讲，就是要适度有情，有情才能感受到生而为人的缤纷多彩，感受到人生的跌宕起伏悲欢离合，感受到生命的细致纹理。如果按照字面意思去理解先哲所说的"无情无欲"未免狭隘。有些人机械地曲解了这些先哲之言，压抑自己的人性，人生了无生趣，仿佛一口枯井、一潭死水，行尸走肉般苟且度日，自比先贤"无情无欲"，实为辜负大好年华。

案例 3.4.1　爱之切[①]

　　2016 年 4 月，英国威廉王子和凯特王妃访问印度、不丹。访问的最后一天，二人自不丹折返印度，前往泰姬陵。虽然夫妻俩绝口不提戴安娜王妃，但谁都知道，威廉此行正是为了专程看一眼母亲曾来过的泰姬陵。

　　威廉王子向凯特求婚时，拿出的蓝宝石戒指便是戴安娜王妃生前心爱之物："我会以自己的方式，让我的母亲不会错过这场婚礼，妈妈是我生命中很特别的人，现在凯特也是，我想以一种方式把她们连接在一起。"在威廉和凯特结婚后，威廉更是决定，搬到戴安娜王妃的故居肯辛顿宫长住。再后来，夏洛特小公主出生，威廉王子给女儿起的中间名，正是"戴安娜"。

　　戴安娜王妃逝世 20 周年之际，英国独立电视台制作了一部从威廉王子和哈里王子视角回忆母亲的纪录片，片名是《我们的母亲戴安娜：她的生平与传承》。纪录片中，威廉王子与哈里王子促膝翻看家庭相册，威廉王子言语平实却饱含深情：

　　"There are not many days that go by that I don't think of her."（在过去的日子里，我几乎天天都在想她。）

　　"I have a smile every now and again when someone says something and I think，"That's what she would have said" or，"She would have enjoyed that comment." They always live with you，people，you know，you lose like that，and my mother lives with me every day."（有时候当人们说起什么，我会想：她也会这么说，她也会这么评论。每每这时，我都会露出微笑。当你突然失去他们的时候，你还能感觉到他们与你在一起，我每天都能感受到母亲在我身边。）

---

　　① 案例整理自"带你游遍英国"（微信 id：weloveuk），"视觉志"（微信 id：QQ_shijuezhi）。

图 3-4　泰姬陵前跨越时空的合影

"We felt, you know, incredibly loved, Harry and I, and I'm very grateful that love still…still feels there."（我和哈里备受母亲的宠爱，我很感激，那份爱依然萦绕身边。）

"I give thanks that I was lucky enough to be her son and that I got to know her for the 15 years that I did."（我感谢上苍，我如此幸运地成为她的儿子，让我有 15 年的时间深入了解她。）[1]

1997 年，年仅 36 岁的戴安娜在巴黎遭遇车祸离世，当时威廉王子只有 15 岁。在之后的多年里，威廉王子一直拒绝在公众场合谈自己对于母亲去世这件事的悲痛。直到十几年后，他为"丧亲儿童慈善基金"演讲，说到自己"怕过母亲节，没有一天不想母亲"，而热爱慈善的戴安娜生前就十分关注这个慈善团体。威廉王子在完成母亲未竟的事业。

时至今日，他对母亲的"爱之切"分毫不减。

带着自己的妻子，前往母亲曾经踏足之地；在母亲辞世 20 年之际，与弟弟、与公众一同怀念母亲所有美好的一面……这可能是威廉王子对自己母亲最好的纪念方式，是一个孩子对自己母亲最真挚的思念。真切的爱可以跨越时间和空间，这是人性之中的美丽结

---

① Diana, Our Mother, Her Life And Legacy, ITV, 2017.

晶，令世人感叹生而为人之美好。

 案例 3.4.2　恨之深

大雪飘，扑人面，朔风阵阵透骨寒。

彤云低锁山河暗，疏林冷落尽凋残。

往事萦怀难排遣，荒村沽酒慰愁烦。

望家乡，去路远，别妻千里音书断，关山阻隔两心悬。

讲什么雄心欲把星河挽，空怀雪刃未除奸，叹英雄生死离别遭危难。

（念：俺林冲自被奸佞陷害流困沧州，

在这牢营城中充当一名军卒，

看守大军草料，

唉！思想往事，

怎不叫人痛恨！）

满怀激愤问苍天，

问苍天，万里关山何日返？

问苍天，缺月儿何时再团圆？

问苍天，何日里重挥三尺剑？

除尽奸贼庙堂宽，壮怀得舒展，贼头祭龙泉！

却为何天颜遍堆愁和怨，天呐，天！

莫非你也怕权奸，有口难言？

（念：一阵风雪猛烈，

竟将营房压倒，

俺林冲若早回一步，

险哪！）

风雪破，屋瓦断，苍天弄险，你何苦林冲头上逞威严？

埋乾坤难埋英雄愿，忍孤愤山神庙暂避风寒。[①]

---

① 京剧《野猪林》选段。

　　这一唱段的主人公是《水浒传》中的悲情人物豹子头林冲，此时的林冲因为其妻被太尉高俅的养子高衙内看上，而被设计陷害，刺配沧州，于牢城营中充当一名军卒，看守大军草料。不料一个风雪之夜，大雪压塌了他的住处，只得暂时存身于一个破旧的山神庙中。

　　大雪漫天，愁云惨淡，寒风刺骨，木叶凋残，孤身一人离家千里，满腹冤屈无处排遣，此情此景，令人百感交集。毫无疑问，林冲心中是充满恨意的，他恨自己的妻子被高衙内欺侮，他恨好友陆谦背信弃义引诱他进入圈套，他恨奸贼高俅屡次三番加害于他，他恨背井离乡无力照顾妻子家人，他对于社会不公、朝廷昏暗的现实满怀悲愤，对于上天的善恶不分、错勘贤愚感到怒恨交加。这种对于命运的无奈感在戏剧里表现得淋漓尽致。

　　英雄末路的林冲此时内心燃起了复仇的怒火，渴望能够"重挥三尺剑""除尽奸贼庙堂宽，壮怀得舒展，贼头祭龙泉"，复仇的怒火充斥着他的内心。

　　当一个人面对杀父之仇、夺妻之恨时，很难保持平静。斯多葛派哲学的观念之一"莫关心你的朋友"是不被社会大众所认可的，忍气吞声是与正直、善良、勇敢等品质相悖的，此时如果"无情"那就意味着缺乏人性。庄子的妻子去世，他却"鼓盆而歌"，虽然显示出"齐生死"的达观态度，但未免有些不近人情，悖于常理。水浒中的扈三娘被梁山众人灭了满门，可谓血海深仇，她却依然归降了梁山，接受了宋江的指婚，可谓冷漠之极，这也一直是扈三娘为读者所诟病的地方。斯宾诺莎认为："对于灾殃的原始反应是复仇。"伤害如果很严重，而且是在利害不相干者当中能引起普遍道德憎愤的一种伤害，在这种情况下复仇反应仍然受大多数人的赞美。就像在看《水浒传》的时候，绝大多数观众都很希望林冲能够杀掉高俅报仇雪恨，林冲三番五次报仇不成，观众还会感到失望和惋惜。

　　复仇心也是十分危险的，特别是过激行为。社会只要认可复仇心，就等于允许人在自己的讼案中自当法官，这与法治原则南辕北辙。而且复仇心又通常是一种过火的动机，它追求越出分寸施加惩罚。人们容易被复仇的欲望所吞噬，对于别人造成的伤害总想加倍奉还。在现代法治社会，这会使人走上违法犯罪的道路。这样的选择是缺乏考虑的，会陷入冤冤相报的困局。斯宾诺莎认为，受一个单独的炽情主宰的生活是与一切种类的智慧皆难相容的狭隘生活。复仇并不是对伤害最好的反应。

 案例 3.4.3　动人莫过于真情

在你的眉间/有一条皱纹/那是你用来告诉我/有气在让你生
曾在你怀里/躺了一整夜/我告诉我自己/该是时候你歇一歇
你不用担心爸爸/叶子总有掉落的时候
你把这家扛了十几二十年/肩膀总有酸痛的时候
每一天你的贡献/我的爱在心里沉淀
一个人去承受挫折和痛苦/生怕我不够幸福
自从我学会了叫你爸爸的时候/我已经幸福
知道你的拥抱背后/有许多痛苦/我下定决心/也让你幸福

——《让你幸福》，词曲：羽田

央视《中国好歌曲》第二季，海归才子羽田一曲《让你幸福》引发现场掌声雷动，刘欢感动落泪，周华健感动到瘫软，"父亲已经过世，不敢轻易碰触情感话题"的蔡健雅在评价时更是数次哽咽，陈羽凡则说："中国好歌曲能有这样的音乐，有这样的歌就值啦！"

羽田的爸爸年轻时是一名音乐人，坚持原创音乐十分不易，父亲对羽田的影响颇深，在他的心里，音乐也是父亲一个未完成的梦。在某个深夜，羽田跟远在国外的爸爸通了电话，又难过又感动，在十分钟内像"呕吐"一样，把这首歌给"吐"出来了，情感喷薄而出。刘欢大为赞赏："这是一种从心里面出来的歌曲""上有老下有小的，我会更了解你刚才的那种情感"。动人莫过于真情，真实的父子之情感动了现场所有导师，也令所有观众感同身受，共鸣强烈。

　　江一燕不仅仅是影视歌三栖明星，还是一名摄影师。2015 年 11月，江一燕获得美国国家地理全球摄影大赛中国赛区"华夏典藏奖"。获奖后，江一燕向曾经师从的知名摄影家董建成致谢："我的老师董建成，很多年都在拍摄老桥和古建筑，他说随着城市的变迁它们随时可能消失，很可惜。他告诉我按下快门的时候要有心，真心。虽然后来我改行了，但老师的话影响了我艺术创作的各个领域。"

　　音乐与摄影是不同的艺术门类。艺术之动人在于"美"感染人，若要得"美"必先得"真"，若要求"真"必先走"心"。摄影师江一燕追求按下快门时的"有心""真心"，歌手羽田创作的是"发自内心的歌"，唯有来自内心最真实的东西，方动人，方至美。

　　威廉王子对母亲的爱，林冲对于仇人的恨，羽田的情感迸发，江一燕的"有心"作品……之所以动人，因有情，皆本"真"。适度有情的人生才是饱满的、充实的。虽然遭受了丧母之痛，但威廉王子并没有因此沉沦，而是一如既往地履行着王子的义务，积极努力地生活，这就是孔子所说的"哀而不伤"。威廉的做法与那些因失去至亲而哭天抢地者，或者一蹶不振者相比，无疑是智慧的、美好的、积极的。人们趋向于铭记那些美好的回忆而回避那些悲伤的情感，这也是一种自我保护的方式。但是随着时间流逝，总有一天我们会选择面对，不再压抑自己的感情，那时流露出的真情是人性之中真正熠熠生辉的部分。

　　适当有情也是美，但情不可太"过"，过情之后易致空虚疲惫，反而使人们的积极情感体验有减无增。在亚里士多德看来，人的情感存在三种可能，即过度、不及和适中，德性的目的就是根据理性的原则来处理欲望、情感和行为，使其达到适中的目的。任何事物发展到了一个极端，就会走向另一个极端。借用黑格尔的说法，一切事物都包含着它自己的否定。"毋太过"历来是儒家和道家的格言，中庸之道是中国古代哲学家所赞成的，《中庸》有云："致中和，天地位焉，万物育焉。"《老子》中也有："反者道之动。"生活中有这么多美好的东西值得享受，但是一旦过头了，便常常会导致内疚、沮丧等消极情绪的出现。过犹不及，多则劣，少则精。适当有情，为美；情自真心，动人。

五、至乐？至安？

在西方，有关幸福的哲学可分为"快乐论"（hedonic）与"实现论"（eudemonia）。在中国，魏晋南北朝时期新道家分化为"主情派"与"主理派"。现代心理学研究也证实：一方面，类似于实验中的"小白鼠逐乐致死"，人类有超强的"逐乐"驱动；另一方面又不同于小白鼠，人类有"逐安"的内在驱动，有"充分实现个人潜能（天命）"的内在驱动，有追逐"意义感、价值感、无过失感"的内在驱动，有遵从"仁爱、正义、自律"等理性的内在驱动，有"以道治欲，乐而不乱"的内在自觉。这也基本吻合了文人的浪漫概括：这一边，荷尔蒙、物欲、名欲，宛如烈火，至死燃烧；那一边，自律、正义、节制、修行，永无止境。当代积极心理学之父马丁·塞利格曼在其早期著作中，强调幸福就是追逐更多的积极情绪体验。但在《持续的幸福》中，他已经将幸福拉下了情绪的神坛，明确了幸福不是无止境地追逐快乐的情绪，还应该重视"潜能的充分实现"。一个全身心投入工作的科研工作者，他可能没有太多高涨情绪的体验，但是他在天赋充分实现的过程中体验了更多的"中和""心安"，按照现代心理学的术语表达，他有着心流（或福流）的体验。这应该是更值得提倡的幸福观。所以，本书中所说的"积极情绪占比"，既包含着"乐"，也包含着"中和与心安"。

及时行乐？

西方哲学中，快乐论把追求"快乐"看作人类一切行为的原动力[①]，快乐论的代表人物伊壁鸠鲁将快乐当作道德的前提和标准，认为"快乐是天生的最高的善……我们的一切取舍都从快乐出发，我们的最终目的乃是得到快乐[②]"；东方哲学中，新道家主情派讲求"弃彼任我"，这种品格在传统文人中被称为"风流"。其首要特征是自由自在，追求快乐体验。

至乐的驱动力不可低估，追逐愉悦、高潮情绪体验是人类得以延续、进步的最为重要的驱动力之一，人类对物质、权势、名望、人际等方面的过度追逐可以从情绪体验层面得以部分解释。

 案例 3.5.1　"乐极致死"的小白鼠[③]

1953 年，来自麦吉尔大学的两名年轻科学家詹姆斯·奥尔兹（James Olds）和彼得·米尔纳（Peter Milner）将一个电极植入小白鼠的脑袋里，通过电极来刺激小白鼠大脑的某个区域以观察小白鼠的行为。他们无意中发现了小白鼠大脑里的"快感中心"。随后，他们做了实验以测试刺激小白鼠的"快感中心"能带来多大程度的快感。首先，他们让小白鼠禁食 24 小时，然后把它放在一根短管的中间，管道两头都有食物。通常情况下，小白鼠会跑到管道一头，然后开始咯吱咯吱地吃东西。但如果小白鼠在这之前受到了电击，它便会待在原地，一动也不动。和一份有保证的食物奖励比起来，它更愿意等待可能出现的另一次电击。奥尔兹和米尔纳继续测试小白鼠是否会自己寻求电击刺激。他们放置了一根杠杆，当杠杆被按压的时候，小白鼠的"快感中心"就会受到电击，小白鼠一旦发现了杠杆的作用，就会每隔 5 秒电击自己一下。获得自我刺激机会的小白鼠会一直不停地按压杠杆，直到力竭而亡。

① 林永鸿. 论西方快乐论道德观的发展[J]. 四川大学学报（哲学社会科学版），1993（2）：40—46.

② 唐土红，喻权良. 伊壁鸠鲁的快乐论及其伦理反思[J]. 伦理学研究，2006（3）：71—75.

③ 凯利·麦格尼格尔. 自控力：斯坦福大学最受欢迎心理学课程[M]. 王岑卉，译. 北京：印刷工业出版社，2013：105—113.

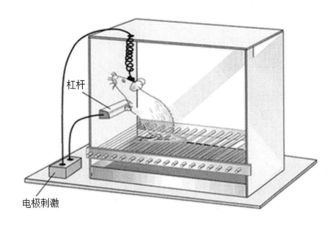

图 3-5　"小白鼠"实验

　　脑科学专家们认为，这个实验对人类来说也是可以尝试的。美国杜兰大学的罗伯特·希斯（Robert Heath）在被试者的大脑中植入电极，并交给他们一个控制盒，控制盒能让他们刺激自己的"快感中心"。被试者表现得和奥尔兹的小白鼠如出一辙：他们可以自己选择刺激频率，结果他们平均每分钟会电击自己 40 次；休息的时候，研究人员给他们端来了食物，被试者虽然承认自己已经很饿了，但仍然不愿意停下电击去吃点东西。在研究人员提出终止这个实验或切断电极的时候，有一个被试者提出了强烈的抗议，另外一个被试者在电流切断后仍然按了二百多下按钮，直到研究人员要求他停下来为止。2005 年，28 岁的韩国锅炉修理工李承生在连续 50 个小时不吃不睡奋战"星际争霸"（一款电子游戏）之后死于心血管衰竭，犹如奥尔兹和米尔纳实验中力竭而亡的小白鼠。

案例 3.5.2　《列子·杨朱篇》中管夷吾的养生观——"肆之而已，勿壅勿阏"[①]

　　晏平仲问养生于管夷吾。

　　管夷吾曰："肆之而已，勿壅勿阏。"

① 冯友兰. 中国哲学简史[M]. 涂又光，译. 北京：北京大学出版社，2013：223—224.

晏平仲曰："其目奈何？"

管夷吾曰："恣耳之所欲听，恣目之所欲视，恣鼻之所欲向，恣口之所欲言，恣体之所欲安，恣意之所欲行。夫耳之所欲闻者音声，而不得听，谓之阏聪。目之所欲见者美色，而不得视，谓之阏明。鼻之所欲向者椒兰，而不得嗅，谓之阏颤。口之所欲道者是非，而不得言，谓之阏智。体之所欲安者美厚，而不得从，谓之阏适。意之所欲为者放逸，而不得行，谓之阏往。凡引诸阏，废虐之主。去废虐之主，熙熙然以俟死，一日一月，一年十年：吾所谓养。拘此废虐之主，录而不舍，戚戚然以至久生，百年千年万年：非吾所谓养。"

管夷吾曰："吾既告子养生矣，送死奈何？"

晏平仲曰："送死略矣……既死，岂在我哉？焚之亦可，沈之亦可，瘗之亦可，露之亦可，衣薪而弃诸沟壑亦可，衮衣绣裳而纳诸石椁亦可，唯所遇焉。"

管夷吾顾谓鲍叔、黄子曰："生死之道，吾二人进之矣。"

管夷吾的这种养生观将"及时行乐""任从冲动而生活"的人生态度表现到了极端。主情派追求快乐、愉悦情绪体验的故事颇多，如《世说新语》中对竹林七贤中的刘伶有这样的记载："刘伶恒纵酒放达，或脱衣裸形在屋中。人见讥之。伶曰：'我以天地为栋宇，屋室为裈衣，诸君何为入我裈中！'"（《世说·任诞》）

需要注意的是，这些风流之士的产生离不开特定的历史环境。魏晋时期，社会持续动荡，政变、战乱频繁，司马氏集团的篡权更使得政治环境十分险恶。这深刻影响了当时文人的心境，对于主情派的思想观点也起到了催化作用[1]。而这种"至乐"的观点在当今社会可行性几何，值得商榷。

"至乐"之思想在东西方都能找到哲学的支持，"活在当下""人能常乐是功夫""乐一天，赚一天"等日常通俗表达，也支持"至乐"

---

① 刘文英. 中国哲学史（上卷）[M]. 天津：南开大学出版社，2012：319.

之主张。但西方哲学的"实现论"、东方哲学的"以道治欲""以理化情"都强调人应该合"道"而生，遵"理"而生。"为乐而乐"不可持续，没有"意义感"支撑的逐欲之乐转瞬即逝，"过乐"之后是疲惫，是空虚，是悔恨。人还是要多做些有"意义"的事情，多做些"实现自身天赋"的事情，这样才能"心安"。

 案例 3.5.3　最美不过是心安

唐代诗人白居易的《初出城留别》中有这样一句诗："我生本无乡，心安是归处。"风无定时、云无定形的外部世界总是显得步履匆匆，唯有思绪安宁、无所牵累的内心世界，恰成人间的绝好风景。

很多人以为"心安"只属于隐士或佛门，其实不然。所谓"安"，就是"无亏欠"。于自己无亏欠，需要建立合理的自我认知，在自律中存养正念，在顺势合赋中挖掘自身潜力；于他人无亏欠，需要做到义利合一，本于仁爱之心，行则利己、利他兼容；于社会、于世界无亏欠，需要承担应尽的社会责任，培养"大其心"的胸怀，感恩人间之温暖，欣赏天地之大美，达至"天人合一"的境界。心安便觉人间阔，心安自有天地宽。"心安"包括自我实现的个人之"心安"，"人人合一"的社会标准之"心安"，"天人合一"的宇宙境界之"心安"。

 案例 3.5.4　从《逍遥游》到新道家主理派

《庄子》第一篇题为《逍遥游》，其思想是，获得幸福有不同等级。"自由发展我们的自然本性，可以使我们得到一种相对幸福；绝对幸福是通过对事物的自然本性有更高一层的理解而得到的。"[①]

庄子在《逍遥游》中写道："小知不及大知，小年不及大年。奚以知其然也？朝菌不知晦朔，蟪蛄不知春秋，此小年也。楚之南有冥灵者，以五百岁为春，五百岁为秋；上古有大椿者，以八千岁

---

① 冯友兰. 中国哲学简史[M]. 涂又光，译. 北京：北京大学出版社，2013.

为春，八千岁为秋，此大年也……此小大之辩也。"

道家强调人应该遵从本性而生，"苟足于其性，则虽大鹏无以自贵于小鸟，小鸟无羡于天池，而荣愿有余矣。故小大虽殊，逍遥一也。"

《庄子》的《骈拇》篇说："凫胫虽短，续之则忧。鹤胫虽长，断之则悲。故性长非所断，性短非所续，无所去忧也。"

"故夫知效一官，行比一乡，德合一君，而征一国者，其自视也，亦若此矣。而宋荣子犹然笑之。且举世而誉之而不加劝，举世而非之而不加沮，定乎内外之分，辩乎荣辱之境，斯已矣。彼其于世，未数数然也。虽然，犹有未树也。夫列子御风而行，泠然善也，旬有五日而后反。彼于致福者，未数数然也。此虽免乎行，犹有所待者也。若夫乘天地之正，而御六气之辩，以游无穷者，彼且恶乎待哉？故曰：至人无己，神人无功，圣人无名。"

新道家（又称"玄学"）发端于魏晋时期，延续了道家的思想，遵从了儒家的教化①，借鉴了名家的方法，以向秀和郭象等人为代表的新道家主理派强调"遵从理性而生"②，以"辨名析理"的眼光重新解读老子、庄子著作，探求个体在艰危乱世中、在自然与名教间的内心和谐之道。向郭注③便是主理派的代表作。

对于"小知不及大知，小年不及大年"，向郭注：

"是放统小大者，无小无大者也。苟有乎大小，则虽大鹏之与斥鴳，宰官之与御风，同为累物耳。齐死生者，无死无生者也。苟

---

① 冯友兰先生在其《中国哲学简史》中有言："值得注意的是，新道家，至少有一大部分新道家，仍然认为孔子是最大的圣人。其原因，一部分是由于孔子在中国的先师地位已经巩固了；一部分是由于有些重要的儒家经典，新道家已经接受了，只是在接受过程中按照老子、庄子的精神对它们重新做了解释。""新道家，尽管是道家，却认为孔子甚至比老子、庄子更伟大。他们认为，孔子没有说忘，因为他已经忘了忘；孔子也没有说无欲，因为他已经无欲于无欲。"所以，主理派的"遵从理性而生"便有了儒家"以道治欲""朝闻道，夕死可矣"的色彩，便有了《庄子·大宗师》中虚构的颜回"坐忘"的故事。

② 冯友兰.中国哲学简史[M].涂又光，译.北京：北京大学出版社，2013：223.

③ "向郭注"是《世说新语》的用语，指向秀和郭象的《庄子注》。关于《庄子注》的作者是向秀还是郭象的问题，目前尚存有争议，故此处暂以"向郭注"代之。

有乎死生，则虽大椿之与蟪蛄，彭祖之与朝菌，均于短折耳。故游于无小无大者，无穷者也。冥乎不死不生者，无极者也。若夫逍遥而系于有方，则虽放之使游而有所穷矣，未能无待也。"

对于"乘天地之正，而御六气之辩，以游无穷者"，向郭注：

"天地者，万物之总名也。天地以万物为体，而万物必以自然为正。自然者，不为而自然者也。故大鹏之能高，斥鷃之能下，椿木之能长，朝菌之能短，凡此皆自然之所能，非为之所能也。不为而自能，所以为正也。故乘天地之正者，即是顺万性之性也；御六气之变者，即是游变化之涂也。如斯以往，则何往而有穷哉！所遇斯乘，又将恶乎待哉！此乃至德之人玄同彼我者之逍遥也。"

上文论述已经关乎幸福的三重境界。第一层境界是应当意识到并且坦然接受自身的局限性，不用他人的标准去要求自己，不因外界环境的变化而动心。如同宋荣子一样，"举世而誉之而不加劝，举世而非之而不加沮，定乎内外之分，辩乎荣辱之境"，自身以外的事物无法对其造成影响，达到此境界者可以实现内心的平静，不致终日匆忙地随波逐流。但即使达到这一境界，"犹有未树也"，还需要到达第二层境界，即冯虚御风，自由享受人生之乐的境界，如同"列子御风而行，泠然善也"。这层境界在不被动地受外界消极影响的修为的基础上，又做到了主动地追求幸福体验。但即使达到这一境界，"犹有未树也"，因为它"有所待者"，即有所依靠，必须有风才能御风，这是其局限性。突破这层境界之后，便可"乘天地之正，而御六气之辩，以游无穷"，到达第三层的"无我无待"之境。在这种境界中，无论什么时候、什么地点、什么条件下都可以达到内心愉悦的状态，即真正的"逍遥"。万物在其自己的范围内自得其乐，只是相对的幸福；但是在第三层境界中，独立无待的人，超越了万物的差别，再无"偏尚之累"，合于天地大道而不自知、自恃，"至人无己，神人无功，圣人无名"，心有恒"安"，才是真正的自由和幸福。

案例 3.5.5　"心安"与幸福：来自古希腊哲学的思考①

　　古希腊哲学家苏格拉底认为，幸福的真谛在于"心灵的充实和安宁"②。在古希腊历史学家色诺芬的《回忆苏格拉底》中，苏格拉底对诡辩家安提丰说："安提丰，你好像认为，幸福就在于奢华宴乐；而我则认为，能够一无所求才是像神仙一样，所需求的愈少也就会愈接近于神仙；神性就是完善，愈接近于神性也就是愈接近于完善"。

　　苏格拉底的学生、古希腊哲学家柏拉图更加青睐于理智。在其代表作《理想国》（又名《国家篇》）中，他对灵魂进行了"三分法"，认为灵魂是由理智、欲望和激情三部分组成的，其中处于支配地位的是理智，人应当追求三者的各司其职、和谐相处，在某种程度上说也就是"心安"。

　　作为柏拉图的学生，古希腊哲学家亚里士多德围绕"幸福"进行了完整的思想建构，认为幸福要在合于理性与社会伦理规范的现实活动中才能得到，其观点独具"实现论"色彩。他认为，"幸福不是神的赠礼，而是通过德性，通过学习和培养得到的，那么它也是最神圣的东西之一。因为德性的嘉奖和至善的目的，人所共知，乃是神圣的东西，是至福"。幸福就是"合乎德性的现实活动"。对于"德性"，亚里士多德将他寄托在一种"中庸之道"上："德性作为对于我们的中庸之道，它是一种具有选择能力的品质。它受到理性的规定，像一个明智人那样提出要求。中庸在过度和不及之间……德性就是中间性，中庸是最高的善和极端的美。"苏格拉底、柏拉图和亚里士多德将幸福的前提置于内心的和谐之上，强调个人追求与社会（城邦）责任的兼顾，恰是一种"心安"。

---

　　① 该案例根据李国山等《欧美哲学通史精编本》整理。

　　② 李国山等. 欧美哲学通史精编本[M]. 天津：南开大学出版社，2012：32.

案例 3.5.6　王安石与程颢对于"心安"的体会

北宋哲学家程颢曾作诗《秋日》，读来顿觉有"心安"二字贯穿全诗：

秋日

闲来无事不从容，睡觉东窗日已红。
万物静观皆自得，四时佳兴与人同。
道通天地有形外，思入风云变态中。
富贵不淫贫贱乐，男儿到此是豪雄。

北宋政治家王安石曾与友人同游褒禅山。其间持火把进入华山洞游览，在同伴"不出，火且尽"的提醒下提早出洞。后来，王安石感觉"余之力尚足以入，火尚足以明也"，心有不甘，于是在《游褒禅山记》中写下这样的文字：

"古人之观于天地、山川、草木、虫鱼、鸟兽，往往有得，以其求思之深而无不在也。夫夷以近，则游者众；险以远，则至者少。而世之奇伟、瑰怪、非常之观，常在于险远，而人之所罕至焉，故非有志者不能至也。有志矣，不随以止也，然力不足者，亦不能至也。有志与力，而又不随以怠，至于幽暗昏惑而无物以相之，亦不能至也。然力足以至焉，于人为可讥，而在己为有悔；尽吾志也而不能至者，可以无悔矣，其孰能讥之乎？此余之所得也。"

正是心安，深化了程颢对于天人关系的思考。"自古逢秋悲寂寥"，但对于程颢来说，四季流变自循天道，以安闲之心观之却又何妨？此心静如止水，方能专一于物而不为物所扰，故格物皆有悠然心会之感，致知则景致似与人意相通；此心满是"大其心"的从容，方可让思绪自由地穿梭于天地人事之间，而不再拘泥于或贫或富的现实性约束，如此气概，可谓大美。程颢后来与其弟程颐并称"二程"，并成为程朱理学的奠基人之一，或许正与这种"心安"密不可分。

正是心安，启迪了王安石力求"无悔"。王安石将褒禅山之行视作人生旅程的缩影：无论为学、为政、为商，若要在前人的基础上愈加精进，没有"立乎上"的大志是寸步难行的；在此基础上，还应有足以实现大志的"力"，它可以被理解为努力，也可以是校准我们具体行动的认知力和判断力，以及在自律与习惯中养成的意志力，这些"力"都是进取者须臾不可离的；有了"志"与"力"还不够，还要有能起到辅助作用的"物"，这就需要人善于做到顺势而为，合赋而行，发掘蕴藏在自身与世界中的机遇。如此，便将个人潜能发挥到极致，即使"尽吾志也而不能至"，也能不辜负此心此意，豁然无悔矣。王安石自少怀革新除弊之志，于宋神宗时期任参知政事，主持了著名的王安石变法。后变法虽由于种种原因以失败告终，但王安石"天命不足畏，祖宗不足法，人言不足恤"的变革精神在今天仍具有启示意义。

 案例 3.5.7　苏轼："此心安处是吾乡"

定风波·南海归赠王定国侍人寓娘

常羡人间琢玉郎，天应乞与点酥娘。尽道清歌传皓齿，风起，雪飞炎海变清凉。

万里归来颜愈少，微笑，笑时犹带岭梅香。试问岭南应不好，却道：此心安处是吾乡。

词中的"王定国"是苏轼的朋友王巩，"寓娘"则是王巩的侍妾柔奴。"乌台诗案"发生后，王巩因受苏轼牵连被贬至岭南，柔奴毅然随之前往。后来王巩和柔奴回到北方，苏轼向柔奴询问岭南风土，柔奴回答："此心安处，便是吾乡"。苏轼闻之大为震动，便为她写下了这首词。

此时，围绕苏轼展开的政治斗争硝烟未散。他被贬为黄州团练副使，在此后的二十年里仕途不顺，落得"问汝平生功业，黄州惠州儋州"（《自题金山画像》）的窘境。但是，贬谪生活也给了苏轼一个机会，使他寻到了与柔奴的共通之处，那就是"心安"。柔奴在王巩处境困厄之时不离不弃，有此真情在，便能够安然面对坎坷的生活。而苏轼从官场的乌烟瘴气中得到解脱，令那颗追求豪放洒脱的心不受拘束。他成了那个可以写出"黄州好猪肉，价贱如粪土"的诗句，烹饪出令食客赞不绝口的"东坡肉"的苏轼；他成了那个感叹"日啖荔枝三百颗，不辞长作岭南人"，在惠州西湖上筑成"苏堤"的苏轼；他也成了那个在穷乡僻壤自得其乐，直言"九死南荒吾不恨，兹游奇绝冠平生"的苏轼……此心，还有什么理由不安呢？

其实，心安离我们并不遥远。正如电视剧《少年包青天》的主题曲《无愧于心》唱的那样，"头上一片青天，心中一个信念。不是年少无知，只是不惧挑战。凡事求个明白，算是本性难改。可以还你公道，我又何乐不为"。包拯、宋慈等人之所以青史留名，非独有断案缉凶之才，也须有匡扶正义之志，做到无愧于心，方得心安。推而广之，为学者应能有"板凳要坐十年冷，文章不来半句空"的定力，恪守学术道德，思则真思；为政者应能心怀公众利益，不碰损公肥私、以权谋私的"高压线"，坚守"为人民服务"的承诺；为商者须遵守法律法规与社会道德规范，对于不义之财"虽一毫而莫取"，对于不义之行勿以小而为之……不亏欠于自己的良知，不亏欠于他人的信任，不亏欠于社会的包容，不亏欠于世界的精彩，我们才能感到发自内心的安宁与释然，才能感到真正的幸福。

苏联作家奥斯特洛夫斯基写道："人最宝贵的是生命，生命属于人只有一次。一个人的生命应该这样度过：当他回首往事的时候，他不会因虚度年华而悔恨，也不会因碌碌无为而羞耻。这样在临死的时候，他才能够说：'我的生命和全部的精力都献给世界上最壮丽的事业——为人类的解放而斗争'"。"心安"二字，凝结着我们对于生命意义的回答，更寄托着我们对于幸福人生的期许。正如王阳明的那句"此心光明，亦复何言？"，愿心安成为幸福的底色。

六、"四药方"与"七药方"

泰勒在《哈佛幸福课》中给出了增加积极情绪体验的"四个小药方":适度运动、充足睡眠、"拥抱"体验和静思训练。在哈佛"四药方"的基础上,融合中国的传统文化和现代脑科学研究成果,我们将"四药方"整改扩充为"七药方":适度运动;充足睡眠;静思训练、清除垃圾信息使头脑中信息一致;"珍惜已有"的感恩练习;"知足"的认知习惯;"唯一"的心流体验;"和谐"的目标期盼。实践这些内容,将有助于提升积极情绪占比。本部分只涉及其中两个药方——"知足"的认知习惯及"和谐"的目标期盼,另外五个药方将在其他章节论述。

(一)"知足"的认知习惯

 案例 3.6.1 [明]朱载堉:《十不足》

> 终日奔忙只为饥,才得有食又思衣。
> 置下绫罗身上穿,抬头又嫌房屋低。
> 盖下高楼并大厦,床前却少美貌妻。
> 娇妻美妾都娶下,又虑出门没马骑。
> 将钱买下高头马,马前马后少跟随。
> 家人招下数十个,有钱没势被人欺。
> 一铨铨到知县位,又说官小势位卑。
> 一攀攀到阁老位,每日思想要登基。
> 一日南面坐天下,又想神仙来下棋。

洞宾与他把棋下，又问哪是上天梯。

上天梯子未坐下，阎王发牌鬼来催。

若非此人大限到，上到天上还嫌低。

《十不足》是朱元璋第九代孙朱载堉所作，说明人心之贪欲的不易满足。现实生活中也容易观察到这样的现象：有些富翁整天愁眉苦脸、心力交瘁。有些经济并不富裕的人开口便笑，日子过得有滋有味。脑科学的发展渐渐解开这个谜：情绪有赖于头脑中多巴胺、各种神经递质的分泌。如果富翁在过度追逐财富的过程中伤害了身体、睡眠，他也间接伤害了各种积极神经递质的分泌能力，如果这种伤害超越了可修复的界限，他也就注定成了一个不快乐的财富看管者。反观那些经济并不富裕的快乐者，他头脑中定有一套很平衡、很一致的"认知体系"，他没有过多的"偏尚之类"，他不会过于奢望得到自己没有的东西，他懂得珍惜自己已有的东西，他不会没完没了地和他人比较，他多是倾向于知足、从容与淡定。

诺贝尔经济学奖得主萨缪尔森曾给出过自己的幸福方程式：幸福=效用/欲望。效用是人从消费物品与劳务中获得的满足程度。如果效用是既定的，那么，一个人的贪欲越大，越不知足，他就越不幸福。这也印证了老子两千多年前的智慧："罪莫大于可欲，祸莫大于不知足，咎莫大于欲得。故知足之足，恒足矣。"

 案例 3.6.2 每天知足三分钟[①]

海边，有个年轻人，捡了一条遗弃的漏船，补了又补，可以出海打鱼了。每天唱着歌出海，即使空网而归，下了船，躺在沙滩上，晒着太阳，唱着歌，非常快乐。

有个鱼贩，住在岸边的别墅，每天早出晚归，回到家后，总是忙着算今天赚了多少、赔了多少，整天愁眉苦脸。每天看着大海和天气，担心鱼价的涨跌，根本没有一时一刻的快乐。

---

① 根据竺子文章《每天知足三分钟》改编。http://m.sohu.com/a/128456445_59027.

　　鱼贩的老婆，听见年轻渔夫的歌声，羡慕年轻人，怎么能这么开心。

　　鱼贩看见渔夫每天早上出去打鱼，唱着歌回家，自己却每天担忧，一点也不开心。

　　鱼贩非常困惑，心想，我拥有这么多鱼，可这么不快乐；他一条鱼都没捞着，怎么这么快乐。

　　鱼贩觉得要好好找出原因，找个方法让渔夫也不要太高兴。

　　鱼贩对老婆说，我有办法试试他，是不是老天真的厚待他。

　　趁渔夫在岸上唱歌，鱼贩偷偷在渔夫的小船上放了一大块金子。

　　太阳落山，渔夫回到小船上，一眼看见这块金子，喜出望外，这是老天给的礼物吗？

　　渔夫手里掂着这块金子。这块金子，可以换掉这条补了又补的漏船，换一条大船，这样他每天都可以打上一船鱼，然后再买更大的船，雇几个渔夫，为他去打鱼。船，越换越大，整个大海的鱼，就都可以属于他了。他在岸上做最大的鱼贩，把鱼价垄断了，他就可以是岸上最富有的人了。

　　渔夫想了整整一夜，那一晚他忘了唱歌。鱼贩在外面一直观察，他明白了让渔夫不再唱歌的原因是什么。

　　从那夜起，渔夫就有了烦恼心，再也听不见他唱歌了。他卖了漏船，用那块金子，借了高利贷，买了一条大船。扛了一大笔债务，每天活在压力下，他再也快乐不起来了。

　　鱼贩的老婆再也没听见渔夫的歌声。她从窗口看见渔夫下了船，面有忧色，心事重重。

　　她问老公："你是怎么做到的，让他也像我们一样，不知快乐为何物。"

　　鱼贩说："我只不过是让他拥有比他需要的更多而已，这样就引发了他的贪欲。贪多一点，就是贫，他就再也没有了快乐。"

　　很多年以后，渔夫也成了鱼贩，住在岸边的别墅，忙着算钱，整天愁眉苦脸。他每天看着大海和天气，担忧鱼价的涨跌。他有太多的忧。内心没有一时一刻的安静，没有一时一刻的快乐。

一场龙卷风让几条渔船触礁，损失惨重。渔夫心情糟透了，一脸焦灼，到沙滩上踱步，碰到一个流浪汉在沙滩上唱着歌。

他想起了自己无忧的日子，问流浪汉："你一无所有，怎么这么快乐呢？"

流浪汉说："怎么会一无所有呢，我有沙滩，有阳光，有健康，衣食无忧。"

渔夫顿有所悟，这个世上，只有知足，才能快乐。知足常乐，不是说说，而是每时每刻，内心真的知足。

他看着快乐的流浪汉，本来他也是这样知足常乐的人。他再也回不到从前，再也回不到他的本真。从那一块金子开始，他不再知足。

那一块金子，夺走了他的快乐。

而那块金子，又是什么呢，让人这样轻易而又彻彻底底丢失了本真，丢失了快乐，丢失了内心的宁静。

从那以后，他在每条船上，都刻上"知足"二字。他知道，对抗压力，唯一的药，就是"知足"。

案例看似简单，但只要坚持践行，功效不可低估。

"每天知足 3 分钟"。

（二）"和谐"的目标期盼

 案例 3.6.3　和谐期盼能增加积极情绪体验

曾经有人做过如下实验，让志愿者就下列问题给出真实回答：一个星期间最让你感到幸福的是哪两天？结果选择最多的是星期六和星期五，而不是星期六和星期日，也就是说人们在星期五的幸福感要高于星期日。为什么会这样呢？实验结果说明：有压力的预期能削弱人的幸福感，好的预期能增加人的幸福感。

预期带来的这种幸福感是如何产生的？先来看看星期一，在常人看来星期日应该是休闲娱乐时间，理应是幸福感很强的一个日子。

但星期日之后是有明确预期的，是五天可能并不轻松的工作日，再加上手头上可能还积着一些工作要在星期一之前完成，这自然会降低人们的幸福感。而星期五却恰恰相反，人们虽然坐在办公室工作，但这一天之后的两天值得期待：人们可能会想到周末的出游，想到美食，想到聚会，想到购物……正是这种对周末愉快的预期，给忙碌的星期五带来幸福感。

南开大学国际经济研究所李磊老师的研究证实：未来预期均对本人幸福感具有明显的正向效应，且均在 1%显著性水平下显著。收入状况的未来预期、资产的未来预期、职位升迁的未来预期和工作条件的未来预期对居民幸福感均有着显著的正向效应，即良好的预期可以提升居民的幸福感。也就是说居民对未来社会发展的良好预期会增加当下幸福感。

多些美好预期，多些美好期盼，生活就会多些幸福色彩。莫言在一次东亚文化论坛演讲中提到，通信的过于便捷有可能破坏亲人之间相互期盼所产生的美感与深刻。在经典评剧《回杯记》中，王二姐期盼进京科考的情哥哥张廷秀，整整盼了三年，见到张廷秀后百感交集、情绪迸发。剧中唱道"自从你进京城去赶考，二妹我时时刻刻未忘前情，你走了一天我往墙上划一道，你去了两日我往墙上画两横，二哥你去了三年整，墙上的道道儿数也数不清。我想你春暖花开冰河开了冻啊，我盼你夏过三伏石榴红，我等你秋风吹落梧桐叶，我望你呀大雪纷飞到残冬，我今日也是盼明日也是等，望你得中转回城，谁知你呀一去三载无有音信……"

现代脑科学证实，美好的期盼确实能够增加头脑中积极神经递质的分泌，盼了三年，定会分泌很多积极神经递质，定会使积极神经递质的分泌渠道畅通很多，定会增加很多深刻的情绪体验。在 20世纪八九十年代，两位异地恋的大学生，在期盼对方的书信中也可能体验到很多美感和深刻。[①]

说到期盼，回想起了读大学时观看香港电视剧《射雕英雄传》的事情。20 世纪 80 年代，大陆电视节目很少，每每播放一部经典电视剧，都能给观众增加很多积极的情绪体验。播放《射雕英雄传》时，学校看不了，有个同学便带我到学校对面他亲戚家里去看，每晚一两集，在新闻联播之后播放。现在回忆起来，我能清晰地回想起当时的很多情境，每天晚餐后的积极情绪体验很足，选项少而经典多是何等珍贵！当选项多而经典少时，人们再也找不回那种期盼，那种愉悦。

七、"静思" 能否增加积极情绪体验

（一）智者论静

"大学之道，在明明德，在亲民，在止于至善。知止而后有定，定而后能静，静而后能安，安而后能虑，虑而后能得。物有本末，事有终始，知所先后，则近道矣。"（《大学》）

"致虚极，守静笃，万物并作，吾以观复。夫物芸芸，各复归其根。归根曰静，静曰复命。复命曰常，知常曰明，不知常，妄作凶。知常容，容乃公，公乃全，全乃天，天乃道，道乃久，没身不殆。"（《道德经》）

"夫君子之行，静以修身，俭以养德。非淡泊无以明志，非宁

---

① 现代通信工具在带来便捷的同时，也破坏了期盼所产生的深刻，也的确是一种不小的损失。在南开大学给本科生和研究生讲课时，我曾多次建议学生适当关闭手机，可以在晚上固定时间开机半个小时或一个小时，体验一下期盼是否能够增加积极情绪体验。部分自制力较强的学生可以试着间隔更长时间开机一次，以保证学习时惟精惟一，高效无挂。若某时期有美好期盼，延迟开机还能增加情绪体验的深刻度。

静无以致远。"(《诫子书》)

"水静极则形象明，心静极则智慧生。"(《昭德新编》)

 案例 3.7.1　曾国藩每逢大事有静气

曾国藩年轻时在官场沉浮，难免有心烦气躁之时，便向理学名臣唐鉴先生请教，唐鉴送了他一个字——"静"，告诉他："若不静，省身也不密，见理也不明，都是浮的"。从那时起，曾国藩每天都要静坐一会儿，心静下来，就能处理各种纷乱的军国大事，许多为人处世、治学从政的体会和方法，便都在此中获得。尤其在遇到重大问题时，他更是不轻易做出决定，总要通过几番静思、反复权衡之后，才拿出一个主意来。为让气氛更宁馨些，还往往点上一支香。每见到这种情况，家人有再大的事也不打扰他[1]。后来曾国藩感悟道："人心能静，虽万变纷纭亦澄然无事。不静则燕居闲暇，亦憧憧亦靡宁。静在心，不在境。"

 案例 3.7.2　神奇的冥想——脑科学的证实

科学家利用功能性磁共振成像（FMRI）技术进一步了解了冥想状态下的神经机制。冥想时大脑对信息的处理显然不如平时活跃，一个从未尝试过冥想的人，初次 20 分钟冥想，大脑中的 β 波（β 波是人的四种基本脑波之一，高级冥想者会产生另外三种脑波）会持续减弱，β 波强度间接指示大脑的信息处理量[2]。

哈佛大学研究发现"冥想"八个星期后，冥想者的大脑结构发生了变化。研究者利用磁共振成像（MRI）技术记录了冥想如何造成脑部灰白质的改变：在开始实验两周前及冥想八个星期后，对"冥想"组及对照组（即不参加"冥想"的一组）人员的大脑进行扫描，发现八个星期后，冥想者海马体的灰白质密度增加了，海马体是主管"学习及记忆"的重要部位，是与人的自我意识、同情心和自我

---

① http://ah.people.com.cn/n2/2016/0525/c358327-28399201.html.

② http://www.sohu.com/a/110648109_240910.

省思相关的大脑结构。此外，冥想者都感觉压力减轻了，研究人员发现他们的"杏仁核"灰白质减少了，"杏仁核"是一种与焦虑感和压力感有关的脑组织结构，而没有参加冥想的人，并没有发现有任何脑组织发生改变。此次研究是由麻省总医院精神科神经影像学家萨拉·拉泽（Sara Lazer）领导的，她说："虽然冥想被认为是一种放松身体的运动，但是冥想者早就表示冥想还有其他'认知'及'心理'上的好处。我们的研究也证明当人们花时间放松冥想后，不只心里感觉更好，而且大脑的结构也有实质性的变化。"①

 案例 3.7.3 静之力

全球著名的心理学家、精神治疗师大卫·R. 霍金斯博士以近30 年的科学研究为基础，证实了意识作为一种能量，具有强大的力量，并绘出了"人类意识能量层级表"（表 3-1）。

表 3-1 人类意识能量层级表②

神学观	人生观	能级		对数值	情绪	过程
本我	存在	开悟	↑	700～1000	不可言喻	纯粹意识
全人类	完美	宁静	↑	600	幸福	启发
唯一	完整	喜悦	↑	540	宁静	理想化
忠诚	善良	仁爱	↑	500	崇敬	心灵启示
智慧	意义	理性	↑	400	理解	抽象
仁慈	和谐	接纳	↑	350	宽恕	超然有在
灵感	希望	乐意	↑	310	乐观	意图
授权	满足	中性	↑	250	信任	放松

① http://www.sohu.com/a/62391240_387091.

② 大卫·R. 霍金斯. 意念力：激发你的潜在力量[M]. 李楠，译.北京：光明日报出版社，2014：25—26.

神学观	人生观	能级		对数值	情绪	过程
包容	可行	勇气		200	肯定	激励
淡漠	苛刻	骄傲	⬇	175	轻蔑	自负
复仇	敌对	愤怒	⬇	150	憎恨	挑衅
拒绝	失望	欲望	⬇	125	渴望	奴性
制裁	可怕	恐惧	⬇	100	焦虑	退缩
轻视	不幸	忧伤	⬇	75	悔恨	悲观
谴责	无望	冷漠	⬇	50	绝望	放弃
报复	邪恶	内疚	⬇	30	责备	毁灭
蔑视	悲惨	羞耻	⬇	20	耻辱	消逝

　　意识能量层级表中对数值的标准与具体的意识过程有关：情绪、观点或者态度、世界观以及精神信仰等。在这些刻度中，关键点是200，与"勇气"相对应。所有的态度、思想、感情和意识与潜意识的观念联系，但凡在这个刻度之下的，都会让人感到软弱；在这个刻度之上的态度、思想、感情、个体或者历史人物，都会让人感到强壮。尽管世界上只有15%的人的能量值在临界点200之上，但是这些人的集体能量却足以抵消剩下的85%的人口的负面能量，人体运动学测试结果如下（表 3-2）①。

---

① 大卫•R. 霍金斯. 意念力：激发你的潜在力量[M]. 李楠，译. 北京：光明日报出版社，2014：177—178.

表 3-2　人体运动学测试结果

700 层级的一个个体	抵消	临界值 200 之下的 7000 万个体
600 层级的一个个体	抵消	临界值 200 之下的 1000 万个体
500 层级的一个个体	抵消	临界值 200 之下的 750000 个体
400 层级的一个个体	抵消	临界值 200 之下的 400000 个体
300 层级的一个个体	抵消	临界值 200 之下的 90000 个体
700 层级的十二个个体	等同	1000 层级的一个个体

从表 3-2 可知，"宁静"是仅次于"开悟"的能级，其所对应的对数值为 600。《意念力：激发你的潜在力量》一书对能量级为 600 的"宁静"做了详细阐述：

"这一能量级，与超凡脱俗、自我实现、内在神识等术语指代的经验有关，这种体验非常难得，于万千人之中仅可见一人而已。到了这种境界，认识问题也不再有任何特定的焦点。这一层级的个体，已经超越了世俗的羁绊，随之而来的幸福状态消除了日常生活活动的影响。有一些人成了精神导师，另一些人则为了人类福祉而默默奉献。还有一些人成为他们各自领域的伟人和天才，为社会做出了杰出贡献……尽管万物皆非静止，所有的一切都在运动，并向外辐射能量；在 600 及以上的状态来看，事件的运动是缓慢的，时间和空间是停滞的。"[①]

（二）静之功效

以往，我们的所闻、所见、所尝、所触、所思、所感，在头脑中都建立了存储、联结（神经细胞间的突触）。这些联结有正效的，有负效的；有接近中正客观的，有远离中正客观的；有与积极情绪相关的，有与消极情绪相关的。静，物我两忘，有利于头脑中积极

① 大卫·R. 霍金斯. 意念力：激发你的潜在力量[M]. 李楠，译. 北京：光明日报出版社，2014：43—44.

神经递质的分泌，有利于解开负效联结，系紧正效联结。负效联结越少，正效联结越多，认知就会日趋客观，决策力、鉴赏力就会日趋提升，积极情绪体验日渐增多，行动日渐有理有力，日渐体验知行感融汇，天地人合一！有解开乱线团经验的人定能体验到，解开错结不能急，不能用蛮力，需要静，很多时候需要松劲。

在厚动薄静的年代，多些静思静安或许更好。台湾大学有一口著名的"傅钟"，每节上下课都会敲响 21 声，"傅钟"碑文上刻着傅斯年校长的名言："一天只有 21 小时，剩下 3 小时是用来沉思的。"①这无疑是先生对师生们的叮咛忠告。正如无休止地往房间里堆积东西而不加以整理往往注定着房间的杂乱、堵塞、不可用，甚至是灾难；同样，无休止地往头脑里堆积信息而不加以整理也往往注定头脑的杂乱、堵塞、认知无效，甚至是情绪灾难！每天不妨静上一两个小时，清理些垃圾信息，断然丢弃一些，至简至上一些。持之数月，清晰判然感会增加，简约一致感会增加，愉悦中和感会增加。若每天有一两个小时的静，动时更易惟精惟一，卓尔有效。

---

① 绝非巧合，哈佛大学《积极心理学》主讲教师泰勒也特别强调：学生每天用于静思的时间不应该少于一小时——四个 15 分钟。

篇尾语

"知行感"合一，幸福方能真实持久①

改革开放三十多年来，我国经济成就显著。然而，跃居世界第二位的经济总量并未同步带动人们幸福感的提升。环顾四周，居民"忙""累"普遍，积极情绪占比偏低，焦躁、暴戾引致的悲剧频发。由此可见，物质生活的提高并不能使人们获得"理所当然"的幸福。

正如开篇语所提到，"天气"这一抽象概念需要借助温度、湿度、风力、气压等具体指标测量，研究"幸福"，需要从"感""知""行"三重角度入手。

幸福需要"感"。有媒体问，"你幸福吗？"被问者可能茫然失措，但若改问"你今天的积极情绪占比多吗？"被问者就容易给出肯定回答。积极情绪占比是衡量幸福的基础指标，提升民众积极情绪占比是当务之急。

幸福需要"知"。"以道制欲，则乐而不乱；以欲忘道，则惑而不乐。"人能常乐是功夫，但为乐而乐，过情之后是疲惫。最美不过心安，收入、名望都不能必然保证心安，唯有合道方能心安，方得真实幸福，让乐持久。

幸福需要"行"。"志行，为也"。行为层面的幸福表现在能积

---

① 倪志良. 用教育破解幸福人生的密码[N]. 人民日报，2016-11-03。在此有较大删改。

极主动地改善自我、改善他人、改善世界，从而成就自我、成就他人、成就世界。个体应充分挖掘自身潜能和天赋，致力于使幸福的个体性与社会性有效融合。

综合知、行、感三章内容，不妨将幸福的状态分为以下四种：

静安	静思	动专	动乐

"静安"幸福态或近于南郭子綦的"隐机而坐，仰天而嘘"之态，或近于《庄子·大宗师》中颜回的"坐忘大通"之态[①]，或近于泰勒在哈佛幸福课中所讲的"空无"之态……这是一种"物我两忘、身心处于最大的放松和修复"的状态。每天"静安"的时间不必太多，但不可全无。"静安"缺失，必会累而无效。

"静思"幸福态或近于诸葛亮体悟的"宁静致远"之态，或近于笛卡尔感悟的"清晰、判然、我在"之态……在"静思"中，杂乱信息得以清除，个人在"大其心"的过程中至简、至上、至真，获得更多的"接受、一致、欣赏、感恩"。在"静思"中，头脑中与"正念"链接的渠道得以疏通与拓宽，"正念"在"静以存之""不断重复"中得以巩固。由"宁静"以"致远"，透"宁静"赏"天籁"，自"宁静"大"其心"。

"动专"幸福态或近于《尚书·大禹谟》的"惟精惟一"之态，或近于当下《积极心理学》反复强调的"心流"之态……幸福不应止于"静安"之放松超然、不应止于"静思"之清晰判然，还应进至"动专"之厉行果敢。重视个体潜能的充分实现，多做"有意义""合乎上志"的事情，在天赋充分实现的过程中体验更多的"中和""心安"。在静思中存养的正念要在"行"中"磨炼"为一种习惯，使其真正"内化于心、外化于行"。

---

① 《庄子·大宗师》里有一个虚构的颜回"坐忘大通"的故事，太史叔明（474—546 年）解释到："颜子……遗仁义，忘礼乐，黜形体，黜聪明，坐忘大通，此忘有之义也。忘有顿尽，非空如何？若以圣人验之，圣人忘忘，大贤不能忘忘。不能忘忘，心复为未尽。一未一空，故屡名生也焉。"

　　"动乐"幸福态重在情绪体验，重在"逐乐"。人类有超强的"逐乐"驱动，中国哲学"主情派"讲求"弃彼任我"，主张自由自在、快乐至上；西方哲学"快乐论"把追求"快乐"看作人类一切行为的原动力。有"情"方成人性，享"乐"未尝不可，人可以在"动"中体验情绪，享受快乐，得到反馈。但要注意"适地""适时""适度"，听从理智的规劝，磨砺"知止"的功夫。

　　由此，在一个人的生理可得时间中，处于上述四种状态的时间占比越高，"静能安，动能专"的时间占比越高，"该乐，能乐得起来；该静，能静得下去"的时间占比越高，他的幸福基数值就会越大。

　　值得注意的是，四种幸福态之间差异巨大，这也是令"幸福"难以被界定和讨论的原因之一。当下，存在的主要问题有两个。第一，"过动少静"，"厚动薄静"。身心得以放松、修复的时间太少，个体不会和自己的心灵和谐独处，就必然倾向于在"外求""外炫"中消磨和浪费时间。第二，四种幸福态的转换机制亟待畅通。"静"而失"动"，"静"易陷入"虚无"；"动"而失"静"，"动"易累而无效。唯有"静动易转"，唯有"动静等观"，方能安享四种幸福态。"静"转为"动"的机制要畅通：通过"静安"，身心得以"修复"，能有静思下的"大其心"；"大其心"下正念得固，正念笃实后能付诸"行"；在"行"中将正念"磨炼"为习惯，并在"动"中适当体"情"，适当享"乐"。"动"转为"静"的机制也要畅通：在"动乐"中通过节制、自律避免过度，在"动专"中通过"明觉精察"得到新知，检验原念，提升正念；正念越提升，"静思"时越易"大其心"，"心"越"大"，越容易多些"接受、一致、欣赏、感恩"；"心"越"大"，越容易"物我两忘"，也就越容易乐享"静安"。

　　幸福，既有"静安"，也有"动乐"，既有"静思"下的"一致"，也有"动专"下的"心流"。唯有"知行感"顺畅合一，幸福才能真实、稳定、持久！

第二篇
幸福——生命资源的最优配置

篇首语

经济学的核心议题事关资源最优配置。幸福经济学认为：人生最宝贵的资源是"时间""精力"等生命资源。为了免于生命资源的错配，需要均衡关注好以下"四要素"：收入、名望、健康与人际。"惑人者无逾利也"，人的理性不足，往往过于逐利而忘它，配置于亲情、友情、健康等"无价"的时间占比偏低。健康无价，亲情无价，真名无价，而恰恰是这些"无价"决定着个体生命的质量与意义。"名与身孰亲？身与货孰多？"老子曾对此有过掂量。亚当·斯密也曾有过类似的掂量："健康、财富、地位与名望，这些据说是人在今生的舒适与幸福主要依赖的对象"。由于健康、人际、名望无法准确"定价"，加之投资健康、人际、大德的短期效果不如投资"有价之物"明显，涉及"四要素"的生命"效用最大化"问题很容易被直白地实践为追逐单一的"收入最大化"，因忽视"无价"而错配生命资源的例子比比皆是。

如何将有限的"时间"和"精力"资源均衡配置于收入、名望、健康和人际（亲情、友情）等诸多方面，使个体几十年的生命体验达到最优——在情绪层面表现为积极情绪占比高，在认知层面表现为意义感和目标感充足，在行为层面表现为"利己利他兼容""顺势合赋"的蓬勃进取——这事关个体一切内在努力的终极目标，也事关政府行为的至善选择。

第四章
收入、物质财富与幸福

世界上有两根杠杆可以驱使人们行动——利益和恐惧。

——拿破仑

一切空话都是无用的，必须给人民以看得见的物质福利。

——毛泽东

金钱这种东西，只要能解决个人的生活就行；若是过多了，它会成为遏制人类才能的祸害。

——诺贝尔

没有钱是悲哀的事，但是金钱过剩则倍过悲哀。

——托尔斯泰

按照现代经济学术语，收入是流量，财富往往意指存量。根据日常的表达习惯，金钱、收入、物质财富可以合称为"利"。"天下熙熙，皆为利来；天下攘攘，皆为利往"，司马迁对于"利"的思考与表达在过去、在当今都有很强的解释力，"逐利"具有很强的内在驱动性，也有其普遍性。但另有智者观察到：君子重义，小人重利。除了"利"，人类还另有其他内在驱动："逐名"——追逐地位、追逐正义与认可、追逐现世价值、追逐超现世价值。

否认"逐利"的内驱性与普遍性等于漠视现实，但过度逐利会伤害健康、名望和人际也是现实。千百年来，哲学的训导、宗教的密示、法律的威慑、教育的规劝等在此问题上有着相同而明晰的指向：物欲不可过。时至今日，"过度逐利伤害健康、名誉、亲情、友情和人际"的事情不仅在普通民众中多发，在官员、巨富、名人阶层中也时有发生。好在脑科学、神经生物学、心理学等现代学科对"惯性依赖""情绪回路""非理性行为"等有了更多的科学解释，使人们看到了继续研究此问题的必要性和希望所在。本章重点阐述逐利的正面作用、负面作用、影响物质效用的心理因素等问题。

一、经济学对"利"的关注与幸福悖论

经济学与"利"关系密切：个人关心收入最大化，企业关心利润最大化，政府关心财富规模和社会福利最大化。长期以来，经济学将效用等同于幸福。亚里士多德的"找到幸福是一切行为的最后目的"、休谟的"一切人类努力的伟大目标在于获得幸福"这些哲学智慧在主流经济学家这里转换为：理性经济人的一切行为在于追逐"效用最大化"。

无论是基数效用理论还是序数效用理论都遵从以下逻辑：民众从事劳动取得收入，收入越多，预算约束越弱，可以拥有和消费的最优商品组合代表的效用水平就越高，民众可以从消费中获得的效用就越大，自然也就更幸福。通过效用（U）与收入（Y）的一元函数可以更直接地显示两者之间的关系：在西方微观经济学基础效用函数 $U = U(Y)$ 的后面一般都自然标注着 $U'(Y) > 0$，$U''(Y) < 0$。$U'(Y) > 0$ 意味着效用会随着收入的增加而增加，$U''(Y) < 0$ 意味着边际效用递减。这似乎是不争的铁律，任何进一步的解释都显得多余。然而，多国的发展实践却无情地打破了这一逻辑，很多国家经济的增长、居民收入水平的提高并没有同步提升居民的幸福，在某些时期一些国家的居民幸福感甚至与经济增长呈负相关。

"收入—幸福悖论"

针对第二次世界大战以来美国居民的幸福感并没有随经济快速增长而提高的现象，经济学家伊斯特林（Easterlin）于 1974 年提出了著名的"收入—幸福悖论"。伊斯特林注意到并有效验证了一个国家的居民收入与幸福之间的相关性并不显著，贫穷国家和富裕国家之间的幸福感差异也不显著。相关研究显示，民生幸福与经济发展不同步甚至背离的现象在很多国家都曾出现过：1958—1991 年，日本的人均 GDP 增长了六倍，而平均的生活满意度却没有明显改变[1]；1946—1991 年，美国的人均收入从 1.1 万美元增加到 2.7 万美元，幸福水平反而小幅度地下降了 8%[2]。"世界价值观调查"在 1990 年、1995 年和 2001 年对中国居民幸福感的调查值分别是 6.50、7.08 和 6.60[3]。尽管这些基于自陈报告的统计研究的信度和效度还有待进一步提高，但经济发展并没有同步提升居民幸福在很多国家却是显而易见的事实。民生幸福与经济发展的严重背离使得专注于"收入与效用"的经济学家开始对幸福产生兴趣，诺贝尔经济学奖得主阿马蒂亚·森更直接指出：不管经济学如何发展，最终要回答的是人类如何才会幸福的问题，是人类如何才能避免不幸福的问题。另一诺贝尔经济学奖得主萨缪尔森则将幸福与效用的关系修正为：幸福=效用/欲望，意思是要想幸福，不但要积累财富，提高收入，提升效用水平，还要约束自己的欲望，这与两千多年前中国老子"祸莫大于不知足，咎莫大于欲得，故知足之足常足矣"的智慧相似。"幸福悖论"提出后，有关幸福的经济学规范理论研究与实证研究均取得进展。"参考点依赖理论""忽视变量理论""适应性理论""幸福定值理论""凸显信息决定理论"等反映经济行为心理机制的规律

① Bruno S. Frey, Alois Stutzer.What can Economists Learn from Happiness Research?[J]. Journal of Economic Literature, 2002(40): 402-435.

② [瑞士]布伦诺·S. 弗雷，阿洛伊斯·斯塔特勒. 幸福与经济学[M]. 静也，译. 北京：北京大学出版社，2006.

③ http://www.wvsevsdb.com/wvs/WVSData.jsp?Idioma=I.

性认识得以提炼与概括,行为经济学与幸福经济学等学科得以发展。有关幸福、生活质量、主观幸福满意度的专门调查机构应运而生,如"国际生命质量研究协会"(International Society for Quality of Life Studies,简称 ISQOLS)、"欧洲指数调查"(Eurobarometer Surveys)、"世界价值观调查"(World Value Survey,简称 WVS)等。大批擅长实证研究的经济学人也就收入与幸福、就业与幸福、通货膨胀与幸福、健康与幸福等关系在实证研究方面取得了更令人信服的结论。

二、收入与物质财富的正面作用

收入与物质财富,简称为"利"。收入越高,财富净值越大,就越容易获得优越的物质生活。抛开物质生活条件片面谈主观幸福感是不现实的。人不可能生活在纯粹的主观观念中,幸福终归是在需要、欲望得以满足,目标得以实现的过程中体验到的,幸福需要一定的物质基础。很难想象一个衣不蔽体、食不果腹、终日处于饥饿威胁中的人,会感到真实、持久的幸福。司马迁在《史记·货殖列传》有云:"天下熙熙,皆为利来;天下攘攘,皆为利往。"两千多年后的今天,为了幸福,大部分民众还是把相当比例的"时间"与"精力"资源配置到了"收入"这一要素上。

(一)收入、物质财富与幸福的关系

 案例 4.2.1   高收入者更幸福

2015 年,中国家庭金融调查与研究中心发布了《国民幸福报告

2014》①。报告显示，收入、物质财富是决定幸福程度的关键因素，收入或资产越高，幸福指数也就更高（图4-1）。以收入为例，家庭年可支配收入最高 10%的人群幸福指数高达 142.3，而家庭年可支配收入最低10%的人群幸福指数仅为122.0，相差近20个点。从图4-1可知，收入、物质财富与幸福之间的确存在着"正相关"关系，收入、物质财富是幸福的基础和保障，没有物质基础的幸福是不切实际、难以实现的，"物质基础"的确对"幸福程度"起着极为重要的作用。

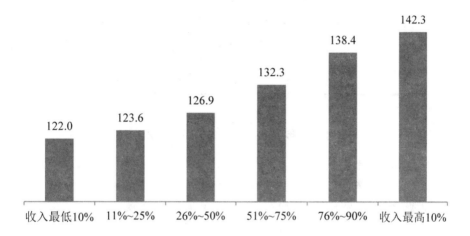

图 4-1　不同收入阶层人群的幸福指数

 案例 4.2.2　金钱能否"买到"幸福②

2009 年，盖洛普公司的一项关于收入与幸福关系的调查表明③：对于美国人而言，年收入在 6 万美元以下时，幸福感随收入减少而

---

① 资料来源：《国民幸福报告 2014》。http://chfs.swufe.edu.cn/xiangqing.aspx?id=897.

② 该案例根据网站资料整理。https://www.ted.com/talks/daniel_kahneman_the_riddle_of_experience_vs_memory#t-1082707.　http://www.huffingtonpost.com/2010/06/04/daniel-kahneman-nobel-pri_n_601236.html?utm_hp_ref=happiness.

③ 盖洛普公司由美国著名社会科学家乔治·盖洛普博士于 1935 年创立，是全球知名的民意测验、商业调查和咨询公司。

降低，即越贫穷越痛苦；但年收入在 6 万美元以上时，幸福感呈一条水平直线，即收入无法进一步提升幸福感（图 4-2）。

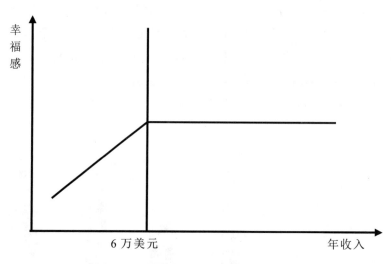

幸福感

6 万美元   年收入

图 4-2　年收入与幸福的关系（美国）

这一调查结果说明：在某一临界点内，金钱的确可以"买到"幸福，但超过该临界点，金钱对于幸福感的提升效微力乏。经济学经典教材将效用等同于福利、幸福，认为增加收入（即向右上方移动预算约束线）是增加效用（即幸福）的主要途径。事实证明，这一理论无法很好地解释现实问题，要想提升幸福感、增加积极情绪占比，除了增加收入、积累物质财富外，还需广泛关注更多元的提升幸福感的有效途径。

（二）物质充足，接受好教育的机会更多

相关研究显示：人的成功除了天赋、遗传等先天因素，后天因素中教育的影响权重极大，在现实社会，物质充足，接受良好教育的机会越多，充分实现人生价值的概率更高。

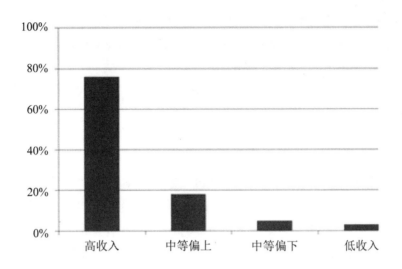

图 4-3　美国 146 所院校学生家庭情况分布

有人对美国 146 所院校在校学生的家庭背景进行了调查[1]，将在这些院校中学习的学生按照家庭收入水平从高到低分为四档，分别是高收入、中等偏上、中等偏下、低收入。调查发现，仅有 3% 的学生来自贫困家庭，而超过 70% 的学生来自富裕家庭（图 4-3）。

（三）富与"贵"关系密切，有钱更容易有"地位"、被"认可"

 案例 4.2.3　"双高"群体更热衷参加同学会[2]

2013 年，零点指标数据发布的一二线城市"中年危机调查"数据显示，在热衷参加同学会的人群中，高收入群体和高学历群体明显占优势。在北京的受访者中，"上层"受访者中有 8 成经常参加同

---

① 资料来源：哈佛大学公开课《公正——该如何做是好？》第八讲。http://open.163.com/movie/2010/11/5/3/M6GOB7TT6_M6GOD1A53.html.

② 该结论是基于北京市局部调查而得，是否适用于其他地区，还有待深入研究。该案例整理自中国青年网。http://news.youth.cn/sh/201309/t20130912_3869009.htm.

学会，两成看情况参加，而处于"底层"的受访者中，经常参加同学会的只有 14.3%，看情况参加的有 33.3%，有 23.8%的受访者从不参加同学会。

同学会既是"朋友圈""人情圈"，也是"经济圈"，经济状况好的人自然在社会中更有"地位"，更被"认可"。

 案例 4.2.4   高收入者离婚率更低[①]

美国 2002 年的一项研究显示：低收入家庭的离婚率为 44%，而高收入家庭的离婚率为 22%，前者是后者的两倍[②]。2014 年，韩国的一项研究表明[③]：丈夫的收入越高，离婚率就会越低。与丈夫完全没有收入的情况相比，月收入超过 300 万韩元离婚率减少至1/3，当丈夫月收入超过 1000 万韩元时，一生经历离婚的危险性为 0。

（四）物质充足，有利于健康

 案例 4.2.5   收入越高者，健康意识越强，健康状况越好[④]

2015 年，上海社会科学院公布了一项针对上海居民医疗、健康状况的调查报告，报告显示：个人年收入为 3 万以下、3 万～5 万、5 万～7 万、7 万～10 万和 10 万以上的居民不常去医院看病（健康状况良好）的比例分别为 35.90%、34.90%、39.90%、44.80%、44.00%，其参与身体锻炼的比例分别为 66.80%、77.40%、80.80%、80.80%、86.90%，这表明收入与居民的锻炼身体和保持健康的比例均呈现出正相关趋势，即收入越高，居民的健康意识越强，健康状况越好（图4-4）。

---

① 该结论是基于美国和韩国的数据得出，在我国情况如何？还有待做实证研究。

② 数据来源：加州大学《家庭与夫妇心理学》第 14 讲。http://open.163.com/movie/2009/1/4/H/M6QFLP2M8_M71SH7J4H.html.

③ 数据来自中国网。http://news.china.com.cn/world/2014-03/20/content_31850837.htm.

④ 该结论是基于上海市这样的发达地区调查而得，是否适用于其他地区，还有待深入研究。该案例整理自东方网。http://sh.eastday.com/m/20150407/u1ai8658400p6.html.

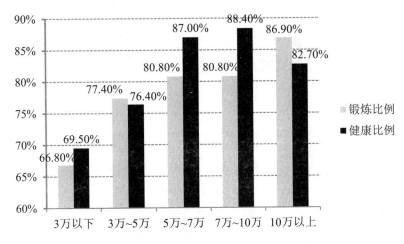

图 4-4 年收入、健康和锻炼关系

报告还表明：面对一般疾病，个人年收入为 3 万以下、3 万～5 万、5 万～7 万、7 万～10 万、10 万以上的居民首先选择社区医院的比例分别为 65.90%、40.80%、31.30%、31.50%、28.70%，而首先选择三甲医院的比例分别为 9.10%、17.40%、17.50%、26.00%、30.90%，说明收入越高者，越愿意去大医院而不是社区医院就医（图4-5）。

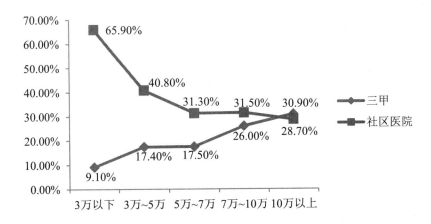

图 4-5 不同年收入居民对一般疾病的处理方式

三、物质财富的副作用

从物质匮乏到物质充裕带来的满足与幸福不言而喻，但物质本身绝非百利而无一害。纵观社会，因为崇尚物质而丧失自我的人屡见不鲜，为了追逐物质而牺牲健康、亲情、友情者绝非个例，物质过足反而招致祸端的事例更是屡见不鲜……而在物质极大充足的"豪门"家庭，充裕的物质却很容易化作坚实的"围墙"，将亲情与温暖拒之门外……事物往往具有两面性，若物质不能为人所用，人必然为物质所累。过度追逐物质的负面作用很多，这里仅从豪门恩怨略窥一二。在巨额财富的诱惑下，一些豪门亲情往往薄如蝉翼，兄不友，弟不恭，子不孝，伦理道德也要"靠边站"。

 案例 4.3.1　三星家族的利益之争

在韩国，三星集团的影响力几可敌国：集团营业收入曾达国内生产总值的 20%，历任总统上台均需三星集团支持……集团创始人李秉喆被韩国人称为"创业之神"。1987 年，李秉喆因肺癌离世，三子李健熙接任三星会长，并将三星集团推向巅峰。

2012 年，李秉喆去世 25 年后，一份信托单引发了轰动全球的家族遗产争斗案。李秉喆长子李孟熙仍对弟弟得到继承权耿耿于怀，联手二姐李淑熙和另一个亲戚将李健熙告上法庭，要求取得父亲给予他们的三星旗下两家公司的股份，继承人内讧由此开始。据报道，当时李健熙表示"一分钱"都不会给，并称继承事宜早已尘埃落定。第二年,李健熙胜诉，而他的哥哥姐姐输掉了这场 37 亿美元的官司。三星集团也因为这场利益之争而元气大伤。

2008 年，李健熙独子李在镕成为集团实际控制人。李健熙育有一子三女，兄妹不但为争夺继承权明争暗斗，各自的私生活同样因为财产纷争纠葛不断。2005 年，李健熙幼女李尹馨在美留学期间自杀身亡。而适逢集团财产交割关键期的李健熙夫妇为躲避媒体，竟未出席女儿的葬礼。2009 年，李在镕前妻林世玲提出离婚诉讼，要求得到高达 10 亿韩元的年赡养费，并争夺儿女的抚养权和亿万家产的分割权。而才貌双全的李健熙长女李富真与草根丈夫的离婚官司已经打了 3 年，最近男方又要求索赔折合人民币近 70 亿元的分手费……

 案例 4.3.2   美国斯科特恩斯坦家族的恩怨

当打造了包括美鹰傲飞（American Eagle Outfitters）和鞋业巨头设计师鞋品仓库（Designer Shoe Warehouse）商业帝国的创始人杰罗姆·斯科特恩斯坦和他的弟弟去世之后，他们手里的大部分上市和非上市家族公司股票交给了他们的家族信托基金，杰罗姆的儿子杰伊负责掌管这些信托资产，杰伊目前担任美鹰傲飞的董事长兼临时 CEO。但杰伊的两个妹妹苏珊·斯科特恩斯坦·黛蒙德和安·斯科特恩斯坦·德谢却起诉她们的哥哥，指控他因与麦道夫联合投资而导致家族信托管理不善，还指控他偏袒自己的子女，利用自己的职务在董事会争夺席位，以及不分发信托收入。杰伊否认这些指控，并声称两个妹妹是因为她们分得的遗产比自己少而怀恨在心。这场家族纷争虽然最终在 2011 年达成和解，但对兄妹亲情的伤害恐怕短时间内无法弥合。

 案例 4.3.3   中国台湾美福家族的手足相残

2015 年 11 月 5 日上午，美福餐饮集团总部惊传枪响，美福黄家兄弟发生争执，老四黄明德持枪朝二哥黄明煌、三哥黄明仁头部开枪，老五黄明堂侥幸逃脱并报警。当警察赶到时，黄明德不听劝慰，站在窗台上持枪自杀后坠楼。事后，黄明煌、黄明德经抢救不治身亡。

根据目击惨剧全程的黄明堂说，当天上午老三黄明仁召集自家兄弟们一起在美福大楼7楼会议室开例行会议后，兄弟四人留下针对"兄弟间问题"进行讨论（老大黄明山、老六和老七未出席，两名黄家非婚生子女陈峻忠、陈峻郎先行离开而逃过一劫）。但讨论没多久，黄明德便开枪击中黄明煌头部，老三黄明仁在阻止时也被枪打伤，老五逃出会议室躲在电梯口通道才躲过一劫。

据亲友描述，黄明德个性相当躁郁，曾有过暴力行为。之前曾因非法持有枪炮弹药和限制他人人身自由遭到依法惩办。父亲黄荣图过世后，他似乎因为家产问题早就对亲兄们不满，尤其是对老二黄明煌。最终，黄明德将枪口指向了自己的亲兄弟们。

事件发生后，黄明堂出面受访，感叹这起血案是"家门不幸"。

 案例 4.3.4　留财？留德？

无论是兄弟对簿公堂还是手足相残惨剧的发生，都令人扼腕叹息。在家产纠纷中，从来就没有真正的胜者，因为继承者之间存在血缘或姻亲关系，在争夺家产的过程中往往要付出极大的亲情成本。我们在感叹纯粹的亲情在财富的诱惑下屡屡变质，"贪心、野心、狠心"让亲情荡然无存的同时，也不得不反思，父辈们给后代留下的巨额物质财富究竟是福是祸？

林则徐有言："子孙若如我，留钱做什么？贤而多财，则损其志；子孙不如我，留钱做什么？愚而多财，益增其过。"

林公此言可谓睿智，他清醒地认识到物质财富对后代的不利影响，强调德的传承。在上文所举的事例中，后代身陷于父辈们留下的巨额遗产不能自拔，为了争夺家产而反目成仇，失去理性甚至人性。豪门多恩怨的教训，正说明了先辈们如果仅仅给后代留下物质财富，很容易因为利益分割导致家族纠纷，抑或陷入"富不过三代"的怪圈。

"道德传家，十代以上，耕读传家次之，诗书传家又次之，富贵传家，不过三代。"仅仅以物质财富传家，没有以道德、责任为内核的家族精神的传承，财富的传承最终还是会出现问题。如果没有再创造的活力，仅是物质财富的代际转移，那么财富最终会被损耗殆尽。金钱是没有生命力的，真正长盛不衰的是宝贵的精神财富，后代只有继承了优秀的品质和道德，才能避免被金钱所蛊惑而失去理性，才能保证家族拥有强大的凝聚力，才能使家庭和睦、家业长青。

留财莫如留德。于豪门而言，与其将物质财富直接转移给后代，不如致力于砥砺优秀的家族品格，树立高尚的家族信仰，培育积极的家族精神，形成卓越的家族文化。若巨额财富无法使用得当、若子孙后代无力把持家业，充沛的物质带来的作用可能并非是锦上添花、如虎添翼，而是火上浇油、雪上加霜。决定幸福的因素，并非物质一项，尚有名望、健康、人际……

四、"国宝"尚多厄运，"家宝"岂能永传

 案例 4.4.1　《国宝流亡路》

1963—1964 年，一个东北小伙子带着装满碎纸片的粗布包裹来到北京琉璃厂，专家们竟然拼出了三十多件书画作品，其中有宋代大画家李公麟的《三马图》、范仲淹名作《二札帖》的残片，就连米芾的《苕溪诗帖》也赫然在列。当时的文物专家们溯源而上，发现东北民间散落着更多的文物珍品。由此，末代皇帝溥仪与故宫文物命运流转的那一段故事才冲破历史的迷雾，展现在人们眼前。

溥仪退位后，国民政府每年给的四百万两经费根本无法维持宫中奢靡的生活，而且经常出现资金并未如实到账的问题，为了获得更多钱财，小朝廷上上下下都把主意打到了故宫宝物上。于是当时

宫内乱作一团,许多遗老大臣、太监宫女们利用职务之便盗窃文物,有人竟在宫外开起了古玩店,致使众多文物流落宫外。而面对这样的疯狂举动,溥仪竟然一直浑然不觉,直到庄士敦提醒,他才决定清点故宫宝物。

这次清点由建福宫开始,乾隆将毕生收藏的珍宝玩物都存放于此,可以说是整个故宫文物的精华所在之地。然而1923年6月26日深夜,建福宫突发大火,到底烧了多少东西至今成谜,光是从当时的统计数据来看就令人震惊:拣出来的金块、金片竟有一万七千多两。

溥仪的英文老师庄士敦给溥仪带来了很大的触动,他对宫外的世界产生了强烈的向往,甚至产生了出国留洋的念头,却遭到王公大臣的一致反对。再加上建福宫大火之后,国人一片谴责声讨之声,溥仪搬出紫禁城只是早晚的事。为今后的生活打算,溥仪第一步便是要筹措经费,方法是把宫中最值钱的字画和古籍以赏赐为名运出宫外。溥仪让其弟溥杰每天放学回家带走一个大包裹,而这样的盗运活动几乎一天不断地干了半年多时间,运出的都是价值连城、精中取精的珍品,是中国历代文化的集大成,这批文物的珍贵程度无法表述。其中有王羲之、王献之父子的墨迹《曹娥碑》《二谢帖》,有钟繇、怀素、欧阳询、宋高宗、米芾、赵孟頫、董其昌等人的真迹,有司马光《资治通鉴》的原稿,有唐王维的人物像、张择端《清明上河图》,还有阎立本、宋徽宗的作品,属于珍宝级的文物有上千件。至此,故宫文物史上最大的一次劫难正式拉开序幕。

被迫离开紫禁城后,溥仪感觉自己的生命始终笼罩在死亡的阴影之下,于是他开始寻求外国势力的帮助,而英国人拒绝收留溥仪的决定为日本人接手溥仪提供了一个绝好的机会。溥仪入住日本公使馆后,尽管很安心,但他清楚这绝不是久居之地,于是他决定去往天津。在那里,溥仪不但可以获得更多的安全感,并且可以作为一个事业上的跳板。天津交通便利,不管是北上还是出洋都十分方便。而在出京之前,他早已安顿好了从故宫转移出来的那批文物,那七八十口大箱子里的宝贝将是他安身立命的依靠。

　　为了扩充自己的实力，溥仪开始频繁与各方势力接触，拉拢过俄国的匪军谢米诺夫、奥地利的贵族阿克蒂等。为了供应谢米诺夫活动经费，溥仪专门设立了一个银行存折，由郑孝胥经手，随时给他支用，谢米诺夫究竟拿去了多少钱已经无法计算，直到"九一八"事变前两三个月还要去了八百元，而这些钱几乎全部来自于变卖从宫里带出的珍宝。为了联络各军阀势力和维持在天津的生活，溥仪赠送、典当或卖出了不少文物。王羲之的《快雪时晴帖》、王献之的《中秋帖》、王珣的《伯远帖》，被乾隆皇帝认为是整个大清王朝书画收藏中最精致的三件作品，溥仪却在天津将他们随手卖给了别人。晋唐人尤其是大书法家的真迹中留存到今天的是极为稀少的，中国书法成熟初期的这些作品对于今天书法界追根溯源的影响是无可比拟的。除此之外，五代画家阮郜仅存的作品《阆苑女仙图卷》、唐代大画家阎立本的真迹《历代帝王像》《步辇图》等都于这一时期流失。

　　孙殿英盗掘乾隆、慈禧的陵墓彻底激起了溥仪对国民政府的仇恨，他最终与日本人达成了彻底的合作，离津北上，赴东北执政，后来又成为傀儡皇帝，而最终那批宝物也应日本人的要求被运往长春，秘密存放于小白楼里。后来日本人忙于战事无暇顾及，从1938年到1945年，这批文物珍宝度过了七年难得的安静时光。

　　直到日本战败，溥仪逃往大栗子沟，在小白楼筛选出四箱大约八十件最为珍贵的手卷书画，其中有著名的《清明上河图》，还有唐代阎立本，宋徽宗赵佶，元代赵孟頫，明代唐寅、文徵明、沈周，清代郑板桥等人的名作。另外他还带了十八个手提金库、金盾两个、金手表和金怀表五六十块、金表链二十条左右、大小珍珠两千多颗。陈设品也带了若干箱，其中装有各种玉器、玉石图章等，还包括乾隆用田黄石刻的三联印等稀世珍品。

　　溥仪一行来到大栗子沟后，怎么解决吃饭问题成了头等大事，而可以依靠的只有这些随身携带的文物。但是大栗子沟并非繁华的都市，没有那么多大财主，也很少有人识得它们的价值，只能是以物换物，一幅名贵的书画作品可能就换些馒头、衣物或其他日常生活用品。过了几天，关东军司令官决定送溥仪转机沈阳飞往日本。由于飞机承载能力有限，溥仪放弃了他的女人和随从，带着几名亲信和再次挑选出的两箱珍宝登上了飞机。在沈阳机场，溥仪被苏联空军俘虏，随即被押往苏联，开始了他的囚徒生涯。

　　而留在大栗子沟的那些人为了维持生活，开始出售剩下的珍宝。具体有多少已经无法查证了，仅是后来确认的部分珍宝就足以让人们瞠目结舌。元代书画大家赵孟頫的《水村图》由故宫在 20 世纪 60 年代以 8000 元收回，土改期间交上来或者被发现的有唐代著名画家韩干的《神骏图》、南宋初期名画家赵伯驹的《莲舟新月图》等，每一幅都是价值连城。

　　留在小白楼里的其余宝物却经历了一场更大的浩劫。溥仪仓皇离开后，日本宪兵队很快也撤离了，甚至还烧掉了"建国神庙"，如此一来原来还蒙在鼓里的禁卫队士兵们也感觉到了气氛不对，他们无所事事地在皇宫里转悠。某一天下午，一个士兵来到小白楼门口，好奇地走了进去，打开箱子看到许多书画，没有想象中的金银财宝令他很失望，随意拿起一个卷轴离开了。回到军营里，一个叫金香蕙的士兵认出画中描绘的是东汉末年蔡文姬归汉的故事，他隐约觉得这是个值钱的东西。消息传开后，士兵们纷纷涌向小白楼抢劫财宝。当过小学美术教员的士兵金香蕙成了哄抢的主角，他告诉大家画比字值钱，字不要，画拿走，于是小白楼里出现了疯狂的一幕：在混乱的吵骂声、打闹声中，大批字画在争抢中被撕毁，抢到字的士兵干脆顺手撕个粉碎。在这场哄抢中，北宋大画家李公麟的《三马图》被撕成了三截，米芾的《苕溪诗帖》、范仲淹的《二札帖》都成了残本，明朝《万松图》竟在撕碎后又被烧成灰烬。就这样，小白楼被抢劫一空，每个士兵的手中基本上都有几幅抢来的字画。

　　此后，大量字画珍宝涌入文物市场，在博物馆和回购散佚文物人士如郑洞国、张伯驹等人的努力下，许多绝无仅有的国宝文物才得以留存回收。而杨仁恺先生则是在一堆碎纸片中拼出来三十七件书画作品，宋代大书法家米芾的真迹《苕溪诗帖》竟也在其中。尽管如此，溥仪带出宫的国宝追回的只是部分，另外一部分就此在民间踪迹杳然。有的偶露峥嵘，更多的漂洋过海流落国外。目前世界上，日本、美国、英国、法国、俄罗斯、奥地利、德国、加拿大、意大利、荷兰、新加坡、土耳其、瑞士、瑞典、丹麦、挪威等国还藏有清宫文物，具体数据是多少已无从考证。

溥仪带宝出宫的影响一直到今天都不曾消散，从客观上来讲是他导致了故宫文物最大的一次流失，而这些宝物的命运就是整个皇朝命运的缩影。

观看《国宝流亡路》时，很多观众坐不住了，心情难以保持平静：愤怒、怨恨、痛骂……任何情绪宣泄早已经无济于事了。国力不济，"国宝"厄运重重；子嗣不济，"家宝"难免易主。任何时代，有钱人中总是不乏"宝贝"收藏者。《国宝流亡路》给予我们启示："国宝"尚多厄运，"家宝"岂能永传。出于保管成本、保管条件和欣赏广度等诸多方面考虑，有些"宝贝"不适于"私藏"，还是归于"公管"为上。

再次强调林则徐的卓见："子孙若如我，留钱做什么？贤而多财，则损其志；子孙不如我，留钱做什么？愚而多财，益增其过。"

五、人类对物质财富为何如此着迷

 案例 4.5.1　世界十大奢侈品：竟然无一与物质有关①

2016 年底，美国《华盛顿邮报》评选出的最新世界十大奢侈品

---

① 该案例根据人民网文章整理。http://zj.people.com.cn/n2/2017/0120/c186936-29621853.html.

为：

1. 生命的觉醒和开悟

2. 一颗自由喜悦充满爱的心

3. 走遍天下的气魄

4. 回归自然

5. 安稳平和的睡眠

6. 享受属于自己的空间和时间

7. 彼此深爱的灵魂伴侣

8. 任何时候都真正懂你的人

9. 身体健康和内心富足

10. 感染并点燃他人的希望

 案例 4.5.2　从物质中获得幸福的时代已经结束①

我们为家里添置冰箱，买回电视机，又配齐了洗衣机，还有了车……从一无所有的状态到"全副武装"的过程，想必也确实曾给人幸福的感觉，可是一旦万物俱备之后，即便是再次购买相同的东西，也很难再刺激我们的感官，不管那些更新换代的产品增添了多少全新的功能，到手之后带给我们的幸福感和满足度也并不强烈。

从实物中获得的满足感只能持续很短的时间，但是我们宝贵的经历以及从中获得的知识，将永久地入驻我们的生命。购物只能满足心灵暂时的欲望，而经历和体验却可以让我们终身受益。盖洛普曾在世界各国进行了一项民意测验，调查显示：对于年薪 2.5 万美元以上的人来说，通过"经历"获得的幸福感要比购物带来的满足感高出 2~3 倍②。

---

① 该案例根据日本作者本田直之《少即是多：北欧自由生活意见》整理。

② 本田直之. 少即是多：北欧自由生活意见[M]. 李雨潭，译. 重庆：重庆出版社，2015：6—7.

达成自由生活"新幸福"的十个条件为[①]：

1. 享受工作

2. 有关系亲密的朋友和家人

3. 拥有稳定的经济来源

4. 身心健康

5. 拥有富于刺激性的兴趣和生活方式

6. 觉得自己拥有时间自由

7. 能够选择适合自己的居住环境

8. 具备有效的思维习惯

9. 能够放眼未来

10. 感觉自己正在向目标迈进

 案例 4.5.3　马云看钱

2016 年，马云在阿里内部的新人交流会上说："钱在 100 万的时候是你的钱。现在大陆最幸福的人是一个月有人民币两三万、三四万块钱，有个小房子、有个车、有个好家庭，没有比这个更幸福了，那是幸福生活。"

马云解释说："超过一两千万，麻烦就来了，你要考虑增值，是买股票好呢、买债券好呢、还是买房地产好。超过一两个亿的时候，麻烦就大了。超过十个亿，这是社会对你的信任，人家让你帮他管钱而已，你千万不要以为这是你的钱[②]。"

全球第一发达国家的邮报、亚洲第一发达国家的公民对金钱的感受毕竟不同于发展中国家的公民，发展中国家的富豪对金钱的态度也毕竟不同于一般百姓。普通农民工倾尽全力未必能保证孩子的学费、父母的赡养费和家庭的基本生活支出，刚刚毕业的高校学生倾尽所能未必能保证每月的房租、月供和与女友的约会。中国改革

---

① 本田直之. 少即是多：北欧自由生活意见[M]. 李雨潭，译. 重庆：重庆出版社，2015：47—48.

② 根据金羊网新闻整理。http://news.ycwb.com/2016-08/30/content_22903360.htm.

开放以来，物质丰富程度大大提高，绝大多数家庭的基本物质需要已经不成问题，社会的整体物质匮乏问题已经大大缓解，但居民的幸福感却没有获得同步提升，过于重视物质而忽视其他的现象无论在富有阶层还是低收入阶层都普遍存在。农民工、刚刚毕业的学生过于逐利尚且具有足够的理由，但物质已经足够充裕的人大多也停不下来，为什么？

柳传志先生回顾 1965 年他到农村下乡时，看到农家用土坯垒建的破屋、用土坯搭建的火炕、破旧的炕席、破旧的棉被，他苦苦思索：中国人过穷日子的时间实在太长了，中国农民当时的生活和一千多年前、二千多年前能有多大的区别？所以当他看到"用自己产品或服务为人类造福"这类世界 500 强公司的愿景时感动不已。民众也许是对贫困有过于长久的时间记忆、过于深刻的情绪感受，对逐利自然有了太多的热情，对得利自然有了太多的愉悦记忆。脑科学研究证实，个人一旦将愉悦情绪体验和某一方面的事物连接起来，他就很容易陷入对"这一方面事物"的非理性追逐。嗜毒者在认知清醒时，也知道用 1 个小时的高潮体验换取长时间甚至一生的负面情绪体验很不值得，很不理性，但他停不下来。腐败的高官事发后往往也是痛心疾首，早逝的富豪生前也知道钱超过一定数额后对个人已经没有太多的意义，但他们的理性有限，他们也容易"身后有余忘缩手，眼前无路想回头"。对于嗜毒者，我们不能对他个人的戒毒承诺抱有奢望。同样对于人类的物质贪欲，我们也不要对"适度"逐利的理性抱有奢望。只有让法律、道德、教育、文化、"善得大乐待物者"的榜样诱导多措并举，个体的认知、情绪体验、负责任行为有机合一，和谐、至善、有利于社会的逐利行为才会多现。

泰勒在《幸福的方法》中对于人类过于逐利给出了心理学、遗传学的解释：既然单有物质无法使人幸福，为何我们还是对物质如此痴迷？为什么我们以物质作为标准做决定时可以那么自然，而以内心为标准却如此困难？

从进化论的角度看，有可能是远古历史影响了我们的行为。当人类还在原始时代时，更多的物质资源决定我们是否可以度过下一个寒冬或是自然灾害，因此，储存成为一种习惯。至今，很多未来已经相当有保障的人，仍然在拼命储蓄。储蓄不再是为了生存，而仅仅是为了"储蓄"。我们不再为生活而储蓄，而是为储蓄而生活。

　　在决定和判断的过程中，人们通常也会将物质放在精神之前去考虑，主要原因是物质容易计算。我们习惯性地对物质做出评价，而不是难以衡量的情绪或意义[①]。

六、物质财富影响幸福的三个"非物质"效应

　　物质财富影响着个人幸福，正如咀嚼美食给人以味觉愉悦，合体的衣服给人以视觉愉悦，物质财富对幸福的影响更多来源于物质本身的"物质性"。但现代研究证实，物质财富对个体幸福的影响，也存在着很多"非物质"效应。

（一）标签效应

 案例 4.6.1　盲品酒会

　　1976 年 5 月 24 日，英国葡萄酒商人史蒂芬·史普瑞尔（Steven Spurrier）组织了一次盲品酒会。他将一杯品质普通的波尔多葡萄酒装在两个不同的酒瓶里。一个酒瓶的商标上是一个著名的法国葡萄酒庄园，另一个则是普通餐酒。专家们对于那两瓶酒的评价截然相反。贴着著名葡萄酒庄园商标的那瓶酒被认为"尝起来很不错""原汁原味""味道丰富""酒味温和""回味久远"，然而专家们给予那

① 泰勒·本·沙哈尔. 幸福的方法[M]. 北京：中信出版社，2013.

瓶餐酒的最多的评价词语是"酒味很淡""不够醇厚""香味很淡""口感一般""有点欠缺"。保罗·布鲁姆在 TED[①]公开课中提到了一个神经科学方式的实验，虽然每个人都品尝同样的葡萄酒，但当你被告知且相信自己在品尝昂贵酒的时候，核磁共振成像扫描仪图像上与大脑掌管快乐和奖励的有关区域就会闪烁。显然，这种快乐是由葡萄酒酒瓶上的著名商标暗含的相关信息带来的，即由物质有其特定代表的含义与理念带来的。

 案例 4.6.2　真品与赝品[②]

第二次世界大战时期，德国的戈林和希特勒一样喜欢收藏各种世界名画，他自认为是一名艺术家。在第二次世界大战期间他的足迹遍布整个欧洲，进行了各种抢取和豪夺，偶尔也购买各种绘画作为收藏。但是他最想要的还是扬·弗米尔的作品，希特勒拥有两幅，戈林一幅都没有。戈林最终找到一个画商，一个叫作凡·米格伦的荷兰艺术品经销商，从他那里买到一幅很精致的弗米尔的作品，价值相当于现在的一千万美元，这也成了他最珍爱的艺术品。第二次世界大战结束后，戈林被捕，在纽伦堡接受审查，被判处死刑。人们也开始追查谁把这幅世界名画卖给了凶狠的纳粹，米格伦浮出了水面。但是米格伦否认叛国罪，因为他所卖的画都是他自己用高超的技术伪造的，他也现场作画证明了自己的清白，也因此洗清了自己的叛国罪。而当戈林知道自己珍藏的画作是赝品时，他似乎第一次知道世界上存在欺骗，异常震惊，心情极其糟糕，不久之后，他选择了自杀。同一幅画作，当戈林以为它是真品时，它曾给他带来无限的喜悦、自豪；当得知是赝品时，他开始怀疑整个世界，开始否定全部甚至自己的生命。

---

① TED（指 technology，entertainment，design 在英语中的缩写，即技术、娱乐、设计）是美国一家私有非营利机构，该机构以它组织的 TED 大会著称。

② 根据网易公开课"快乐的源泉"（保罗-布鲁姆）整理。http://open.163.com/movie/2012/12/5/O/M8HHB6LDT_M8HHBU75O.html。

著名社会学家维布伦和沃尔夫给出了结论：我们会如此重视东西的来源是因为我们过于势利，因为我们比较重视自己的社会地位。连同其他的物品，为了显示自己的身份、地位，我们都会尽量选择真迹，真迹一定比赝品少，少才显得弥足珍贵。我们对事物的反应不仅仅只是根据我们看到的、感受到的、听到的和做出的。相反，我们的反应是以我们的信奉为条件的：它们是什么，从哪里来，用什么做的，潜藏的本质是什么……这种特性，不但表现在我们如何看待事物，而且表现在我们对待事物的反应。

（二）比较效应

 案例 4.6.3 相对收入与绝对收入

美国哈佛大学的学生曾接受过这样的一组调查，如果有两个世界可以选择：在第一个世界里，你一年赚 5 万美元，而其他人平均赚 2.5 万美元。在第二个世界里，你一年赚 10 万美元，而其他人平均赚 25 万美元。结果大部分学生选择了第一个世界，也就是说在第一个世界里他们会拥有更强的幸福感。这个有趣的调查告诉我们，物质财富绝对量的增加并不一定代表幸福感的增强，差距总是让人恼怒而不满足，物质财富上的差距更是如此，它能滋生矛盾乃至罪恶。

确实，差距让人不快，所以为了构建和谐社会，各国政府都力防过大的贫富差距，面对日益做大的"蛋糕"，分配的"切刀"总是小心翼翼。但是，差距无法消除，有富裕，那就必然会有相对贫穷。政府要尽量消除差距，尤其是不合理因素导致的差距，居民则要对差距存在的必然性、永久性给予充分认识。改革开放以来，中国绝大比例居民的物质生活水平比改革前有了巨大进步，但相对收入差距的加大对低收入阶层的幸福伤害也不可低估。

案例 4.6.4　旅途中的酒店

甲、乙两个同学"五一"假期去外地旅游，入住如家快捷酒店，合住一个标准间，每晚住宿费 298 元，人均 149 元。甲同学来自农村，家里经济条件一般，以前出差，住过浴池，甚至为了省钱曾在网吧熬过通宵，每晚住宿费用从未超过 100 元。这次旅游，尽管对甲同学来说住宿费用贵了些，但整洁方便的住宿环境还是给他带来很多满足和喜悦。乙同学家里有着规模和效益俱佳的生意，以前跟家长出差总是住星级酒店，这次入住如家，不但没有丝毫的满足和喜悦，反而抱怨快捷酒店相对于星级酒店的诸多不完善。同样一家酒店，带给二人的情绪体验差距如此之大，为何？比较效应使然，是和自己以往经历的比较。

富有的家庭条件，对于孩子的积极情绪体验未必是好事，情绪总是在变化的外部刺激中才能体验到。出差经常住快捷酒店的人换住五星级酒店，定会体验到很多积极情绪。贫困家庭，收入的增加能明显改善家庭的境遇，努力者更能经常体验到成就感。这种"易改善""明显变化"对于情绪体验是好事。富家子弟物质体验对比度被压缩得很窄，积极情绪体验占比往往不高。

该案例另一提示在于：当物质条件还不足以支撑你奢侈消费时，你最好远离奢侈品，一两次的勉强奢侈消费带给你的积极体验有限，但它却足以破坏掉你今后正常消费本该享有的满足感。

 案例 4.6.5　爱名包，让她走上了偷窃之路①

2016 年 6 月以来，藏龙岛一大学女生宿舍接连发生多起笔记本电脑被盗案。就在民警展开调查时，6 月 19 日晚 9 时许，有学生到派出所报警称，女生黄某的床下塑料箱里发现了三台来历不明的笔记本电脑。

---

① 该案例根据中国青年网文章《每月 3000 元零花钱不够花　美女大学生连偷 7 台电脑》整理。http://news.youth.cn/sh/201606/t20160627_8190786.htm.

民警魏洁赶到现场勘查时，在黄某的被褥下又发现两台笔记本电脑。对此，黄某矢口否认，辩称自己根本不知情，肯定是班里同学搞恶作剧。后来，民警在其抽屉里发现一张邮寄两台笔记本电脑的快递清单。

民警与买主联系确认，原来是买主花 2900 元从黄某手上订购的电脑。而电脑与黄某同宿舍的一名学生被盗的电脑极其相似，后确认就是同一台电脑。

在事实面前，黄某承认了盗窃事实。经查，黄某现年 20 岁，家庭条件优越，父母每月给她 3000 元零花钱。但她平时喜欢买名牌包包、化妆品等，每月几乎都入不敷出，近来不得已伸手盗窃，并在网上联系买主销赃。直到案发时，已偷得 7 台笔记本电脑。

相关统计显示，因攀比消费、虚荣消费致使青年人犯罪的案例着实不少。攀比之心人皆有之，不但青年人有，成年人有时也难以摆脱。但任何个体都应尽早意识到：包装的作用不应该超越内在价值感的建立，不要没完没了地比较，确立合乎自我天赋的意义感并付诸行动更为重要。有正事可干，自我意义感日益明晰，虚荣感就会减少，无谓的攀比就会减少，阳光有为青年就会增多。

（三）期盼效应

 案例 4.6.6 一个南开硕士的感悟

我母亲经常和我说，她们小的时候非常盼望过节，尤其是春节。因为只有过节时，才能吃上一口平时根本吃不到的饺子、豆包、肉末，才能穿一件新衣裳。对于平日只吃白菜、玉米，衣服上全是补丁的她们来说，春节是每年的盼头，是她们最幸福快乐的时候。可见，当时的节日给老一辈人们带来的幸福感是多么的强烈。这也许一定程度上是由于当时的经济发展水平较低，人们的物质匮乏造成的。同样的节日如果放到现在，情况则大为不同，尽管每个家庭的经济状况千差万别，但随着人民生活水平的普遍提高，越来越多的人都觉得过节已经和平时没什么太大区别，因物质期盼带来的过节乐趣大大减少。还以春节为例，人们平日想吃点好的随时可以去吃，想穿新衣服可以立刻去买，只要你想，几乎天天都可以过春节，等真正到了春节时，都是平日司空见惯的好饭、好菜、新衣裳，因此物质带来的满足感便会大打折扣。

期盼感是影响幸福感的一个很重要的因素。期盼越高，最终目标达成时，获得的满足感也越强。随着经济的发展和物质的丰裕，居民对于物质的期盼感逐渐降低，取而代之的是对"收获"的麻木和理所当然。

事实上，积极情绪体验往往不在得到物质财富那一刻，而在追逐物质财富这个目标的过程中。

最近有文章告诫，普通家庭若把孩子培养成"富二代"将会悲哀连连。有经验的家长不能太轻易满足孩子的物质需求，这样会破坏孩子的期盼感。

第五章
名望与幸福

誉存其伪，诒者以誉欺人。名不由己，明者言不自赞。贪巧之功，天不佑也。

——《止学》

在一个惬意的环境中被动地生活所感受到的快乐，远远比不上那种有激情地投入到有价值的活动中，以及为目标而奋斗所能体验到的满足感。

——戴维·迈尔斯　艾德·迪纳

人们所努力追求的庸俗的目标——财产、虚荣、奢侈的生活，我总觉得都是可鄙的。

——爱因斯坦

好利者逸出于道义之外，其害显而浅；好名者窜入于道义之中，其害隐而深。

——洪应明

追求价值感、意义感、被认可感、名望感是人类的普遍欲望，冯友兰先生甚至认为这是人类的先天欲望。中国文化中的"立德""立功""立言"，其他文化中强调的"永恒价值"都标示了人不但有追逐现世价值的内在驱动，还有追逐超现世价值——名垂后世的内在驱动。这种驱动有时和逐利的驱动混合难分，但大多数时候还是能与逐利区分开来。这种独立于逐利驱动的内在驱动，根据中国传统文化习惯，简称为"逐名"。正如第四章将金钱、收入、物质财富根据日常表达习惯合称为"利"一样，本章我们将名望、地位、成就等合称为"名"。

二百多年前，乾隆皇帝下江南，在镇江金山寺，乾隆指着浩若星辰、如波涌动的往来船只，向金山寺住持法磐高僧问道："长江中船只来来往往，这么繁忙，一天到底要过多少条船啊？"法磐回答："两条船，一条为名，一条为利。"1943年，美国心理学家亚伯拉罕•马斯洛在《人类激励理论》一文中所提出的需求五层次理论，也曾经将尊重需求、成就与自我实现列为高层次的需求。法磐和马斯洛皆属智者，跨越二百年的时间，他们竟然如此一致地观察到人有"逐名"的内在驱动。时至今日，个人在升学、就业、婚姻、升职等人生重大选择方面，获得社会认可和尊重这种"逐名"的影响权重仍不能低估。为了能经常体验到成就感、实现感等积极情绪，除了"利"，个人还需要在"名望"上配置时间和精力。

一、虚名易逝

滚滚长江东逝水

浪花淘尽英雄

是非成败转头空

青山依旧在

几度夕阳红

白发渔樵江渚上

惯看秋月春风

一壶浊酒喜相逢

古今多少事

都付笑谈中

一壶浊酒喜相逢

古今多少事

都付笑谈中

这是明代杨慎所作的《临江仙》，1994 年播出的电视剧《三国演义》将其作为主题曲。我们不禁会想：是非成败是否真的转头即空？不尽然。真名不朽，虚名易逝！依靠物质包装，越包越不透气，本真越被窒息；依靠虚名包装，越包越不见光，自我意义感越会远离。自我价值感、意义感缺失对人的摧毁往往是致命的。

 案例 5.1.1 芭芭拉·霍顿：一代名媛的陨落

图 5-1 芭芭拉·霍顿

芭芭拉·霍顿（Barbara Hutton）曾是全世界最富有、最出名的女性。不但自己有名，身边也是名人环绕，人们常称她"亿万宝贝"。但是，正是名利蚕食着她的幸福感，使她的人生最终以悲剧收场，令人唏嘘。

芭芭拉·霍顿是名门之后。她的外公伍尔沃斯是当时美国的连锁百货巨头，鼎盛时期拥有 586 家商店，并于 1913 年豪掷 1350 万美元（约合现在人民币 23 亿元）在百老汇建成了当时的世界第一高楼——伍尔沃斯大厦；芭芭拉的父亲同其弟弟一起创办了当时美国第二大股票经纪公司 EF 霍顿（EF Hutton），是不折不扣的社会名流。芭芭拉是母亲的独生女，从小备受宠爱。到 1933 年，21 岁的芭芭拉已经拥有并继承了约 6100 万美元（约合现在人民币 100 亿元）的资产。1930 年，正值美国经济大萧条时期，霍顿家族花费近 6 万美元（约合现在人民币 580 万元）为芭芭拉举办成人礼舞会，还邀请到了洛克菲勒家族等社会精英。事件曝光后，芭芭拉甚至不得不飞往欧洲躲避舆论的谴责。

然而，对于芭芭拉而言，"名利易得，幸福难求"。芭芭拉的父亲家财万贯却频繁出轨，导致芭芭拉的母亲愤而自杀。5 岁那年，芭芭拉发现了母亲的遗体，从此在心中留下了挥之不去的梦魇。随后，芭芭拉被她那不负责任的父亲甩给社会机构抚养，如同孤儿一般无所依靠，这也为她日后悲惨的婚姻生活埋下了伏笔。

芭芭拉有过七任丈夫，遗憾的是没有一任陪她走到最后。第一任丈夫自称是格鲁吉亚王子，为了追求她不惜与原配离婚。但直到婚后芭芭拉才发现，这位所谓的"王子"只知四处花她的钱，对她毫无爱意，两年后两人离婚；第二任丈夫变本加厉，除了大肆挥霍钱财，竟然对芭芭拉拳脚相向，三年后两人婚姻结束；第三任丈夫是好莱坞明星，虽然他对芭芭拉关爱有加，但芭芭拉的虚荣、多疑使他难以忍受，四年后两人的婚姻告吹；第四任、第五任、第六任、第七任来了又去，芭芭拉也在轮回般的痛苦中沾染了吸毒、酗酒等恶劣习气，在无止境的花钱、消费中寻求慰藉。有一段时间，芭芭拉想要自杀的新闻甚至成了报纸头条，媒体将她描述为"一个可怜的有钱人"。

1972 年，芭芭拉唯一的儿子殁于飞机失事。受到重击的芭芭拉日渐消颓，只能靠抛售她名下的地产、珠宝、收藏品勉强度日。1979年，66 岁的芭芭拉死于心脏病，在她临死前，她的个人账户上只留有 3000 美元。

荀子云："以道制欲，则乐而不乱；以欲忘道，则惑而不乐。"芭芭拉的世界里，有过巨资堆砌的舞会，有过络绎不绝的名流，也有过七任同为名门之后的丈夫。可以说，她有着足够的社会知名度。然而，纵观芭芭拉的一生，金钱和虚名助长了她生活中的颓废和凋零，她的感情生活甚至完全可以用"凄惨"来形容，亲情、爱情……无一不成为她悲剧人生的写照。虚名，其实并不能保证什么。

《南方周末》曾对 60 位"人均拥有财富为 22.02 亿元人民币"的国内顶尖富豪进行了一项调查，结果表明，其中竟有 70% 的富豪认为财富与名望给自己带来了"不安全感"。对他们而言，金钱、成功带来的不是幸福，而是害怕和担心。与"名""利"相伴的不全是荣耀、幸福。驾驭不好，也常常会带来不幸和苦难。

被物质、虚名包装得窒息的"富三代"芭芭拉·霍顿是个失败的案例。但失败不仅仅局限于芭芭拉·霍顿。在略显浮躁的当今世界，虚名令多少高官忘记初心，令多少商人不择手段，令多少艺人背离真善美……虚名甚至已经侵犯到最该追求"本真"的教学与科研领域。

 案例 5.1.2 小保方晴子学术造假事件

2014 年 1 月 29 日，年仅 30 岁的日本女科学家小保方晴子（Haruko Obokata）领导的研究团队在英国《自然》杂志发表了两篇突破性的论文，提出利用酸浴（把细胞浸泡在酸性溶液中）和挤压等方法可以更为简便地培养出多能细胞（即 STAP 细胞），这种细胞具有类似干细胞的功能。

由于这项研究具有非凡的意义，小保方晴子的成果被认为可与2006 年日本山中伸弥团队的成果相媲美，标志着干细胞培养进入了多元化的时代。如同韩国首尔大学的黄禹锡当年被视为韩国民族英雄一样，小保方晴子在论文发表后也被视为优秀的日本科学家，甚至被日本媒体冠以"美女科学家""年轻有为"等各种称谓或标签。

然而，这一研究成果不久就遭到国际科学界的质疑，因为除了小保方晴子的团队，其他人按照论文提供的方法都不能重复出他们的实验结果。而随后小保方晴子被曝出其论文存在篡改、捏造等造假问题，引起舆论哗然。2014 年 10 月，小保方晴子的博士学位被早稻田大学取消。她的导师，美国哈佛大学教授查尔斯·瓦坎蒂宣布辞职，休假一年；而另一位导师，日本干细胞领域著名科学家笹井芳树自缢身亡，终年 52 岁。小保方晴子过分追求名利使其认知产生了偏差，最终导致无法挽回的后果。

曾多次尝试对这些事件给予评论，但总感语言乏力而不达意。只好借助皮尔斯说过的一句话：真正的科学研究者对他所从事的工作应该舍弃功利。过于追求功利的研究很难创造有价值的成果。

 案例 5.1.3   王振擅政

王振（？—1499），明朝蔚州人，人称"明朝第一代专权太监"。王振最初科举不顺，为了名利不惜自阉入宫。他生性狡黠，尤擅察言观色，在宫中伺服人意，很快取得明宣宗的信任，被予以重用。身居高位的王振私欲极度膨胀。他欺上瞒下，把持朝廷人事权，对以重金贿赂他的人无不委以重任；对于弹劾他的官员，王振便利用其党羽实施残酷的打击报复；王振与边境少数民族瓦剌勾结，大肆走私良马，严重威胁国家安全……眼见王振风头盛极一时，朝廷臣子争先恐后讨好王振，甚至称其"翁父"，政治生态恶化到了极点。

1499 年，瓦剌贵族进犯大明。没有军事才能的王振怂恿明英宗朱祁镇亲征，集结 20 万大军征讨瓦剌，自己则借机独掌军政大权。军队途经蔚州时，名利熏心的王振甚至一度"突发奇想"，要特地率军取道家乡一展威风，后来想到家乡正值粮食收获季节方才作罢，但此举已致使明军贻误战机、无路可退。后明军行至土木堡时遭遇瓦剌包围，20 万大军折戟沉沙，明英宗被俘，恶贯满盈的王振也被英宗侍卫樊忠杀掉了。

王振死后，倒行逆施的明英宗朱祁镇一度为其铸像立碑，表彰其"为国殉难"。清乾隆年间，时任山东道监察御史沈廷芳上书乾隆，请求移除关于王振的纪念物，得到了乾隆的许可。自此，王振穷其一生为自己树立的"美名"彻底坍塌了。

明朝近三百年的历史风云中，趋炎附势、浮于虚名的乱臣贼子不只王振一人，得号"九千九百岁"的魏忠贤、一手遮天的"立皇帝"刘瑾……几百年后，那些虚伪的名号早已成为泡影，只有史书忠实地记述着他们误国害民、陷害忠良的真相。浮于虚名，害人害己！

毛泽东同志在《改造我们的学习》一文中引用过这样一副对联："墙上芦苇，头重脚轻根底浅；山间芦笋，嘴尖皮厚腹中空。"徒慕虚名的背后，是价值观的错位，是意义感的迷失，经不起时间的淘洗，更经不起历史的审视。如果将幸福寄托在这些所谓的虚名上，终将难逃身败名裂的结局，让幸福化为幻影。

在略显喧嚣的尚势、尚名、尚利年代，你不重名利，别人可能重。人不可能独居桃花源而不与他人互动，一名学富五车的博士如果没房，准丈母娘可能就不甘心将女儿嫁给他。很多教师本想静下来读点经典，做点真心思考，但各种评比、填表总会反复光顾。虚名帽子满天飞的年代，唯有"静""真"留其名。莫言在山东的一个县级市"静""真"了几十年，交付了征服世界的作品，让多少"虚名"献丑，令多少炫者无颜。

以《三国演义》主题曲开始本主题，不妨以《三国演义》片尾曲来结束本主题：

黯淡了刀光剑影
远去了鼓角铮鸣
眼前飞扬着一个个
鲜活的面容
淹没了黄尘古道

荒芜了烽火边城

岁月啊

你带不走

那一串串熟悉的姓名

兴亡谁人定啊

盛衰岂无凭啊

一页风云散啊

变幻了时空

聚散皆是缘啊

离合总关情啊

担当生前事啊

何计身后评

长江有意化作泪

长江有情起歌声

历史的天空闪烁几颗星

人间一股英雄气

在驰骋纵横

二、真名不朽

鲁迅先生曾经这样写道："中华民族自古以来，就有埋头苦干的人，就有拼命硬干的人，就有为民请命的人，就有舍身求法的人——他们是中国的脊梁。"他们没有被华而不实的虚名遮住双眼，而是选择成为精神上的强者，在实现自身价值的同时也让整个国家和民族在共同的历史记忆中找到了生存的意义。他们的真名，哪怕生前无人知晓，日后终将得到历史的承认。

案例 5.2.1　史家犹念司马迁

古者富贵而名磨灭，不可胜记，唯倜傥非常之人称焉。——司马迁

人固有一死，或重于泰山，或轻于鸿毛。——司马迁

司马迁是西汉著名的史学家和散文家，公元前 108 年出任太史令，继承父业，著述历史。后司马迁因替李陵败降之事辩解，被定为诬罔之罪，按律当斩。但司马迁背负着父亲穷尽一生也未能完成的理想，在那个"臧获婢妾犹能引决"的时代，司马迁毅然选择了以腐刑赎身死，并改任由宦官才能担当的中书令。突如其来的打击使得司马迁身心受到巨大的摧残，"是以肠一日而九回，居则忽忽若有所亡，出则不知其所往。每念斯耻，汗未尝不发背沾衣也"，其状之惨令人唏嘘。但想到"盖西伯拘而演《周易》；仲尼厄而作《春秋》；屈原放逐，乃赋《离骚》；左丘失明，厥有《国语》；孙子膑脚，《兵法》修列；不韦迁蜀，世传《吕览》；韩非囚秦，《说难》《孤愤》；《诗》三百篇，大抵圣贤发愤之所为作也。"司马迁决定忍辱含垢，坚定信念，发愤撰写史书，完成其父的遗命。

司马迁深以"天下之史文"废而感到忧惧，凝聚毕生心血创作了中国第一部纪传体通史《史记》(《太史公书》)。全书共计 130 篇，五十二万六千五百余字，记载了从上古传说中的黄帝时期，到汉武帝元狩元年，长达三千多年的历史，居"二十五史"之首，对后世的影响极为巨大，被鲁迅誉为"史家之绝唱，无韵之离骚"，被公认为是中国史书的典范，司马迁也因此被后世尊称为"史迁""历史之父"[①]。司马迁不但是一位伟大的史学家，而且还拥有一颗不朽的灵魂，可以说《史记》是他以坚强的信念和不屈的人格支撑起来的。司马迁认为腐刑是人生的奇耻大辱，从身体上说，"大质已亏缺"，失去了人的尊严；从心态上说，与宦官为伍，被视为无行之人，而

---

① 本案例整理自百度百科网。https://baike.baidu.com/item/司马迁/65648?fr=aladdin.

且在传统的孝悌伦理观念中，还要辱及祖宗[①]。另外，司马迁还意识到,《史记》可能是一本永远也不会使汉武帝满意的书,即便著成,能流传下去的可能性也不会太大。但司马迁心中怀有"究天人之际,通古今之变,成一家之言"的理想,无论是受辱还是如何,只要能留得住命,完成其心愿就无怨无悔,因此其著《史记》的目的和动机远比我们想象的还要伟大[②]。毛泽东同志在《为人民服务》《讲堂录》等文章中都引用过司马迁的思想观点,对司马迁为事业、为理想与命运顽强拼搏的精神大为推崇。

国人或许说不出很多王侯将相的名字,但只要历史在延续,国人定将永远不会忘记一位名叫司马迁的人。滚滚历史长河湮没了多少曾经的达官显贵,黯淡了多少以往的浮事虚名,但司马迁将会被国人永远铭记,司马迁和他的《史记》将真名不朽。

 案例 5.2.2   于谦：粉身碎骨全不怕，要留清白在人间

于谦（1398—1457），字廷益，号节庵，是明朝著名的民族英雄。12 岁那年，少年于谦在家乡看到工匠们煅烧石灰的场景，写下了一首托物言志的《石灰吟》："千锤万击出深山，烈火焚烧若等闲。粉身碎骨全不怕，要留清白在人间"。入仕为官后，他淳朴忠厚，两袖清风，积极平反冤案，惩戒失职官员，在治理黄河水患、赈济百姓等方面不负众望,得到了百姓的拥戴与朝中有识之士的赏识。1449年，土木堡之变后，明朝精锐部队几乎全军覆没，瓦剌将进攻的矛头对准明都城北京，朝野上下人心惶惶。危急关头，于谦坚决反对南迁，出任兵部尚书，调动、指挥城内军队死守北京城，最终击溃了瓦剌的进攻，取得了北京保卫战的胜利。

但是，就是这样一位贞良死节之士，却在平定瓦剌进犯后被奸臣石亨诬陷致死。于谦死后，人们将他葬于杭州西湖畔，并将他与抗金名将岳飞、抗清英雄张苍水并称为"西湖三杰"，让他们精忠报

---

① 康清莲.《史记》中人生观和生死观的现代启示[J]. 博览群书，2015（3）：55—58.
② 整理自新浪博客。http://blog.sina.com.cn/s/blog_4bf454590100cdud.html.

国的真名永远流传下去。

说起于谦，我们还会想起明代画家王冕的那首《墨梅》："吾家洗砚池头树，朵朵花开淡墨痕。不要人夸颜色好，只留清气满乾坤。"尽管于谦为官时遭受非议和陷害，但这改变不了他一生为国为民的本色。很多时候，真名不是夸出来的，也不是追出来的，而是在忠于本心的道德准则中彰显出来的，正因如此，方才不朽。正所谓"不求名来名自扬"，真名从不需要刻意的营造。

 ### 案例 5.2.3　陶行知：伟大的人民教育家

陶行知（1891—1946），中国现代教育家，毕生奉献于中国教育事业。陶行知原名陶文濬，大学期间十分推崇王阳明的哲学思想，后在实践中产生了"行是知之始，知是行之成""行动是老子，知识是儿子，创造是孙子"等观点，于是改名陶行知。陶行知深受美国教育家杜威、孟禄等人思想的影响，同时注重结合中国的具体国情，提出了"生活即教育""社会即学校""教学做合一"等精辟的教育思想；他奉行实践出真知，将实践融入教育，不断探索教育的新理念与新方法。

陶行知更是一位坚定的爱国者。他曾任中华教育改进社总干事，发表《中华教育改进社改造全国乡村教育宣言》，反对帝国主义的文化侵略；他积极开展平民教育运动，兴办了南京晓庄学校、重庆社会大学等教育机构，大大推动了中国教育事业的发展；抗日战争爆发后，他成立中国战时教育协会，积极宣传抗日救亡思想，与人民共赴国难。

1945 年，陶行知当选中国民主同盟中央常委兼教育委员会主任委员，旋即投身争取和平与民主、反对内战与独裁的斗争中。在得知闻一多、李公朴被国民党特务暗杀后，他倍感激愤，一面组织演讲声讨蒋介石政府，一面做好了"我等着第三枪"的准备。1946 年7 月 25 日，陶行知因劳累过度不幸去世，享年 55 岁。毛泽东在给陶行知的挽词中写道："痛悼伟大的人民教育家。"

　　臧克家在纪念鲁迅的诗中写道："有的人，把名字刻入石头，想'不朽'；有的人，情愿作野草，等着地下的火烧。"在陶行知的身上，同样熔铸着中国知识分子精益求精的学术作风与胸怀家国的担当精神。他将满腔热情投入到人民教育事业之中，在国民党反动统治的淫威面前不改其色，在亿万中国人民之间播撒下智慧的种子，生长出改变落后面貌、重塑民族精神的磅礴力量。陶行知的真名将随着中国教育事业的发展永远流传下去。

三、立志与目标

 案例 5.3.1　　《传习录》中关于"立志"的几段文字[①]

《陆澄录》

问立志。

先生："只念念要存天理，即是立志。能不忘乎此，久则自然心中凝聚，犹道家所谓'结圣胎'也。此天理之念常存，驯至于美大圣神，亦只从此一念存养扩充去耳。"

又曰："立志用功如种树然，方其根芽，犹未有干，及其有干，尚未有枝，枝而后叶，叶而后花、实。初种根时，只管栽培灌溉，勿作枝想，勿作叶想，勿作花想，勿作实想——悬想何益！但不忘栽培之功，怕没有枝叶花实！"

唐诩问："立志是常存个善念，要为善去恶否？"

曰："善念存时，即是天理。此念即善，更思何善？此念非恶，更去何恶？此念如树之根芽，立志者，长立此善念而已。'从心所欲

　　① 王阳明. 传习录[M]. 叶圣陶点校. 北京：北京时代华文书局，2014.

不逾矩'，只是志到熟处。"

《薛侃录》

又曰，"我此论学，是无中生有的工夫。诸公须要信得及只是立志。学者一念为善之志，如树之种，但勿助勿忘，只管培植将去，自然日夜滋长，生气日完，枝叶日茂。树初生时，便抽繁枝，亦须刊落，然后根干能大；初学时亦然。故立志贵专一。"

《答周道通书》

来书云："日用工夫只是'立志'，近来于先生诲言时时体验，愈益明白。然于朋友不能一时相离。若得朋友讲习，则此志才精健阔大，才有生意；若三五日不得朋友相讲，便觉微弱，遇事便会困，亦时会忘。乃今无朋友相讲之日，还只静坐，或看书，或游衍经行，凡寓目、措身，悉取以培养志，颇觉意思和适；然终不如朋友讲聚，精神流动，生意更多也。离群索居之人，当更有何法以处之？"

"此段足验道通日用工夫所得，工夫大略，亦只是如此用，只要无间断，到得纯熟后，意思又自不同矣。大抵吾人为学，紧要大头脑，只是'立志'。所谓'困、忘'之病，亦只是志欠真切。今好色之人，未尝病于困忘，只是一真切耳。自家痛痒，自家须会知得，自家须会搔摩得；既自知得痛痒，自家须不能不搔摩得。佛家谓之'方便法门'，须是自家调停斟酌，他人总难与力，亦更无别法可设也。"

《钱德洪录》

何廷仁、黄正之、李侯璧、汝中、德洪侍坐。先生顾而言曰："汝辈学问不得长进，只是未立志。"

侯璧起而对曰："琪亦愿立志。"

先生曰："难说不立，未是必为圣人之志耳。"

对曰："愿立必为圣人之志。"

先生曰："你真有圣人之志，良知上更无不尽；良知上留得些子别念挂带，便非必为圣人之志矣。"

洪初闻时心若未服，听说到不觉悚汗。

案例 5.3.2　《幸福的方法》中的目标说①

从整体而言，有目标的人的成功概率要比没有目标的人大得多。具有挑战性的明确的目标（即设定了时限和具体的成果）通常会带来更好的表现。

心理学已经证明了目标和成功之间的关系，这一点也已经被我们自身的经验反复证明。目标向我们及他人传达了一种克服困难的信念。把你的生命想象为一个旅程，你背着背包前进，忽然出现了一堵墙阻挡了你的去路，你该怎么办？你是转身避开，还是把你的背包扔到墙的另一头，然后想办法穿过、绕过或者翻过它？

1879 年，托马斯·爱迪生宣布，他将在年底公开展示他的新发明——电灯。事实上，他之前的实验都是失败的，但他的做法就好像把背包扔到了墙的另一头。虽然他还面临很多问题，然而在那一年的最后一天，他真的成功了。1962 年，肯尼迪总统向全世界宣布，美国将在 20 世纪 60 年代末把人类送上月球。当时甚至连一些太空船所需的材料都没有发明，技术方面更是完全不到位，他把自己以及美国国家航空航天局都推到了挑战的面前。"没有退路"让人类又一次取得了成功。虽然口头上的承诺不一定保证目标实现，但它确实可以增加成功的概率。

威廉姆·H. 默里是苏格兰一个登山家，在《苏格兰人的喜马拉雅探险》（The Scottish Himalayan Expedition）中，他提到了把背包扔过去的好处：

一个人在下决心之前容易犯犹豫不决的毛病，容易退缩，效率降低。但重要的是，当你真正决定兑现承诺的时候，命运也会开始帮助你。如果不清楚这一点，再好的想法与计划也将付诸东流。当开始为自己的承诺付诸行动时，人们会发现，他们的运气变得出奇得好。我相当欣赏歌德的一句话："无论你能做什么，或是你想做什

① 汪冰. 幸福的方法[M]. 刘骏杰，译. 北京：中信出版社，2013：63—68.

么，行动吧！勇气本身就包含了智慧、奇迹和力量。"

一个目标，一个明确的承诺，可以让我们集中注意力，帮助我们找到达到目标的路线。目标可以简单到买电脑，或复杂到攀登珠穆朗玛峰。心理学家告诉我们，信念是一种会自动实现的预言。而当我们下定决心，把背包扔过墙头时，我们事实上已经相信了自己，相信了自身的能力。我们可以去创造现实，而不只是对现实做出被动的回应。

我们应该去追求一些"自我和谐的目标"，这些目标必须是发自内心最坚定的意识，或是最感兴趣的事情；必须是主动选择的，而不是被动附加在我们身上的；必须是产生于散发自我光辉的愿望，而不是为了炫耀。这些目标是有因果关系的：追求这些目标，并不是因为他人觉得你应该这么做，而是因为它对我们具有更深层的意义并且能够带给我们快乐。

案例 5.3.3 "定位速效法"实验[①]

心理学家曾做过一个著名的实验：将一个班的学生分成 3 组，前去 10 公里外的村庄。

甲组学生不知村庄有多远，只跟着向导走。刚走完 3 公里，就有学生叫苦。走了将近一半，学生们情绪极度低落，队伍散乱，前行缓慢。

乙组学生仅知道距离目的地 10 公里，中途没有路标，他们也只跟着向导走，走了多少，还剩多少路程，一概不知。结果走了一半多点，有人抱怨不迭，速度也明显慢了许多。估计快要走到时，有学生大喊"加油"，学生们才振作精神，加快了速度。

丙组学生不仅知道距离目的地 10 公里，还知道途中设有路标，上面写有里程。他们走了多少，还剩多少路程，心中有数。结果该组学生一路上精神饱满，当他们疲劳时，一看路标，知道已经走了

---

① 该案例根据百度百科"定位速效法"整理。https://baike.baidu.com/item/定位速效法/10650981?fr=aladdin.

8 公里，这时，不但没人叫苦，没人抱怨，反而有人带头唱歌鼓劲儿。

实验结果显而易见，丙组最快，乙组次之，甲组最慢。心理学家将这种目标明确、按计划行动、效率提高的现象称作"定位速效法"。

 案例 5.3.4　目标的力量[①]

哈佛大学在 1953 年做过一个关于目标对人生影响的跟踪调查。一群智力、学历、环境、条件都相差无几的学生在走出校门之前，哈佛大学对他们进行了一次关于人生目标的调查，他们中：

27%的人没有目标；

60%的人目标模糊；

10%的人有清晰但比较短期的目标；

3%的人有清晰且长期的目标。

25 年后，哈佛大学再次对这群学生进行跟踪调查，结果是这样的：

3%有清晰且长远目标的人，一直朝着同一个方向努力，已成为社会各界的顶尖成功人士，他们不乏白手创业者、行业领袖、社会精英等；

10%有清晰但比较短期目标的人，他们生活在社会的上层，他们的短期目标不断达成，成为某一行业的专业人才，有很好的工作，如医生、律师、公司高级管理人员等；

60%目标模糊的人，他们生活在社会的中层或下层，尽管能够安稳地生活，但是没有取得什么成就；

27%没有目标的人，他们处于社会底层，生活得十分不如意，不断抱怨社会和他人，经常失业，家庭也不幸福。

理论和实践皆证明了一条颠扑不破的真理：没有目标就没有成

---

① 该案例根据人民网文章《素质教育，授之以"渔"》整理。http://edu.people.com.cn/h/2011/1109/c227696-1747329975.html.

功，没有目标就没有精彩、充实、幸福的人生。目标决定了个体的人生轨迹，有什么样的目标，就有什么样的人生。目标具有某种神奇的力量，它可以带来额外的外部和内部资源，正如《牧羊少年奇幻之旅》中所说的那样："当你真心渴望某样东西时，整个宇宙都会联合起来帮助你完成"。

四、立乎上

在认知一章中有"至上"主题，提升认知的关键要多读一流的书，多读经典，让"至上"信息在头脑中扎根。在成功、成就问题上，立志也要强调"立乎上"。只有确立"本心真愿与社会标准合一"的目标，追求目标的过程才会坚定而经常体验到意义感，实现目标后才会体验到更真实、持久的幸福与充实。

 案例 5.4.1　泰勒五年夺冠路，幸福一瞬间[①]

"16 岁那年，我在以色列全国壁球赛中夺得冠军。那次经历迫使我有生以来第一次认真思考了'幸福'这个主题。

我曾经深信胜利可以令我快乐，可以缓解我长期以来的空虚感。在长达 5 年的训练中，我一直感觉生命中似乎缺失了什么……无论是拼命的长跑、不停歇的力量训练，还是不断的自我鼓励，都无法填补这种内心的空虚。我不快乐，但我相信那些'缺失的东西'早晚会填补我的生命。至少有一条看似行得通的幸福之路，那就是我必须通过身体或心理的艰难与忍耐去赢得冠军，通过赢得冠军获得成就感，而成就感一定能让我最终获得幸福。这就是我的幸福逻辑。

[①] 泰勒·本·沙哈尔. 幸福的方法[M]. 汪冰、刘骏杰，译. 北京：中信出版社，2013.

如我所愿，夺冠后我欣喜若狂，那种快乐超乎了我的想象。获胜后我与家人、朋友一起隆重地庆祝。那时，我对支撑自己走过艰辛5年的理念更是深信不疑：胜利可以带来无限快乐，为此生理和心理上的种种苦痛都是值得的——一切如此公平。

可是就在当晚，狂欢过后我独自回到自己的房间，坐在床上，尝试着在睡前再回味一下那无限的快感。出人意料地，那些我以为会保持很久的成就感、那些我最珍视的来之不易的喜悦，忽然间消失得无影无踪。失落和空虚再次占据了我的内心。我忽然感到迷惘和恐惧，泪水奔涌而出。几个小时前还是喜极而泣的泪水，仅几个小时后就满是伤心和无助。如果在如此圆满的境况下尚不能感到幸福，我又能到何处去寻找那持久的幸福呢？

我努力安慰自己，或许这只是兴奋过头之后的暂时低落。可是在接下来的日子里，我仍没有找回快乐的感觉。相反，内心却越来越沮丧，因为我越来越强烈地意识到，即使我达到更高的目标，哪怕赢得世界冠军，似乎也不能为我带来持久的幸福。我所依赖的逻辑彻底被打破，我完全不知所措。"

实验研究和经验性的证据已经清楚地显示出目标和成功的关系，而目标和幸福的关系则不是那么明显。传统的智慧告诉我们，幸福就是达到目标。但是，几十年的研究结果却让这种信念受到了严重的挑战：一个人在实现目标之后会感到满足，无法实现时则容易失望，而这些感觉其实都很短暂。

心理学家菲利普·布里克曼（Philip Brickman）及其同事的研究表明，乐透大奖得主在短短一个月的时间里，就已经回到了他们之前的幸福感水平——如果他们在中奖前是不快乐的，那他们就会回到不快乐的状态。同样，因车祸致残的人，在短短一年内就可以回到车祸前的快乐心态。

心理学家丹尼尔·吉尔伯特（Daniel Gilbert）继续拓展了此项研究，他发现人类对于未来情绪的预知能力是非常有限的。我们通常会认为一栋新房子、一部好车、职位晋升或是加薪等就可以使我们幸福，事实上，这些事情只能短暂地影响我们的整体幸福感。负面经历的影响也是一样的，如感情破裂的痛苦、失业等，而我们也会很快回到之前的心态。

以上的研究除了挑战传统的认知外，也透露了两方面的消息：好消息是我们不再那么害怕失败，坏消息则是成功似乎也变得不再那么重要了。如果真是这样，那么我们就不需要再去努力实现目标或追求幸福了，我们的生活就会成为比尔·默里在《土拨鼠日》那部电影中描述的，或者就像西绪福斯劳而无功、不停地爬山的遭遇——不停地回到原点。

难道我们只能选择要么继续相信自己的幻觉（达到目标时就能使自己幸福），要么面对残酷的现实（无论我们怎么做，都无法获得真正的幸福）？幸运的是，我们还有第三个选择。之前的问题在于，无论他们是"虚无主义"的名人，还是满怀抱负的无名小卒，他们的方向都错了——他们不是只看结果、不管过程，就是只顾目的地、不顾旅程。当了解了这一关系，我们的目标就可以带来更多的幸福感。

诺贝尔经济学奖获得者丹尼尔·卡尼曼是行为经济学的创始人和奠基人。在其著作《思考，快与慢》的第38章中，有一篇题为《被放大了的幸福错觉》的文章。作者举了这样一个例子："人们在评估自己的生活幸福度时，并没有仔细思考……人们所关注的生活的某一方面会在整体评估中被放大，这就是聚焦错觉的实质。请思考这样一个问题：你从自己的荣誉（也许是某次被评为优秀员工）中能得到多大快乐？你能立刻得到答案，因为你知道自己有多么重视自己的这项荣誉。而如果问题变为：你在什么时候能从你的这项荣誉中获得快乐？答案可能就不会这么简单了。正常情况下，你平时不会花很多时间来具体思考自己的荣誉，你会想一些其他的事情，而你的心情也由你所想的事情决定……这是过程忽视的一种形式，其结果就是聚焦忽略。"

所谓聚焦错觉是指人们对未来生活进行预期时，注意力总是集中于未来将要发生的某一事件，认为这一事件的重要性极高，对未来生活的幸福感预期也是基于对这一事件的重要性评估产生的；而在未来生活到来的实际体验中，注意力不再放在这一事件上，这一事件的重要性也没有那么高了，此时形成的体验幸福与预期幸福出现差异。

 案例 5.4.2　冯友兰的人生"四境界"

中国哲学家冯友兰先生在《中国哲学简史》一书中将人生境界自低到高分为自然境界、功利境界、道德境界和天地境界四个等级。

所谓"自然境界"，是指"一个人做事，可能只顺着本能或社会的风俗习惯。就像小孩或原始人那样，他做他所能做的事，然而并无觉解，或不甚觉解。这样，他所做的事，对于他就没有意义，或很少意义"。

到了"功利境界"，"一个人可能意识到他自己，为自己而做各种事……他所做的事，其后果可以有利于他人，其动机是利己的。所以他所做的各种事，对于他，有功利的意义"。

而在"道德境界"中，人"可能了解到社会的存在，他是社会的一员……有了这种觉解，他就为社会的利益做各种事，或如儒家所说，他做事是为了'正其义不谋其利'"。这时人的行为便具有了道德的意义。

而人生的最高境界便是"天地境界"。这就是说，"一个人可能了解到超乎社会整体之上，还有一个更大的整体，即宇宙"。有了这种觉解，"他就为宇宙的利益而做各种事。他了解自己所做的事的意义，自觉在做他所做的事"，可以说，他做的事已经具有了"超道德的价值"。冯友兰先生还特别指出："这四种人生境界之中，自然境界、功利境界的人，是人现在就是的人；道德境界、天地境界，是人应该成为的人。前两者是自然的产物，后两者是精神的创造。"

事实上，中国古人早已对人生境界有所省察。《大学》开篇的"大学之道，在明明德，在亲民，在止于至善"，北宋理学家张载的

"为天地立心，为生民立命，为往圣继绝学，为万世开太平"，是中国知识分子道通天地、经世济民的气魄与情怀的写照。这四重境界体现出的阶段性，为世人在"天下熙熙，皆为利来；天下攘攘，皆为利往"的俗世生活之外昭示了更高层次的人生追求，使人得以规避小利既得造成的空虚。而在重视"存养"与"守常"的中国哲学看来，"道德境界""天地境界"绝非金银财宝一般，得到后束之高阁便万事大吉。它们需要人基于各自的人生体验加以理解，并随岁月的流逝加以修正；它们需要人用一生去践行它们，体现它们，至死方休。从这个意义上来说，没有永远的得到，也没有永远的失去；"目标"实际上是让生命专注于人生的过程，"过程"实际上是怀揣着目标认真生活，目标与过程合而为一。"路漫漫其修远兮，吾将上下而求索"。生命在四重人生境界中的跋涉是一场宏伟的修行。

 案例 5.4.3　周恩来"为中华之崛起而读书"

　　1910 年，12 岁的周恩来来到沈阳，并在当时的东关模范学校就读。当时的东北是帝国主义列强争夺的焦点，在沈阳，大片土地被划为外国租界。有一次周恩来偷偷进入租界，却看到这样一番情景：一位中国妇女的亲人被洋人的汽车轧死，中国巡警非但不去惩治肇事洋人，反而训斥这位中国妇女，旁观群众只能敢怒不敢言。这件事使年幼的周恩来心绪难平。他开始明白主权被践踏、民族被凌辱是怎样的滋味。

　　有一天，东关模范学校的校长魏先生在修身课上问同学："请问诸生为什么而读书？"在座学生中回答"为做官而读书"者有之，回答"为挣钱而读书"者有之，也有说"为明理而读书""为吃饭而读书"的，唯独周恩来沉思良久，没有急于发言。继而他站起来，用铿锵有力的声音告诉校长："为中华之崛起而读书！"魏校长闻之大为惊喜，一边鼓掌一边称赞道："有志者当效周生啊！"自此，"为中华之崛起而读书"的信念，贯彻了周恩来的一生。

　　诸葛亮在《诫外甥书》中认为，"志当存高远"。周恩来在国家与民族的命运中探求人生意义，立下了"为中华之崛起而读书"的雄心壮志，堪为后世楷模。试想一下，若读书只是为升官发财，如果官运、财运不通，是不是就不读书了？如果官运、财运亨通，还会再读书吗？《帝范》有言曰："取法于上，仅得为中；取法于中，故为其下。"远大的目标能够昭示蓬勃的希望，提升我们的积极情绪占比，从而潜在地拓宽我们的进步空间。大志存心，方成大器。

五、有"意义感"的乐更深刻、更持久、更可"安享"

奥地利心理学家阿德勒说过："没有人能脱离意义，我们是通过我们赋予现实的意义来感受现实的。我们所感受的，不是现实本身，而是经过阐释了的现实。"

正如第三章所讨论过的，幸福需要一定的积极情绪占比，要有"乐"感。在一个完全没有快乐且频繁痛苦的情感中，幸福可以说几乎已经被预先排除了。但仅仅在情绪层面"为乐而乐"是肤浅的、不可持续的，还必须在行为层面多做有意义、顺势合赋的事情，多为善。并且这种善举有认知层面的坚定支持，是发自内心、发自本愿的。只有"知、行、感"合一、"内心本愿、行为表现与高尚的社会要求"合一的幸福方能真实、深刻而持久。也只有这种幸福，可以"心安而持久"地享用。这种可持久安享的幸福关乎一个核心词汇——意义感。酗酒、吸毒可以带来"乐"感，但"乐"的来源缺少意义，此"乐"转瞬即逝，纵欲、恣乐之后是疲惫，是不安。

案例 5.5.1 李光耀：别人会以什么方式铭记我，我决定不了，我只做我自己认为"有意义"的事情

新加坡前总理李光耀晚年时曾这样说："生活中，我只做自己认为有价值的事情。"法律专业出身的他于1954年组建人民行动党，从此步入政坛，并凭借他在华人群体和基层工会中的号召力迅速获得了支持。1959年6月，新加坡自治邦成立，李光耀出任自治邦政府总理。

李光耀认识到，在马来人居主体地位的东南亚，75%人口为华人的新加坡只有与马来亚合并才能生存下去。于是，推动"新马联合"成为了李光耀最主要的政治目标之一。1963年，新加坡与马来亚合并为马来西亚联邦。然而，由于政治分歧、种族骚乱等多重原因，仅仅两年后，新加坡就被驱逐出马来西亚联邦"被迫独立"。那段时间是李光耀人生中的低谷，他坦言那时的自己"从来没这样悲伤过"，每天痛苦地思索："新加坡是马来海洋中的一个华人岛屿，我们在这样一个敌对的环境里如何生存呢？"

但他很快从低谷中走了出来。在出任新加坡总理之后，他开始着手构建新加坡的国家治理体系。内政方面，他在引入了西方议会共和制政体的同时确保人民行动党的长期执政地位，形成了独具新加坡特色的政治制度；外交方面，他一方面坚持新加坡的独立自主，另一方面尝试利用美国、中国、日本等大国在东南亚达成均势，尽量为自身争取和平稳定的发展环境；经济方面，他扬长避短，充分发挥新加坡的港口优势，实施外向型经济发展战略，使得新加坡发展成为国际性金融、贸易和航运中心；文化方面，他积极倡导健康文明的生活方式，形成了令世人瞩目的"罚出来的文明"……在他的苦心经营下，新加坡从一个"人造国家"一跃成为"亚洲四小龙"之一，人民生活水平在亚洲乃至世界居于前列，他也因此被尊称为"新加坡国父"。

如今，人们回忆起这位亚洲政坛的风云人物，或许明白了什么是他心目中"有意义的事情"：一切为了新加坡。

李光耀去世后，李嘉诚即率两个儿子赶赴新加坡，吊唁老友。他更致函新加坡总理、李光耀长子李显龙，表达对李光耀辞世的哀伤。唁文如下：

"黯悉李资政辞世，不胜惋悼，哀伤难舍。

资政是世罕其匹、东西一合的历史巨人，笃志结领民心民智，实现有序、自由、公平和仁惠的社会。资政一生果敢磊烈、持守相本、风度庄严、平易近人。身虽同乎万物生死，精神不灭不朽，长存人心。

李氏有缘与资政多次面晤，其思之深，见之远，仁之厚，一切一切仿如昨天，怎不感念畴昔。谨偕小儿泽钜、泽楷敬致深切慰唁，盼总理阁下与家人节哀顺应。"

从一名想当会计师的青年，到一个缔造亚洲奇迹的总理，李光耀让自己的生命异彩纷呈，支撑他的就是这样一个简单的信条：只做自己认为有意义的事情。

幸福是内生的，它需要认知层面的"保驾护航"，需要行为层面的"上下求索"，需要情绪层面的"加油助威"。同时，幸福的支点放在哪里，就决定了这种幸福是否为"真幸福"，又能否持续下去。如果我们将意义感寄托在实现国家、社会的价值追求上，那么我们将使幸福"增值"。"志之所趋，无远弗届，穷山距海，不能限也"，不要让生命在迷茫与颓废中虚耗，只要沿着选定的方向坚持下去，在有意义的事情中自我陶冶，我们终将摆脱碌碌无为的泥淖，实现生命的价值。

 案例 5.5.2   基辛格——尽量多做些"有意义"的事情

基辛格晚年曾经说过这样一句话："到了我们这个年纪，已经不是沽名钓誉的年纪了。"这位"美国历史上最伟大的国务卿"有着政治家和学者的双重身份，而他成功地在两者之间找到了平衡点。

基辛格是德国裔犹太人。希特勒上台后，基辛格一家遭到了纳粹的残酷迫害，被迫历尽艰难险阻移民美国。第二次世界大战结束后，他进入哈佛大学政治系学习，并在那里取得了哲学博士学位。这一时期，他在国际关系研究领域的才华开始显现，他关于均势理论的博士论文和部分著作开始为他在学术界积累名望。

1969 年，在哈佛大学担任教职的基辛格被聘为尼克松政府国家安全事务助理，1973 年出任美国国务卿，从此开始了他的政治生涯。1971 年 7 月，他巧妙避开记者的视线，开启了对华外交的"破冰之旅"，为日后中美两国建交发挥了重要作用；1973 年，他因推动越南战争结束被授予诺贝尔和平奖。在当时美苏"冷战"的背景下，基辛格以构建大国间均势为基本外交思路，推动美苏关系与中东局势趋向缓和，为维持国际和平与稳定做出了贡献。

尽管从政使他的名望几乎达到顶峰，但基辛格真正热爱的依然是学术研究。在结束政府公职任期后，他担任乔治城大学客座教授、基辛格联合咨询公司董事长等职位，不断发表论文、举办讲座，潜心发展他毕生构建的均势理论。据基辛格的同事回忆，基辛格的讲座时长一般为一个半小时。有一次，主办方考虑到基辛格当时年过八旬，并且刚做过心脏手术，便特意为他准备了椅子。但他自始至终都没有坐下，而是兴致高昂地为大家讲解国际关系的热点问题。尽管年事已高，但基辛格仍坚持亲自完成著作与论文的撰写工作。与常人的写作习惯不同，基辛格总是先打好腹稿，思忖好每个细节后方才动笔。这个过程可能要耗去三四年工夫，但在基辛格看来，为了虚名心浮气躁地做学问是断然不可取的。

如今，94 岁高龄的基辛格正在安享晚年，并为中美关系以及一系列国际与地区性问题继续贡献着智慧。

基辛格对于名望的态度值得我们深思。正是幼年时期特殊的成长环境，使得基辛格认识到"生存注定是倏忽无常的"，对名望的狂热在生命面前是微不足道的；大学期间的学习经历使他的言行深受施本格勒、托因比和康德等哲学家的熏陶，成了他精神财富的初始积累；当他因推动中美建交、创造并发展均势理论等一系列贡献而享誉国际社会时，他没有踯躅于纷扰的名利场，而是选择为其兴趣所至的领域——国际关系学构建新的思考范式。在这一系列选择背后，是基辛格对于名望的淡泊和对精神财富的追求，他也因此获得了真正的幸福。

求名的背后是私欲。人若为外在的名望所扰动，为了所谓的地位、赞誉耗费时间与精力，只会离真实的幸福越来越远，得不到时神魂颠倒，得到时惴惴不安，得而复失时恍然如梦，这样的人生悲哀至极。反之，精神财富的背后是本心。如果我们肯用心追求精神的富足，发自本心去做有意义的事情，我们便能宠辱不惊，体会到真正的幸福。

六、能受天磨真铁汉

 案例 5.6.1　曾国藩一生经历五次大辱[①]

同治五年（1866 年），55 岁的曾国藩在家书中对其弟曾国荃回顾了他一生三次"为众人所唾骂"及三次军事大败：

"余初为京师权贵所唾骂，继为长沙所唾骂，再为江西所唾骂，以至岳州之败、靖港之败、湖口之败，盖打脱牙齿多矣，无一不和血吞之。"

第二年三月十二日，他又在家信中对曾国荃回顾了平生"四大堑"：

"余生平吃数大堑，而癸丑六月（咸丰三年六月被赶出长沙）不与焉。第一次壬辰年（道光十二年）发佾生，学台悬牌，责其文理之浅；第二庚戌年（道光三十年）上日讲疏内，画一图甚陋，九

---

　　① 该案例根据人民网张宏杰文章《曾国藩一生五次耻辱：从"愤青"历练到"老奸巨猾"》整理。http://history.people.com.cn/GB/205396/13942778.html。

卿中无人不冷笑而薄之；第三甲寅年（咸丰四年）岳州靖港败后，栖于高峰寺，为通省官绅所鄙夷；第四乙卯年（咸丰五年）九江败后，赧颜走入江西，又参抚臬，丙辰被困南昌，官绅人人目笑存之。"

综合这两封家书，可知曾国藩一生经历了"五次大辱"：

一是秀才考试被考官公开批责。道光十二年，二十一岁的曾国藩第六次参加秀才考试，曾国藩考前下了苦功准备，考后也自觉发挥不错，结果发榜之日，却被学台（即湖南省学政，相当今天的省教育厅长）悬牌（发布公告），责其"文理太浅"，以佾生注册①。在一般人看来，获得"佾生"资格也算是小有收获，值得庆贺，曾国藩却视在大庭广众之下被"悬牌批责"为奇耻大辱。回家后他闭门不出，咬牙发愤，没想到此次"悬牌批责"犹如当头棒喝、醍醐灌顶，让曾国藩突破了以前僵化的文笔思路，文理大进，转过年来，第七次参加考试，终于中了秀才。这平生第一次大辱居然成了曾国藩一生功名的开场锣，又一年，他就中了举人，又四年，中进士，点翰林。

二是"画图甚陋"遭同事讥笑。道光三十年正月，道光皇帝去世，年方二十、血气方刚的咸丰登基，罢黜穆彰阿，下诏"求言"。一时"天下称快"，朝野上下，为之一振。曾国藩心情激奋，上了一道《应诏陈言疏》，痛斥当时的"以畏葸为慎，以柔靡为恭"的官场作风，曲尽当时官场的丑恶现状。曾国藩建议皇帝举行"日讲"，以本身的振作之气扭转官场的泄沓之风，同时改革官员选拔办法，使进取之员有机会脱颖而出。这道奏折得到了良好的反应，皇帝对他提出的"日讲"建议最感兴趣，命他详细解释。于是曾国藩精心准备讲稿，并且画了一张解释讲堂布局的图。不过他本不擅画，这张图画得相当难看，讲稿在九卿中传阅之后，曾国藩成了官场议论的中心。大家议论的不是他的心赤血诚，而是讥笑他"画图太陋"。就这个水平，还充当什么圣人门徒！曾国藩的这个"笑话"很快风传

---

① "佾生"是指考秀才虽未入围但成绩尚好者，选取充任孔庙中祭礼乐舞的人员。获"佾生"资格则下次考试可免县试、府试，只参加院试即可，故称"半个秀才"。

全城，人们见了他，都"目笑存之"，令曾国藩无地自容，此乃曾国藩所说的"平生第二大堑"。

三是为京师权贵所唾骂。曾国藩晚年在家书中回忆，"昔余往年在京，好与诸有大名大位者为仇，亦未始无挺然特立不畏强御之意。"大名大位者之一是因鸦片战争而出名的琦善，另一个是赛尚阿，刚正不阿的性格使曾国藩得罪了琦善与赛尚阿。本来曾国藩在京官中人缘颇好，得罪此二人令他的人际关系网出现了巨大破洞，许多人与曾国藩故意拉开距离，甚至不再往来。他在官场上的处境日益孤立。"诸公贵人见之或引避，至不与同席。"在背后更是遭到无数诋毁之词，曾国藩在咸丰二年几乎成了京师人人唾骂的人物。

四是在长沙"打脱牙和血吞"。曾国藩说："余生平吃数大堑，而癸丑六月（咸丰三年六月）不与焉。"似乎长沙之辱在他的记忆中无足轻重。事实并非如此，正是这次"不与焉"的"大堑"促使他克服了原本不可能克服的困难，练成了湘军。咸丰二年底，因太平天国运动，咸丰皇帝情急之下诏命在乡下老家为母丧守孝的曾国藩帮助地方官员兴办"团练"（即"民兵"），以保卫乡里。曾国藩到长沙后，因触动了当地官员的利益而遭到排挤，他的民兵和官军发生摩擦，当地军政官员没有一人出面调停，曾国藩差点挨了兵痞的刀。随后，曾国藩做出了一个出人意料的决定："好汉打脱牙和血吞。"他不再和长沙官场纠缠争辩，而是带着自己募来的湘军前往僻静的衡阳。刚到衡阳，曾国藩面临着"五无"的困难情境：一无办公场所；二无名正言顺的职权；三无练兵经验；四无朋友帮忙；五无制度保障。重重困难之中，曾国藩不止一次想打退堂鼓，但一想起长沙之辱，他便又鼓起斗志，吃尽千辛万苦后，曾国藩终于练成了一支一万七千人的队伍。咸丰四年四月湘潭之战中，湘军水陆不足万人，与三万之众的太平军作战，以少胜多。这一次挫而后奋的成功，给了曾国藩一次印象极深的自我教育，更强化了他愈挫愈奋、百折不挠的性格特点。

五是在江西遭遇困顿。湘军的意外崛起，使大清王朝看到了起死回生的希望，一时间，朝廷褒奖，绅民欢呼。鉴于湘军是唯一有战斗力的部队，咸丰皇帝命曾国藩出省作战，支援困境中的江西。曾国藩在江西数年之间步步荆棘，处处碰壁，他后来在给朋友的信中回忆这段经历说："江西数载，人人以为诟病。"又形容当时的苦况说："士饥将困，窘若拘囚，群疑众侮，积泪涨江，以夺此一关而不可得，何其苦也。"正在曾国藩痛苦万分之时，他接到了父亲的讣告，以守孝为由回了老家。乡居的曾国藩渐渐静下心来开始反思，他在官场上四处碰壁，不光是皇帝小心眼，大臣多私心，自身的诸多缺点才是主要原因，回想自己以前为人处事总是怀着强烈的道德优越感，自以为居心正大，人浊我清，因此高己卑人，锋芒太露，说话太冲，办事太直。曾国藩的思维方式发生了重大转变，从此，多于正己而少于责人。

"不为圣贤，便为禽兽。"（语出曾国藩）"圣贤"之路上充满挫折与荆棘，自身的缺点和不足、外在的不解和阻挠，这些艰难险阻让一心想成为"圣贤"的曾国藩"遍体鳞伤""痛苦不堪"。然而也正是这些挫折和屈辱，造就了中国历史上"两个半三不朽"中的"半个三不朽"。"吾生平长进全在受挫受辱之时，务须明励志，蓄其气而长其智，切不可戢恭然自馁也。""困心横虑，正是磨练英雄之时。"（语出曾国藩）经历了人生中的"五次大辱"，曾国藩克服困难，发愤图强，不断精进，最终从背不出书的笨小孩到一代大儒，从一介书生到湘军统帅。毛主席曾坦言：愚于近人，独服曾文正。"能受天磨真铁汉"，没有随随便便的成功。"天将降大任于斯人也，必先苦其心志，劳其筋骨，饿其体肤，空乏其身，行拂乱其所为，所以动心忍性，曾益其所不能。"（《孟子·告子下》）

 案例 5.6.2　曼德拉的传奇人生

曼德拉，生于 1918 年 7 月 18 日，南非前总统，也是南非历史上首位黑人总统，被尊称为"南非国父"。2009 年 11 月 10 日，第 64 届联合国大会通过决议，自 2010 年起，将每年 7 月 18 日（即曼德拉的生日）定为"曼德拉国际日"，以表彰他为和平与自由做出的贡献。曼德拉出生在南非特兰斯凯一个大酋长家庭，因他是家中长子而被指定为酋长继承人。但他表示："绝不愿以酋长身份统治一个受压迫的部族"，而要"以一个战士的名义投身于民族解放事业"。此后他毅然踏上了追求民族解放的道路，并于 1944 年参加主张非暴力斗争的南非非洲人国民大会（简称非国大）。1952 年，他成功组织并领导了"蔑视不公正法令运动"，赢得了全体黑人的尊敬。1962年 8 月，43 岁的曼德拉被捕入狱，罪名是"政治煽动和非法越境罪"，两年后政府又给他增加了"阴谋颠覆罪"，刑期从 5 年变为终身监禁。从此，曼德拉开始了长达 28 个春秋的铁窗生活，在狱中他受尽了非人的虐待和折磨，但心中的理想和信念让他始终坚贞不屈。1990 年2 月 11 日，南非当局在国内外舆论压力下，被迫宣布无条件释放曼德拉。1993 年，曼德拉被授予诺贝尔和平奖。1994 年 4 月，非国大在南非首次不分种族的大选中获胜，同年 5 月，曼德拉成为南非首位黑人总统。1999 年，曼德拉完成 5 年任期，卸任南非总统。当地时间 2013 年 12 月 5 日，曼德拉因病医治无效，走完了他 95 年的光辉岁月。南非为曼德拉举行国葬，91 个国家元首和政府领导人出席了曼德拉的葬礼，有媒体评论其规模不亚于印度圣雄甘地及英国前首相丘吉尔的葬礼。

曼德拉曾说："生命中最伟大的光辉，不在于永不坠落，而是坠落后总能再度升起。"28 年的牢狱生活，给曼德拉带来的不是愤怒与仇恨，相反，人们看到的只是宽恕与仁爱。曼德拉在总统就职典礼上的一项举动震惊了全世界，他邀请当年迫害他的三名狱警来到现场。曼德拉表示，自己年轻的时候性子急，脾气差，是在牢里才学会控制情绪，得以生存下来。漫长的牢狱折磨，反而让他学会如何安静下来，如何面对苦难。介绍完三位狱警，年迈的曼德拉甚至缓缓站起来，恭敬地向他们致敬。此时，在场所有人乃至整个世界都静了下来。他曾说："当我走出囚室，迈过通往自由的监狱大门时，我已经清楚，自己若不能把痛苦和怨恨留在身后，那么我仍然在狱中。"

　　曼德拉的一生是传奇的，是辉煌的，更是饱经挫折与磨难的，曼德拉向世人证明在苦难面前他是一个从不退却的斗士。在漫长的岁月里，曼德拉领导南非人民经过艰苦卓绝的努力和奋斗，取得了反种族隔离斗争的胜利，为新南非的诞生和发展做出了巨大贡献。

第六章
健康与幸福

幸福就是身体的无疾患，精神的无纷扰。

——伊壁鸠鲁

故贵以身为天下，若可寄天下；爱以身为天下，若可托天下。

——老子

幸福的首要条件在于健康。

——柯蒂斯

良好的健康状况和由之而来的愉快的情绪，是幸福的最好资金。

——斯宾塞

老子曰："名与身孰亲？身与货孰多？"名望与身体，身体与财富，孰重孰轻？这是我们生活在当今社会最需要回答也是最难以回答的问题。其实，如果我们能够静下心来想一想，就会发现，在现实生活中，健康与安全比什么都重要，把"时间"与"精力"资源以适当比例配置到健康与安全方面是明智的。

一、睡眠与健康

睡眠是人体最基本的生理需求之一。我国医学历来重视睡眠对健康的重要作用，认为"眠食二者为养生之要务""能眠者，能食，能长生"。清朝李渔《笠翁文集》中有云："养生之诀，当以睡眠居先。睡能还精、养气、健脾益胃、壮骨强筋。"李开复在 2013 年 9 月 6 日的一条微博中写道："在以往的职业生涯里，我一直笃信'付出总有回报'的信念，所以给自己的负荷一直比较重，甚至坚持每天努力挤出三小时时间工作，还曾天真地和人比赛'谁的睡眠更少''谁能在凌晨里及时回复邮件'……努力把'拼命'作为自己的一个标签。现在，冷静下来反思：这种以健康为代价的坚持，不一定是对的。"莎士比亚也曾说过："清白的睡眠，把忧虑的乱丝编织起来，是疲劳者的沐浴，受伤的心灵的油膏，生命盛筵上的主要营养。"

可见，睡眠对人体健康的重要性已取得广泛共识。

睡眠对于动物也很重要。蝙蝠把一天内的 20 个小时都用来睡觉；有些鸟类和水生哺乳动物的睡眠方式非常奇特，左右脑轮流睡觉，可以一边睡觉一边飞翔或游弋；甚至连爬行动物、鱼类、果蝇和线虫也有对外界刺激反应降低的安静的休息阶段。显而易见的事实是：所有的动物都需要睡眠。

 案例 6.1.1   睡眠很重要

1989 年，芝加哥大学的研究人员进行了一个实验：把两只老鼠养在一个转轮装置中，同时检测它们的脑电波。当检测到实验老鼠的脑电波进入睡眠状态时，转轮开始转动，强迫实验老鼠醒来并随着转轮走动。在这期间，实验老鼠的睡眠完全被剥夺，而对照老鼠可以间断地睡眠。结果：实验老鼠吃得越来越多，体重却越来越轻，之后体温紊乱，最终死亡，而对照老鼠依然活着。

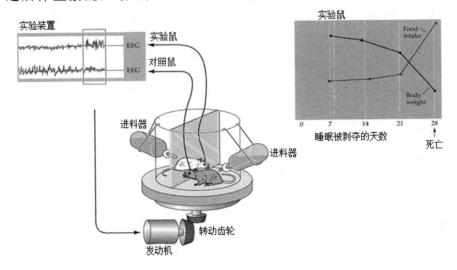

图 6-1　完全睡眠剥夺实验

 案例 6.1.2　睡眠的作用：自我排毒和清洗

美国罗切斯特大学 2013 年发表于《科学》杂志的研究表明：睡眠可以把白天人体积聚的毒素一扫而光，大脑在睡眠时才能高效清除代谢废物，从而恢复活力。

"大脑在清醒与睡眠状态时功能完全不同，清醒时会有意识，而睡觉时则进行'大扫除'。由于能量有限，它似乎必须在两种不同功能之间选择一个。"这项研究负责人、美国罗切斯特大学的梅肯·内德高说，"您可以把它想成家庭宴会，要么您招待客人，要么您打扫房间，但您不可能同时做两件事。"

该研究发现大脑内有一个独特的"垃圾处理系统"，并将其命名为"类淋巴系统"。它的工作原理是，脑脊液沿着动脉周隙流入脑内组织，与脑内组织间液不停交换，并将细胞间液体的代谢废物带至静脉周隙，随即排除至脑外。而这个"垃圾处理系统"的工作几乎都是在睡眠中完成的。

在实验中，研究人员在老鼠的小脑后方植入一根导管，分别在老鼠清醒和睡眠时注入小分子荧光染料，这样就能看见脑脊液在脑内流动的情况。他们发现，染料注射 30 分钟后，与清醒老鼠相比，睡眠老鼠脑内的荧光染料分布要广泛得多，并且到达更深的地方。这说明脑脊液在睡眠老鼠脑内流动得更加容易。进一步的实验证实，睡眠老鼠脑内细胞间隙增大，使脑脊液流入脑内及脑组织间液交换变得更加容易。

研究人员还分别往清醒和睡眠的老鼠脑内间隙注入 β 淀粉样蛋白，这种物质在脑内的聚集可引发阿尔茨海默症（早老性痴呆症）。实验证实，β 淀粉样蛋白在睡眠老鼠脑内的代谢速度比清醒老鼠快得多。

该实验研究人员说："睡眠是现代人都很关心的问题。我们到底可不可以不睡觉然后腾出更多时间去工作去享受生活？答案是不可以的。人脑需要每天花一定时间让脑脊液好好地为它洗个澡，不然那些脑细胞产生的代谢垃圾堆积起来，就会伤害到脑细胞。时间久了人就会生病，比如患上阿尔茨海默症等。"

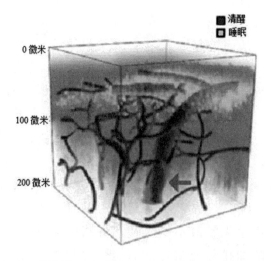

图 6-2 脑脊液在老鼠清醒和睡眠时的脑内流动情况

案例 6.1.3　睡眠的作用：巩固和增强记忆

据《科技日报》报道，在细胞水平上，睡眠不是休息，事实上脑细胞在不断活跃着。人在清醒时接收到的信息，在深睡眠时会被回放。长期以来，科学家认为，这种夜间重播有助于我们形成新的记忆，但对脑部的具体构造及其生成记忆的内在原理仍知之甚少。

为研究脑部形成记忆的原理，纽约大学朗格医学中心的科学家利用转基因小鼠进行实验，这些小鼠的神经元可表达荧光蛋白。他们使用一个特殊的激光扫描显微镜观察在运动皮层发光的荧光蛋白，并在小鼠学习平衡旋转杆时，跟踪获取其大脑树突棘沿个别树突分支生长的前后图像。随着时间的推移，小鼠很快学会了如何在旋转杆上平衡，就像学骑自行车。这项技能一旦学会，就永远不会忘记。

记录小鼠的实验中，在旋转杆训练后 6 个小时内，研究人员观察沿着树突分支新刺萌芽，着手了解睡眠会如何影响这个实物的成长。受训的小鼠分为两组：第一组在旋转杆上受 1 小时训练，然后睡 7 小时；第二组训练时间与第一组相同，但之后 7 小时一直不睡觉。研究人员发现，被剥夺睡眠的小鼠生长的树突棘明显比充分休息的小鼠少。

研究显示，在学习后，睡眠会激励树突棘的生长，从脑细胞的微小突起连接到其他脑细胞，并帮助信息通道穿过突触，即大脑细胞的交叉点。学习之后的深度睡眠或慢波期睡眠对树突棘的增长具有决定性作用。

这一发现是通过小鼠实验提供的重要实体证明，以支持睡眠有助于巩固和加强新的记忆的假说，并首次表明学习和睡眠是如何引起在运动皮层、负责自主运动大脑区域的物理变化。研究人员说："我们已经展示了睡眠是如何有助于神经元形成具体连接树突的分支，以促进长期的记忆。"

所以，科学实验告诉我们，要想学习和工作高效，每天都睡个好觉吧，这也是健脑法当中一个重要内容。

案例 6.1.4　想成功，睡好觉

阿里安娜·赫芬顿是《赫弗顿邮报》的主编，她曾经由于过度劳累而被推进手术室，这段经历让她重新认识了占生命长度 1/3 的睡眠，开始重新探索睡眠的价值。在 2010 年年末的一次 TED 演讲中，她说，想要变得更加高效、更有激情、生活更加有趣，请保持充足的睡眠。她的演讲轻松幽默又让人深思："如果雷曼兄弟换成雷曼兄妹的话，那么他们还不至于破产倒闭。因为当所有的男士们在忙着像机器一样不停地连轴转时，也许有一位女士会注意到将要来临的危机，因为她会从七个半小时或者八个小时的睡眠中醒来，并对全局形势透彻于心。"

慢下来闲下来，倒能有另外一种视角。现代人生活节奏就像屁股着了火的火箭一样飞快，但在这样的速度下，还有机会欣赏擦肩而过的云朵么？还有机会俯瞰地面上的美景么？显然没有！我们不能再像"陀螺"一样在原地盲目地急速打转了，而是应该停下来，看看目前身处的境地、整个大环境，思考不一样的路径、创新的解决方案，再随时来点幽默与浪漫。领导力中很重要的一方面就是危机意识与全局意识，而睡醒后的轻松状态可以让我们看得更全面。

睡眠可以引发灵感。中国古代有"三上"（马上、枕上、厕上）文章，西方有"3B"（bed、bath、bus）思考法。一些科学家、艺术家的发明创造或艺术作品就是在睡眠中获得灵感的。比如，门捷列夫在睡眠中发现了元素周期律；前摇滚乐队披头士成员保罗·麦卡特尼的畅销歌曲《昨天》的曲调来自他的一场梦；19 世纪的德国化学家弗里德里克·凯库勒解决苯环结构这个问题也得益于梦中带来的灵感：凯库勒研究苯环的结构数年都没有进展，一天在研究过程中由于过度疲劳就在椅子上睡着了，睡梦中 6 个碳原子变成了 6 条首尾相衔的蛇，这启发他提出了苯的六边形结构，也开启了人类认识有机结构的新时代。这些潜藏在睡梦中无意识的美妙发现可谓是"踏破铁鞋无觅处，得来全不费工夫"。在睡眠状态，灵感就像是在真空中的分子一样，自由，游离，触手可及。有时候，缓慢下来的生活更细密更有质感，像编织得很结实的网，打捞起来的记忆更厚重，思想却更为轻盈。

二、运动与健康

生命在于运动，幸福源于健康。本书在情绪等章节反复强调了守静的重要性，认为"过动少静"是现在认知无效、积极情绪缺乏的根源之一，但"过静少动"同样会导致认知力下降、负面情绪增加、身体机能减退等问题，因此适度、规律的体育运动必不可少。

科学的体育运动不但能够强健体魄，而且还能够提升积极情绪占比。从 20 世纪 60 年代起，人们开始注意到运动与大脑之间存在的积极联系。临床医学的科学家们已经证实运动能够释放一种叫内啡肽（endorphine）的物质。这是一种由大脑产生的激素，它像是天然的吗啡，当身体和大脑负荷过重时，就会释放出内啡肽阻止疼痛的信号，从而使人变得积极、快乐。

 案例 6.2.1　运动能愉悦身心

美国有几所学校把运动作为一门必修课。例如：每天早上做 45 分钟的有氧运动或间歇性运动。伊利诺斯州的某所学校推行运动之后，肥胖水平从 30%下降到 3%。这不仅使学生心情舒畅、更加快乐，而且对他们以后的生活也有积极影响，比如他们不再那么易于患上癌症、心脏病等疾病。

宾夕法尼亚州一所学校在推行运动之前，学校的教学成绩远远低于州的平均水平；推行运动一年后，成绩比州平均水平高出了 17%，而当年学校唯一的变化就是推行运动。此外，学校里打架斗殴的现象也得到了改善。在爱荷华州一所学校，推行运动后一年内，纪律问题从 225 宗降到 95 宗。①

运动的作用不仅限于此，国内外众多人体研究与动物实验证明，运动还会强化脑的功能，改善脑的健康，包括提高认知能力、延缓由衰老引起的认知能力下降、缓解抑郁的症状等，有效提高个人的幸福感。

加利福尼亚大学洛杉矶分校的神经物理学家马扬克·梅塔教授在 2011 年的一份研究报告中指出：身体运动加快时，与学习有关的脑波律动变得更强。研究小组利用专门的微电极监测小鼠大脑中一种被称为伽马节律的脑电信号。这种信号往往在集中注意力和学习期间产生于大脑的海马体区域（图 6-3）。研究发现，随着跑动速度加快，伽马节律的强度明显增强，这个结论有助于科学家进一步了解对学习而言必不可少的大脑功能。梅塔说："伽马节律被认为由注意力和学习控制，但我们发现，它同样受跑动速度影响。我们的研究将学习和速度有趣地联系在一起。"②

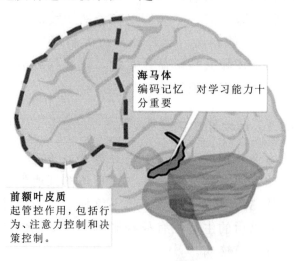

图 6-3　脑中海马体与前额叶皮质的位置

① 该案例整理自哈佛大学幸福公开课第十七讲：运动与冥想。
② 文章摘自 2011 年 6 月 24 日美国每日科学网站的报道。

关于运动影响脑功能的机制研究主要集中在神经可塑性的变化方面，如神经发生、突触可塑性、树突棘密度与血管新生等，特别是海马区结构与突触可塑性的改变。加州大学欧文分校脑部衰老与老年痴呆研究所主任卡尔·科特曼通过实验证明运动能带来大脑中海马体上的脑源性神经营养因子（脑内合成的一种蛋白质）水平的增长，对神经元的存活、防止神经元受损伤而死亡以及改善神经元的病理状态有着重大的作用。[1]

 案例 6.2.2　运动能提高认知力

日本筑波大学的征矢英昭（Hideaki Soya）教授在 2016 年 1 月进行了一项有关老年人脑半球不对称性减少与健康状况之间关系的研究。Soya 博士及其同事征募了 60 名年龄在 64~75 岁的日本男子，并且这些男子无老年痴呆或其他严重的认知低下等迹象。

在实验室里，他们测试了每个男子的有氧健身情况。然后他们在每个志愿者的额头和头皮上缠绕了小型探针，该探针采用红外技术突出大脑各个部分的血液流速以及摄氧量。在探针的使用下，志愿者们完成了复杂的信息化测试。在该测试里，颜色名称将出现在不同的颜色类型里。例如，黄色类型的按钮上面标记的颜色名称是蓝色，希望志愿者们根据颜色名称按键，而不是颜色类型。

该测试需要测试者高度的集中力和反应力。在年轻人的测试过程中，其前额叶皮质的左半球显著地亮起了灯。当科学家测试这些老年人的大脑活动时，他们发现大部分人需要借助右半球进行活动，也就是说他们需要更多部分的大脑来完成任务，呈现了老年人脑半球不对称性减少的活动模式。

然而，健康的老年人的右半球表现出很少或者几乎没有活动的特征，他们只需要左半球完成该项目。就注意力和反应力而言，健康的老年人的大脑活动和大部分年轻人一样，他们在键盘测试中比

---

① 约翰·瑞迪，埃里克·哈格曼. 运动改造大脑[M]. 浦溶，译. 杭州：浙江人民出版社，2013.

健康欠佳的志愿者更快、更准确，说明他们的注意力和反应力更好。

Soya 博士表示，实验结果表明充分的有氧运动与改善认知功能有一定的联系，健康老年人的大脑与欠佳的老年人的大脑相比，需要更少的资源来完成任务。总的来说，健康的老年男性几乎都会进行散步、慢跑以及一些温和性的运动，例如游泳。[①]

 案例 6.2.3   运动能缓解抑郁症

迈克尔·贝雅克（Michael Babyak）以及他在杜克大学医学院的同事共同完成了一项研究：选取 156 例抑郁症患者，他们有各种各样的症状，其中很多人都有自杀的想法或倾向，而且他们的身体都非常不好。他将他们带到实验室，随即分成三组：第一组锻炼（半个小时中等难度的有氧运动，比如慢跑、竞走、游泳，一周三次，每次半小时）；第二组服药（普遍的抗抑郁药物左洛复（Zoloft），非常有效）；第三组既服药又锻炼。

他们跟踪调查了 4 个月，发现每一组至少有 60%的患者情况有所好转，即他们不能再按照美国精神病诊断标准被诊断为抑郁症。各组之间没有显著的区别，只有一个区别：在服药的情况下一般要用 1~2 个星期来治愈的抑郁症，对于只锻炼的组却花费差不多 1 个月，因此只锻炼的组需要更长一点的时间来治愈抑郁症。但一旦他们治愈后，与服药治愈的患者没有任何区别。

研究结果的关键在于复发率：实验结束半年后，不再让被试者服药，不再强迫他们锻炼，结果仅服药组好转的人中有 38%复发；既服药又锻炼组的复发率为 31%；而只锻炼组的复发率仅为 9%。

通过这个研究我们可能会得出结论：锻炼就像服用抗抑郁药物一样。但事实是：不锻炼就像服用抑郁药物一样。[②]基因决定了我们固有的幸福水平，如果我们不运动就会降低这个水平，然后只能在更低的幸福水平基础上寻求发展。

[①] 参考资料：http://www.mobile.nytimes.com。

[②] 该案例整理自哈佛大学幸福公开课第十六讲：享受过程。

哈佛医学院教授、精神病医生约翰·瑞迪（John Ratey）曾表示："某种程度上，运动可以说是精神病医生的理想药物，它能对付焦虑症、恐慌症和那些与抑郁症有莫大关联的普通压力，运动能释放神经递质、去甲肾上腺素、血清素和多巴胺，这些物质与重要精神类物质相似，做一轮运动就像吃了一点百忧解（Prozac），一点利他林（Ritalin），针对性很强。"因此，可以通过运动这种方式在达到躯体健康的同时让人获得幸福。

所谓过犹不及，运动也不是越多、越激烈越好，过度运动会降低寿命，甚至会产生生命危险。美国学者希尔指出，过度运动会加速体内消耗，使寿命减少 40%~60%。根据外国一家保险公司对 6000 名已故运动员的资料统计，这些职业运动员在退役时，大多伤病累累，其平均寿命只有 50 岁。美国心脏病协会杂志发表的南卡大学的研究（研究历时 12 年，对象涉及 5048 人）显示，完全不运动的人的寿命与跑马拉松的人一样，都比适度运动的人要短。事实上，在很多比赛中，除了运动带来的血压升高以外，高度兴奋、情绪激动也会引起血压上升，有时甚至危及生命。

 案例 6.2.4 过度运动会产生生命危险

2001 年 1 月 3 日，中国男排一代名将朱刚在训练的过程中突感胸痛，被紧急送入当地医院。经过 12 个小时的手术抢救，年仅 30 岁的朱刚还是离开了世界。其实早在 1988 年，同样的遭遇就夺走了美国女排运动员海曼 33 岁的年轻生命。他们都是在剧烈的运动中诱发了主动脉夹层，最终倒在了运动场上。主动脉夹层发病很重要的一个原因就是血压过高。血压过高不仅仅是狭义的高血压病，过度激烈的运动、过分强烈的情绪，都可能导致血压升高。一般的血管包括三层：内膜、中膜和外膜。三层膜紧密贴合，但在某些特殊的情况下，高速高压的血流会将内膜撕开，并冲击中膜，导致血流进入中膜与外膜之间，形成夹层。夹层如不及时治疗，外膜被血流冲破，会导致腔内大出血，几分钟之内即致人死亡。[①]

因此，运动一定要根据自己的身体情况来进行，达到锻炼的目的即可，不要勉强。锻炼和运动不仅要适量，更要适时、适度，一次过量的运动不但不能达到锻炼的目的，反而会对身体有害。

三、释怨

少怨一定多怨。当今社会，抱怨已经成为普遍而又严重耗费精力的负面情绪。司机抱怨行人不遵守规则，行人抱怨司机不懂礼让、喇叭声太响；老板抱怨下属投入度不够、没有上进心、没有执行力，下属抱怨老板缺乏领导艺术、太抠门；患者抱怨医生重钱不重人，救死扶伤意识不足，医生抱怨患者有"医闹"倾向；婆婆抱怨儿媳，儿媳抱怨婆婆……

 案例 6.3.1　抱怨越多，损失越大

2016 年 7 月 23 日，在北京八达岭野生动物园发生了一幕血淋淋的惨剧。一位年轻女游客因与丈夫发生争执，不顾猛兽区的安全警示，私自下车，受到猛虎攻击，身受重伤。女游客的母亲救女心切，结果被另一只猛虎当场咬死并拖走。仅仅因为难释一时口舌之怨，瞬间造成了无法挽回的一死一伤，女游客为自己的冲动付出了沉重的代价。

美国社会心理学家费斯汀格在书中写过这样一个例子：

在一个阳光明媚的早晨，上班族卡斯丁起床后，像往常一样走进洗手间准备洗漱，随手就将自己的高档手表放在洗漱台边。妻子

---

①　董玉英.揭开夹层动脉瘤的"真面目"[J].医药保健杂志，2006（9）：54—55.

看到洗漱台旁的手表,担心会被淋湿,就将它拿过去放到了餐桌上。这时睡眼惺忪的儿子从房间出来,一边打着哈欠一边走到餐桌旁取面包,一不小心竟将卡斯丁的名表碰到地上摔碎了。

心疼手表的卡斯丁大发雷霆,抓过儿子打了一顿,觉得还不解恨,又黑着脸教训了妻子一通。妻子又委屈又不平,辩解说是怕水把手表打湿。卡斯丁不以为然,反驳说他的手表是防水的。于是矛盾升级,二人又猛烈地争吵起来。一气之下,卡斯丁摔门而去,直接开车去了公司。不想却忘记了拿公文包,只好立刻转头回家。

到了家门口,家中却没人,卡斯丁的钥匙还留在了公文包里,心急如焚的卡斯丁只好打电话向妻子求助。

妻子接过电话,慌慌张张地往家赶,无意中撞翻了路边的水果摊。摊主态度强硬,拉住她不让她走,要她赔偿,无奈的妻子不得不赔偿了一笔钱才得以脱身。

好不容易拿到了公文包,卡斯丁立即返回公司,却已迟到了 15 分钟,挨了上司一顿严厉批评,卡斯丁的心情坏到了极点。整天阴云密布的卡斯丁,下班前又因一件小事,跟同事吵了一架。

不仅卡斯丁,妻子也因早退被扣除当月全勤奖,儿子这天参加棒球赛,原本夺冠有望,却因心情不好发挥不佳,第一局就被淘汰了。

原本阳光明媚的一天,就这样因为一块手表变成了"最闹心的一天"。

在生活中,这样的例子比比皆是。因为一时难忍前车的别车之怨,路怒者无视交规,强行变道,瞬间造成重大车祸;学生难释与室友的平时小怨,有时竟会演变为校园惨案;丈夫难释与妻子的日常之怨,有时竟演变成家庭暴力甚至家庭悲剧……

"费斯汀格法则"告诉我们:生活中有 10%的事情是我们无法掌控的,而另外的 90%却是我们能够掌控的。遇到不如意的事情,个体千万不要养成错误的认知惯性和情绪惯性:责怪外部,抱怨他人,乏于正己。责人而不正己的惯性一旦形成,那么 10%的怨恨最终可能会演变为 100%不可挽回的损失，待当事人醒悟过来，往往已是追悔莫及。

 案例 6.3.2 古代圣贤的"释怨观"

《礼记·中庸》中说道："正己而不求于人，则无怨。上不怨天，下不尤人。"这意在告诉我们无论身处何种情况，都要首先规范自己的言行，正视自己的错误，做好自己分内之事，而不是苛求他人。这样的话，人们自然就不会有怨恨了。遇到怨恨之事，上不怨天，下不尤人，从自身寻找原因，怨恨终会化解。

《论语·卫灵公》指出："躬自厚而薄责于人，则远怨矣。"这同样为我们指明了避免怨恨的途径：与其怨天尤人，不如严格要求自己，时常自省己身，怨恨就会慢慢释去。

明代心学大师王阳明（1472—1529）提出"心即理""致良知""知行合一"等思想，强调道德的自觉和主宰性。在《传习录》中，他讲过这样一个故事：

"一友常易动气责人，先生警之曰：'学须反己；若徒责人，只见得人不是，不见自己非；若能反己，方见自己有许多未尽处，奚暇责人？舜能化得象的傲，其机括只是不见象之不是。若舜只要正他的奸恶，就见得象的不是矣；象是傲人，必不肯相下，如何感化得他？'是友感悔。曰：'你今后只不要去论人之是非，当责辨人时，就把做一件大己私，克去方可。'"

因为友人常常责备他人，王阳明特别指出：如果随意责备他人，就只能看到他人的不足，看不到自己的不足；如果能够反思自己，就能看到自己的许多不足，也就不会去责备他人了。就如同圣人舜通过正视自身的不足，从而感化骄傲的象一般。此人听了这段话，深受感动。王阳明告诫他不要随便论人是非，当心中无私时，方可行之。王阳明强调了躬身反省的重要性，如果人们都能够随时自我反省，就不会随意抱怨他人了。

曾国藩（1811—1872）作为晚清杰出的政治家，修身律己，以德服人，坚持仁政德治。他在给弟弟的家书中写道：

"昔年自负本领甚大，可屈可伸，可行可藏，又每见得人家不是。自从丁巳、戊午大悔大悟之后，乃知自己全无本领，凡事都见得人家有几分是处。故自戊午至今九载，与四十岁以前迥不相同。大约以能立能达为体，以不怨不尤为用。立者，发愤图强，站得住也。达者，办事圆融，行得通也。"

曾国藩在这封家书中，总结了自己的前半生仕途。昔日他自命不凡，看别人总是能找出对方的错误。丁巳年（1857），其父辞世，他与其弟曾国华回家奔丧；第二年（戊午，1858），曾国华却战死。至亲的相继离去，使他在痛彻心扉之际大彻大悟，才了解到自己并非无所不能，此时看别人才能够发现对方的优点。曾国藩劝诫弟弟要做到能立能达，处事不要怨天尤人，而是要从内心深刻地去反省自己的行为，发愤图强，办事周到，只有这样，才能够取得成功。

康熙皇帝（1654—1722）是中国历史上的英明皇帝，一生修身、齐家、治国、平天下，在任期间留下无数丰功伟绩。同时，康熙皇帝也有一套自己的处事方法。"三藩之乱"乃是康熙初年所受到的一次大挑战。清兵入关，八旗兵在明朝降将吴三桂（1612—1678）等协助下，平定全国。康熙初年，驻守云南的吴三桂、广东的尚可喜（1604—1676）、福建的耿精忠（1644—1682）势力很大，与清廷分庭抗礼，严重影响国家的统一。康熙十二年（1673），康熙决定撤藩，吴三桂等当即反叛，引发全国性的大叛乱。但康熙临危不惧，经过八年战争，终于平定三藩。在《庭训格言》中，康熙帝谈及因"迁藩"之策而使得"三藩"叛乱时说：

"曩者三逆未叛之先，朕与议政诸王大臣议迁藩之事，内中有言当迁者，有言不可迁者。然在当日之势，迁之亦叛，即不迁，亦叛。遂定迁藩之议。三逆既叛，大学士索额图奏曰：'前议三藩当迁者，皆宜正以国法。'朕曰：'不可。廷议之时言三藩当迁者，朕实主之。今事至此，岂可归过于他人？在廷诸臣一闻朕旨，莫不感激涕零，心悦诚服。朕从来诸事不肯委罪于人，矧军国大事而肯卸过于诸大臣乎？'"

这段话，充分反映了康熙皇帝敢作敢当、不诿过他人的精神。康熙皇帝在面对"三藩"反叛的时候，从自身寻找原因，对事情的起因有着清醒的认识，保持足够的认知客观，而不是把"怨"推给大臣们，不仅显示出了他作为君王的雄才大略，也是他能够成为亘古一帝的关键。

可以看出，从古代圣贤，到封建君主，面对怨恨时都主张应积极从自身寻找原因，时刻反省自己的错误，规范自己的言行，而不是苛求他人，责备他人。圣人之言到君王之行无不证实："躬自厚而薄责于人，则远怨矣。"

 案例 6.3.3　释怨，正己之念，正己之行[①]

故事是这样的：闺蜜"仙人掌"是朋友圈里极有时尚感的大女人，因为性格耿直，为人泼辣，被我们送了个"仙人掌"的外号。

谁知道，生了孩子不过一年，她便直接从辣妹跌入"事儿妈"的深渊。穿衣品位大不如前就不说了，整个人的状态也显得疲惫倦怠。

有很长一段时间，我都不太敢和她聊天，因为她一开口全是抱怨。

"我老公这个人太愚孝了，什么都听他妈妈的。"

"唉，我告诉你啊，婆婆，绝对是世界上最虚伪的人，婚前那个嘴甜，婚后那个嘴脸。"

"我都搞不明白，一个大男人，对事业一点上进心都没有，还有什么脸待在家里，婚前没发现他这么浑啊。"

那个时候，我刚结婚没多久，本来也有点恐婚，听她这么念叨，我总觉得我已经一脚踏进地狱了，实在按捺不住那种恐慌。有一次吃饭时，我连连对"仙人掌"姑娘摆手："对不起，我肚子痛，先回家了啊。"

---

① 根据林宛央文章《抱怨是最疯狂的传染病》整理。

　　落荒而逃的后果是，"仙人掌"姑娘一个人吃完了双人牛排加餐后水果，边打嗝边为这顿不快乐的午餐埋单。然后，友谊的小船说翻就翻了。

　　很长一段时间，"仙人掌"都没搭理我。也是嘛，本来想找个人大吐苦水，结果刚撩起袖子，准备大战一场，对方却怂了，只能硬生生咽下已到嗓子边的口水，要是我，我也生气。

　　最后，还是"仙人掌"大气，在电话里把我大骂了一顿之后，我们又重归于好。这回我再恐慌，也不敢挂她的电话了。她在电话里家长里短地唠了大半天之后，突如其来地问了我一句：

　　"央央，我是不是抱怨得太多了？我老公说我现在就像个怨妇。"

　　"某个人告诉我说，这是病，得治。"

　　她听后，哈哈大笑。

　　"那像我这样的重症患者，是不是要开颅换个脑子啊，央央，能不能给我找个手术刀很快的医生。"

　　我喜欢她这样的自嘲，懂得自嘲的姑娘，不会病到无药可医。

　　她还是找到了那个动手很快的医生，一刀病除。那个医生就是她自己，这世上，还有谁能比自己对自己下手更狠。

　　长时间的抱怨，"仙人掌"和老公之间渐渐有了距离。离得远了以后，她开始明白，其实，并非他婚前婚后相差甚远，而是生活焦虑的她，看什么都不顺眼。

　　她强迫自己调整心态，把之前用来吵架的多余时间，放在了健身、读书、照顾熊孩子上，因为瑜伽练得好，她又兼职当了瑜伽老师。不仅人看起来变得光芒四射，连钞票也大把大把地多了起来。孩儿妈的努力，让孩儿爸既感动又骄傲，只能更努力地跟上她的步伐。

　　就这样，"仙人掌"又从"事儿妈"升格成了"带刺的玫瑰"，妖娆美丽，爽利泼辣。现在，很少听到她再抱怨家庭矛盾了，她最常说的话是："抱怨是种病，有种，你闭嘴啊。"

　　重要的话反复说，"躬自厚而薄责于人，则远怨矣"。释怨，唯有正己之念，正己之行。

案例 6.3.4　少些抱怨，多些担当

　　施一公在一次演讲中说道："1987 年 9 月 21 日，我的父亲被疲劳驾驶的出租车在自行车道上撞倒，当司机把我父亲送到河南省人民医院的时候，他还在昏迷中，心跳每分钟 62 次，血压 130/80。但是他在医院的急救室里躺了整整四个半小时，没有得到任何施救，因为医院说，需要先交钱，再救人。待肇事司机筹了 500 块钱回来的时候，我父亲已经没有血压，也没有心跳了，没有得到任何救治地死在了医院的急救室。这件事对我影响极大，直到现在，夜深人静时我还是抑制不住对父亲的思念。这件事让我对社会的看法产生了根本的变化。我曾经怨恨过，曾经想报复这家医院和见死不救的那位急救室当值医生：为什么不救我父亲？但是后来想通了，我真的想通了：中国这么大的国家，这么多人，不知道有多少人、多少家庭在经历着像我父亲一样的悲剧。如果我真有抱负、真有担当，那就应该去改变社会，让这样的悲剧不再发生，让更多的人过上好日子。"

　　施一公教授面对生活的沉重一击，没有沉陷于无尽的抱怨中，而是在更大的格局下将之转化为改善社会的动力，努力让更多的人过上好日子。世界这么大，问题那么多，我们难免遇到这样那样不尽人意的地方，但这不应该成为我们抱怨甚至是报复社会的借口。相反，少些抱怨，多些担当，以至诚之心造福社会，我们的生活才会有真正的意义和灵魂。

四、忘忧

　　"忧"是心灵结出的苦果。不管是忧虑、担忧，抑或是忧愁、忧伤，它们集中反映着个体对于自身或外部世界的消极认知。这种消极认知，从根本上讲，源于我们对于不确定性（或者说是未知）的恐惧。时间和空间——两个可谓亘古不变的基本概念——塑造着我们的认知框架，却也将人类置于无限的可能性中："天有不测风云，人有旦夕祸福"，明天乃至下一秒会发生什么，我们永远不会完全知晓。如果再加上日常生活中的繁杂内容，从学生期间的各种考试，到工作期间的各种竞争；从一次不明原因的发烧，到对疾病和死亡的恐惧；从对环境污染的抵触，到对地球毁灭的臆想……可"忧"之人、可"忧"之事真的太多太多。"吾生也有涯，而知也无涯"，"完全信息"只存在于理想化的理论模型中。"忧"，或许正是心灵对于这个"不完美"世界的"过敏反应"。

可是，我们面对层出不穷的"忧"就只能束手无策了吗？答案是"否"。比较了各种忘忧策略，我们更为欣赏美国著名的人际关系学大师戴尔·卡耐基的忘忧之策。他在自己的著作中介绍了他自认为解决忧虑的最好办法，这种方法也被称为"卡瑞尔万灵公式"。第一步，冷静面对。先毫不害怕而冷静地分析整个情况，然后找出万一失败可能发生的最坏的情况是什么。第二步，诚恳接受。找出可能发生的最坏情况之后，就让自己在必要的时候能够诚恳地接受它。第三步，尽心改善。从这以后，就尽心地把时间和精力，拿来试着改善在心理上已经接受的那种最坏情况。

其中最难但也是最可贵的一步就是"让自己接受最坏的情况"。应用心理学之父威廉·詹姆斯教授认为："能接受既成的事实，就是克服随之而来的任何不幸的第一个步骤。"尽管未知事件如同一口黑黢黢的井，但是我们仍可能根据事件的性质与我们的生活经验估计出它的"深度"，而非只能干坐在"井口"边喟然长叹。能够接受最坏的情况，意味着我们的心理预期已经放低，而得到高于心理预期的结果的机率则会提升；更重要的是，它是心理承受力的一次次下探，是对我们改变现状的能力的一次次激发。正如林语堂先生在其著作《生活的艺术》中提到的："……能接受最坏的情况，在心理上，就能让你发挥出新的能力。"由此可见，学会接受坏情况并不是变得消极，而是为改变这种情况铺平道路。任何难题总会有化解方案，关键是拥有化解难题、走出忧虑的信心感和掌握感。

 案例 6.4.1　艾尔·汉里的环球旅行[①]

　　艾尔·汉里因为常常发愁，得了严重的胃溃疡，几个非常有名的胃溃疡专家都认为艾尔·汉里的病已经无药可救了。在这种情况下，汉里告诉自己："如果你除了等死之外没有什么别的指望了，不如好好利用剩下的这一点时间。你一直想在你死之前环游世界，所以如果你还想这样做的话，只有现在去做了。"几位医生听到汉里的想法后纷纷警告他："如果你开始环游世界，那就只能葬在海里了。"而汉里的回答则是："我去买了一具棺材，把它运上船，然后和轮船公司约定好，万一我去世的话，就把我的尸体放在冷冻舱里，直到运回老家。"

　　就这样，艾尔·汉里从洛杉矶乘坐亚当斯总统号船开始向东方航行。在旅行过程中，汉里觉得自己好多了，渐渐地不再吃药，也不再洗胃。不久之后，他所有食物都能吃了。几个星期之后，他甚至可以抽长长的黑雪茄，喝几杯老酒。他在船上和其他旅客玩游戏、唱歌、交新朋友，中止了所有无聊的担忧，觉得非常的舒服。回到美国之后，他几乎完全忘记自己曾患过胃溃疡，并且此后也没再犯过此病。

　　艾尔·汉里本人告诉卡耐基，他使用的正是卡耐基介绍的卡瑞尔万灵公式。"首先，我问自己：'所可能发生的最坏情况是什么？'答案是：死亡。第二，我让自己准备好接受死亡。我不得不如此，因为别无其他的选择，几个医生都说我没有希望了。第三，我想办法改善这种情况。办法是：尽量享受我所剩下的这一点点的时间。如果我上船之后还继续忧虑下去，毫无疑问，我一定会躺在我的棺

---

① 靳西.卡耐基人际关系学[M].北京：燕山出版社，2008：161—163.

材里，完成这次旅行了。可是我轻松下来，忘了所有的麻烦，而这种心理平静，使我产生了新的体力，挽救了我的性命。"

 案例 6.4.2　柏莱克的"烦恼"[①]

大卫斯商业学院创办人柏莱克有一段引人深思的经历：他在人生的前四十多年，一直过着正常而无忧无虑的生活，最多只碰到一些可以轻松解决的小问题。但突然间，六种烦恼同时降临到柏莱克的身上，他整日整夜地为其担忧，却找不到任何办法。有一天上午，他坐在办公室里，为他的六种烦恼继续发愁，但他觉得自己根本无法解决，于是就决定用打字机把这些困难全部写下来：

（1）我的商业学院面临破产风险，因为所有的男孩子都从军去了，而未受商业训练的女孩子在军火工厂所赚的钱，比从商业学院受训毕业的女孩子在商业机关所能赚的钱还要多。

（2）我的大儿子正在军中服务，跟所有做父母的一样，我十分担心他的安危。

（3）俄克拉荷马市政府已开始计划征收一大片土地来建造机场，而我的房子——以前是我父亲的房子——就坐落在这一大片土地的中央。我知道我只能得到其总价的十分之一作为补偿，更糟的是，我将失去我的房子；由于当时房子缺乏，我担心能否找到另一栋房子供我们一家六口安身。我害怕我们也许要住在帐篷里。我甚至担心，我们是否有能力买一个帐篷。

（4）我土地上的水井已经干涸，因为我家附近刚刚挖掘了一条大排水沟。若是再挖个新井，等于浪费六百元，因为这块土地已被征收。已经一连两个月，我每天早上提水去喂牲口，我害怕在战争结束以前，我必须每天这么做。

（5）我的住处距离学校有 5 千米，而我领取的是"乙级汽油卡"，这表示我不能购买任何新轮胎，因此，我十分担心，万一我那辆老

① 靳西.卡耐基人际关系学[M]. 北京：燕山出版社，2008：131—133.

福特车的轮胎爆了，我大概无法上班了。

（6）我的大女儿提早一年从高中毕业，她一心想上大学，但我却没有钱供她上大学。我知道她一定十分伤心。

然而在写完"忧虑清单"以后，柏莱克忘记了这件事。十八个月之后，他在整理文件时，凑巧又看到了这张单子，但他现在发觉所有困难都已经过去：

（1）我发觉，忧虑我的商业学院会被迫关门，是白操心。因为政府已开始拨款补助商业学院，要求代为训练退伍军人，我的学校很快又恢复往日的生气了。

（2）我发觉，对于我儿子在军中的忧虑，是不必要的。他已经历过战争，身上却连一点轻伤也没有。

（3）我发觉，关于土地被征收一事的忧虑，也是多余的，因为在我农场附近发现了石油，建机场的计划遂告作罢。

（4）我发觉，担心没有水井打水喂牲口，也是不必要的，因为当我知道我的土地不再被征收之后，我就立刻花钱挖了一个新井，挖得更深，水源不绝。

（5）我发觉，担心我的轮胎破裂，也是不必要的。因为，我将那个旧轮胎翻新之后，再小心驾驶，结果轮胎一直没坏。

（6）我发觉，担心我女儿的教育问题，也是不必要的。因为在开学前六天，我得到了一个查账的工作机会，它使我能够及时将她送入大学。

卡耐基指出，我们所担心的事，百分之九十九都不会发生，而对永远不会发生的事情凭空操心是很悲哀的。正所谓"世上本无事，庸人自扰之"，很多"烦恼"本来是可以不发生的，问问自己："我怎么'知道'我现在所担心的事真会发生？"这个故事也告诉我们，今天就是你昨天担心的明天，不要自寻烦恼，"杞人忧天"。这样看来，解忧，重要的不仅仅是方法的合理，更重要的是心境的成熟。

案例 6.4.3　"剪不完"的烦恼

从前，有个男子觉得自己的人生不顺遂，生活很不开心。于是他来到山中的一间禅寺，希望禅师能予以开释，去除他的烦恼。禅师提出了一个要求：让男子帮助把环绕禅寺的树篱笆修剪平整。男子答应了，于是每天清晨他就拿着树剪开始工作，日复一日。过了一周，他终于剪完一圈，但他却发现，一周前才剪过的地方竟然又已经枝繁叶茂了！于是他去问禅师："草木的生长速度之快，远远超过我修剪的速度，我该怎么办？"禅师只说了一句"继续剪！"就这样，男子剪了一圈又一圈，每次得到的都是相同的答案，终于有一次，他忍不住恼怒起来："自从我来到禅寺，您从未替我开释，只是叫我剪树，我受不了了！"禅师反问："你为什么不继续剪树？""因为永远剪不完啊！""你的烦恼也是如此，"禅师说，"烦恼永远会不断增生，我们只能尽力修剪。"男子恍然大悟。

卡耐基说过："忧虑每天都会产生，不在于如何去预防，而是当忧虑来时如何去面对。"的确如此，在面对忧虑时，我们尽管不能"除根"，但必须学会"斩草"的功夫。懂得面对烦恼，进而解决烦恼，最后放下烦恼，这样也就没什么可忧虑的了。

台湾作家林清玄在作品《一心一境》中写过这样几句颇具禅意的话："一心一境是治疗人生的波动、不安、痛苦、散乱最有效也最简易的办法……若能安住于每一个当下，受苦就不那么苦，受乐也没有那么乐了。可惜的是，人往往是一心好几境（怀忧过去，恐慌未来），或一境生起好几种心（信念犹如江河，波动不止）……"心忧缘于思绪的冗杂，如同胸中搅着一堆乱糟糟的导线，让人看不到头绪。这时候，恢复注意力的集中度，聚焦于当下亟待解决的一个或几个问题，便显得尤为重要。

"仁者不忧"。若将上述几个案例的忘忧之法归于微观之术，"仁者不忧""尽人事，听天命"则是"忘忧"之道。长久存在的未知、不期而至的偶然，在某种意义上是一种"天命"，善举唯有"尽人事"。尽行仁爱之事，心则多安，多安必会少忧。"忧"从心来，必从心去，我们应当学会"忘忧"之减法，换取幸福感之"加法"。

第七章
人际与幸福

一个人事业的成功，15%基于他的专业技能，85%取决于他的人际关系。

——卡耐基

人的本质不是单个人所固有的抽象物，在其现实性上，它是一切社会关系的总和。

——卡尔·马克思

学会处理人际关系，就在成功路上走了85%的路程，在个人幸福的路上走了99%的路程。

——卡耐基

个人与自己的关系是所有关系的开始。当你相信自己并与自己和谐一致，你就是自己最忠实的伙伴，也只有如此，你才能宠辱不惊。

——洛克菲勒

有人曾问积极心理学创始人之一——克里斯托夫·彼得森（Christopher Peterson）："能不能用三个词把积极心理学说清楚一点儿？"彼得森回答说："别人很重要（other people matter）。"日常各种情绪的产生总是与他人有关，在生活中做到人际和谐，经常体验到亲情、友情等积极情绪，对幸福至关重要。《大学》中特别强调"修身"及在"齐家""治国"中承担社会责任。在农业经济社会，民众的劳动、生活范围主要局限于家庭，人际责任主要体现在孝亲、育子等家庭层面。在现代社会，民众的交往范围大大拓展，日常的人际关系更加多元，欲实现人际和谐，从人际方面体验到更多的积极情绪，就需要尽更多的人际责任，需要把更多的"时间""精力"资源配置到家庭、同事、朋友等人际方面，在愉悦亲友、成就亲友、成就他人的过程中充实自己。

一、人际很重要

艾德·迪纳和马丁·塞利格曼这两位积极心理学界的领袖人物研究了一些"非常快乐的人"，并且将他们和"不快乐的人"做了比较。在外界因素中，唯一能够区分两种人的因素就是他们是否具有广泛而令人满意的人际关系。与朋友、家人和爱人共享美好时光是幸福的必需品。

 案例 7.1.1   哈佛研究证实幸福人生的关键在于好的人际关系

搜狐网曾报道：1938 年，时任哈佛大学卫生系主任的阿列·博克（Arlie Bock）教授认为，整个研究界都在关心人为什么生病、失败、潦倒，却没有人仔细研究人如何才能健康、成功、幸福。于是乎，博克提出了一项雄心勃勃的研究计划：追踪一批人从青少年到人生终结的历程，关注他们的高低转折，记录他们的状态境遇，即时记录，滴水不漏。最终将他们的一生转化为一个答案：什么样的人，最可能获得人生的幸福？这就是著名的"格兰特研究"。

这个计划选定的追踪对象，全部是当时哈佛大学的精英本科生，博克认为他们有很强的自制力，对他们进行跟踪分析，一定能找到促使这群优秀年轻人获得人生幸福的各种心理和生理素质。带着良好的愿望，他组织了一支横跨各领域的科研团队，成员来自医学、生理学、人类学、心理学、精神医学和社会工作领域，甚至包括赫赫有名的阿道夫·迈耶（对整个 20 世纪精神医学产生了巨大影响的泰山北斗）。基于医学记录、学业成绩和哈佛的推荐，研究团队选取了 268 名学生作为实验对象。这些年轻人在当时堪称完美：他们是美国最好的大学里的学生，体格健壮，心理健康，学业优良。和格兰特研究项目并驾齐驱的，还有一个名为"格鲁克研究"的项目。这个项目由哈佛大学教授、波兰裔美国犯罪学家谢尔顿·格鲁克主持，研究对象包括 456 名出生于波士顿附近贫困家庭的年轻人。他们大部分住在廉租公寓里，有的家庭甚至连热水都没有，受教育程度不高，父母也没什么文化。

最终，两个项目合并，这 724 名男性被全面追踪分析，组成人类历史上最漫长的研究之一——格兰特和格鲁克研究。迄今为止，这个项目已经持续了七十多个年头，相关负责人更替到了第四代。每两年，这批人都会接到调查问卷，他们需要回答自己身体是否健康，精神是否正常，婚姻质量如何，事业成功还是失败，退休后是否幸福。研究者根据他们交还的问卷给他们分级，E 是情形最糟，A 是情形最好。每隔 5 年，会有专业的医师评估他们的身心健康指标。每隔 5~10 年，研究者还会亲自拜访，通过面谈采访，更深入地了解他们目前的亲密关系、事业收入、人生满意度，以及他们在人生的每个阶段是否适应良好。这 724 名男性可谓是"史上被研究得最透彻的一群小白鼠"，他们经历了第二次世界大战、经济萧条、经济复苏、金融海啸……他们结婚、离婚、升职、当选、失败、东山再起、一蹶不振……有人顺利退休，安度晚年；有人自毁健康，早早夭亡。其中包括形形色色的人，记录了形形色色的人生。其中有不知名的商贩走卒，也有后来成为民权运动家的领袖，甚至还有国会议员和一名总统，那位总统就是大名鼎鼎的肯尼迪（肯尼迪的资料要到 2040 年才能解封）。现如今，这群人里面，还有许多人健在，已是九十多岁高龄。项目能持续如此之久，连哈佛大学自己都深感意外。70 年间，相关负责人每隔一段时间，就会将追访的资料整理成书籍，得出一些概括性的结论。最近一本，便是 2012 年的《经验至上》（*Triumphs of Experience*）。

那么，七十多年来，几十万页的访谈资料和医疗记录，最终给了人们怎样的启发呢？究竟什么样的人，能够比别人活得更有幸福感？2015 年，项目第四代主管、哈佛医学院教授罗伯特·瓦尔丁格（Robert Waldinger）在 TED 上介绍了他们的研究成果。

是社会名望吗？是拥有财富的程度吗？还是获得世俗社会眼里所谓的巨大成功？不，幸福和它们没有直接关系。经过 70 年的研究分析和观点提炼，哈佛大学告诉我们：只有好的社会关系，才能让我们幸福、开心。受过高等教育的精英也好，从贫民窟走出来的人也罢，不管你是风光万丈，还是碌碌无为，最终决定内心是否有充足幸福感的，是我们与周围人之间的关系。

首先，孤独寂寞是有害健康的。那些跟家庭成员更亲近的人，更爱与朋友、邻居交往的人，会比那些不善交际、离群索居的人更快乐、更健康、更长寿。那些"被孤立"的人，等他们人到中年时，健康状况下降更快，大脑功能下降得更快，也没那么长寿。

其次，关系的质量比数量重要。有多少朋友、是否结婚，这都不是最关键的决定元素。最让人感到受伤和不幸的，是人生中的龃龉、争吵和冷战。互相伤害、没有爱情的婚姻，带来的危害会比离婚更加致命。参与者中，一对最幸福的夫妻说，在他们八十多岁时，哪怕身体出现各种毛病，他们依旧觉得日子很幸福，可以互相依赖。而那些婚姻不快乐的人，哪怕有一点不适，坏情绪就会把身体的痛苦无限放大。朋友之间也是如此，不要追求数量的多少，要看两人是否趣味相投。

最后，好的人际关系可以保护我们的大脑。如果一个人在八十多岁时，婚姻生活仍然温暖和睦，对另一半依然信任有加，知道对方在关键时刻能够指望,那么双方的记忆力都不容易衰退。反过来,那些无法信任另一半的人,身体很快就会走下坡路。当然,幸福的婚姻并不意味着从不拌嘴。有些夫妻,八九十岁了,还天天斗嘴,但只要他们坚信,在关键时刻能依赖对方,那这些争吵顶多只是生活的调味剂。

与我们关心的人和关心我们的人一起分享人生经历、想法以及感受,可以增加生活的意义并安抚我们的痛苦,让我们感到这个世界充满了乐趣。17世纪哲学家弗朗西斯·培根曾说过,亲密关系可以"将我们的快乐加倍,将我们的痛苦减半"。

二、论诚

人际很重要,如何实现人际和谐更为重要。关于人际和谐的思考很多,哲人在思考,政治家在思考,文人也通过诗词、作品给出自己的思考……比较各种思考后,还是孔夫子一以贯之的"忠恕"之道简约、实用。忠,诚也,真也。恕,包容,理解。一个人只要诚于自己,恕于他人,他的人际定会和谐。

(一)诚者,天之道也;诚之者,人之道也

《中庸》重"诚",全文33章,有10余章关乎"诚"。"自诚明,谓之性;自明诚,谓之教。诚则明矣,明则诚矣。"个人只有诚于己、诚于人、诚于物,明晰人物之天性,敬承人物之天赋,方可成就自己、成就他人、成就万事万物。教化使人明晰事理,明晰至极,唯"诚"。"天地之道,可一言而尽也。其为物不贰,则其生物不测。""诚者,物之终始。不诚无物。""唯天下至诚,为能经纶天下之大经,立天下之大本,知天地之化育。"

为了避免理解偏差，谨照摘《中庸》部分章句如下：

自诚明，谓之性；自明诚，谓之教。诚则明矣，明则诚矣。

——《中庸》21 章

唯天下至诚为能尽其性。能尽其性，则能尽人之性。能尽人之性，则能尽物之性。能尽物之性，则可以赞天地之化育。可以赞天地之化育，则可以与天地参矣。

——《中庸》22 章

其次致曲，曲能有诚。诚则形，形则著，著则明，明则动，动则变，变则化。唯天下至诚为能化。

——《中庸》23 章

诚者自成也，而道自道也。诚者，物之终始。不诚无物。是故君子诚之为贵。诚者，非自成己而已也。所以成物也，成己仁也，成物知也，性之德也，合外内之道也。故时措之宜也。

——《中庸》25 章

故至诚无息。不息则久，久则征。征则悠远。悠远，则博厚。博厚，则高明。博厚，所以载物也。高明，所以覆物也。悠久，所以成物也。博厚，配地。高明，配天。悠久，无疆。如此者，不见而章，不动而变，无为而成。天地之道，可一言而尽也。其为物不贰，则其生物不测。天地之道，博也、厚也、高也、明也、悠也、久也。今夫天斯昭昭之多，及其无穷也，日月星辰系焉，万物覆焉。今夫地一撮土之多，及其广厚载华岳而不重，振河海而不洩，万物载焉。今夫山一卷石之多，及其广大，草木生之，禽兽居之，宝藏兴焉。今夫水，一勺之多，及其不测，鼋、鼍、蛟、龙、鱼、鳖生焉，货财殖焉。诗云，"维天之命，于穆不已。"盖曰，天之所以为天也。"于乎不显，文王之德之纯。"盖曰，文王之所以为文也，纯亦不已。

——《中庸》26 章

唯天下至诚，为能经纶天下之大经，立天下之大本，知天地之化育。夫焉有所倚？肫肫其仁！渊渊其渊！浩浩其天！苟不固聪明圣知，达天德者，其孰能知之？

——《中庸》32 章

《大学》也重"诚"，强调"心正""意诚"乃"修身"之门径，不得其门，焉能入室。《大学》经一章，传十章，短短两千二百多字，多段文字论"诚"。例如："所谓诚其意者，毋自欺也。如恶恶臭，如好好色，此之谓自谦。故君子必慎其独也。小人闲居为不善，无所不至，见君子而后厌然，掩其不善，而著其善。人之视己，如见其肺肝然，则何益矣。此谓诚于中，形于外，故君子必慎其独也。

曾子曰：'十目所视，十手所指，其严乎！'富润屋，德润身，心广体胖，故君子必诚其意。"

康熙文韬武略，号称大帝，尊为天子，至孔庙前诚行三跪九叩大礼。何使其然？身受其益使然。康熙熟背儒家经典过百遍，烂熟于心。己受益，也重传承。康熙曾对诸官说："朕经常想到祖先托付的重任。对皇子的教育及早抓起，不敢忽视怠慢。天未亮即起来，亲自检查督促课业，东宫太子及诸皇子，排列次序上殿，一一背诵经书，至于日偏西时，还令其习字、习射，复讲至于深夜。自春开始，直到岁末，没有旷日。"[1]

对于康熙教子的种种做法，法国传教士白晋以亲身见闻，向法国皇帝路易十四做了如实报告。白晋在报告中说：中国皇帝以父爱的模范施以皇子教育，令人敬佩。中国的皇帝特别注意对皇子们施以道德教育，努力进行与他们身份相称的各种训练，授之以经史、诗文、书画、音乐、几何、天文、骑射、游泳、火器等。

康熙亲著两书：《庭训格言》《几暇格物编》，前者关乎人文日用，后者关乎对自然现象的考察。《庭训格言》用于教化皇子至心、至简、至用，几十处训"诚"。

训曰：吾人凡事唯当以诚，而无务虚名。朕自幼登极，凡祀坛庙神佛，必以诚敬存心。即理事务，对诸大臣，总以实心相待，不

---

[1] 根据《庭训格言》翻译。

务虚名。故朕所行事，一出于真诚，无纤毫虚饰。

图 7-1 爱新觉罗·玄烨素描像

训曰：今天下承平，朕犹时刻不倦勤修政事。前三孽作乱时，因朕主见专诚，以致成功。

训曰：凡人养生之道，无过于圣贤所留之经书。唯朕唯训汝等熟习五经四书性理，诚以其中凡存心养性立命之道，无以不具故也。看此等书，不胜于习各种杂学乎？

训曰：天道好生。人一心行善，则福履自至。观我朝及古行兵之王公大臣，内中颇有建立功业而行军时曾多杀人者，其子孙必不昌盛，渐至衰败。由是观之，仁者诚为人之本欤！

训曰：孟子云，"存乎人者，莫良于眸子。眸子不能掩其恶。胸中正则眸子瞭焉，胸中不正则眸子眊焉。"此诚然也。

训曰：好疑惑人非好事。我疑彼，彼之疑心益增。凡事开诚布公为善，防疑无用也。

训曰：孟子云，"大人者，不失其赤子之心者。"赤子之心者，乃人生之真性，即上古之淳朴处也。我朝满洲制度亦然。满洲故制，看来虽似鄙聘，其一种真诚处又岂易哉！我等读书，宜达书中之理，穷究古人立言之意也。

儒家强调"仁义礼智信"。何为"信"？"信"亦"诚"也，文字杂易扰其意，"诚""忠""信"，一也。现代社会强调"诚信"，诚信缺失乃诸多乱象之源。《论语》中有关"信"字四十余处，谨择一二，与现代人共飨、共勉。

子曰："君子义以为质，礼以行之，孙以出之，信以成之。君子哉！"

——《论语》第十五篇·卫灵公

子张问行。子曰："言忠信，行笃敬，虽蛮貊之邦，行矣。言不忠信，行不笃敬，虽州里，行乎哉？立则见其参于前也，在舆则见其倚于衡也，夫然后行。"子张书诸绅。

——《论语》第十五篇·卫灵公

子曰："人而无信，不知其可也。大车无輗，小车无軏，其何以行之哉？"

——《论语》第二篇·为政

有子曰："信近于义，言可复也。恭近于礼，远耻辱也。因不失其亲，亦可宗也。"

——《论语》第一篇·学而

子贡问政。子曰："足食，足兵，民信之矣。"子贡曰："必不得已而去，于斯三者何先？"曰："去兵。"子贡曰："必不得已而去，于斯二者何先？"曰："去食。自古皆有死，民无信不立。"

——《论语》第十二篇·颜渊

古圣先贤关于"诚、信"之言简约、深刻，只能抱敬畏之心陈述原文，不敢妄加评论。

三、论恕

 案例 7.3.1　容忍比自由更重要

　　胡适在《容忍与自由》一书中这样写道："我曾说过，我应该用容忍的态度来报答社会对我的容忍。我现在常常想，我们还得戒律自己：我们若想别人容忍谅解我们的见解，我们必须先养成能够容忍谅解别人的见解的度量。至少我们应该戒约自己决不可'以吾辈所主张者为绝对之是'。我们受过实验主义的训练的人，本来就不承认有'绝对之是'，更不可以'以吾辈所主张者为绝对之是'。"

　　在这段文字中，胡适谈到了容忍异己思想，抛弃"吾辈之主张为绝对之是"的态度，才能实现言论、思想的自由，才能拥有良好的人际关系。

　　胡适除了将容忍用于学术交流，更是将其用于为人处世，这使得胡适在当时的北京大学交友最广，朋友最多。梁实秋曾对其这样评价："胡先生，和其他的伟大人物一样，平易近人。'温而厉'是最好的形容。我从未见过他大发雷霆或盛气凌人。他对待年轻人、属下、仆人，永远是一副笑容可掬的样子。就是在遭到挫折侮辱的时候，他也不失其常。其心休休然，其如有容。"

　　《新青年》时期的胡适，颇受鲁迅的肯定和赞赏。他们曾一起讨论问题，商定稿件，又书信往来，互借图书资料，关系颇为亲密。但后来因为胡适主张青年学生埋头读书，少参与政治，加之鲁迅与新月派文人陈源、梁实秋等的争执，以及胡适宣扬"好政府"主义，又受到逊位的皇帝溥仪、国民政府首脑蒋介石的"垂询"，鲁迅遂与胡适分道扬镳。从 20 世纪 20 年代中后期到 30 年代中期，鲁迅与胡适逐渐疏远，在文章中对胡适进行了批评。

图 7-2　胡适

对于鲁迅的抨击甚至谩骂，胡适非常大度，以"老僧不见不闻"的淡定，不气，不急，不理会。而当鲁迅去世后，青年女作家苏雪林对鲁迅大肆攻击，言鲁迅"心理完全变态，人格卑污"，胡适竟写信维护鲁迅，告诫苏雪林"不必攻击其私人行为"，批评她用"衣冠败类，奸恶小人"等字句尤不成话，并提出了正确评价人物的原则："凡论一人，总须持平。爱而知其恶，恶而知其美，方是持平。"

"和以处众，宽以待下，恕以待人，君子人也。"（《省心录》）其意思是：对待民众要和气，对待下属要厚道，对待别人要宽容，这样的人才是君子。面对鲁迅的批评，他淡然处之；面对他人对鲁迅的攻击，他又挺身维护。胡适向世人展现了其宽广的胸怀，诠释了"恕以待人"的君子之道。

　案例 7.3.2　松下幸之助的《宽容之乐》

松下电器的创始人，被称为"经营之神"的松下幸之助，在《宽容之乐》中写道："与我们相对立的人、事、物，我们总是希望能将之全部排除，这世上只要剩下自己就好了。这本是人之常情，因此，那些排也排不掉、挥也挥不去的东西，深深令我们心烦苦恼。但大体说来，事有对立是好的，有正反两面也不妨，这不正是自然界中的道理吗？有对的关系，我们才能感觉到自己的存在，也正因为这种正反对立存在的关系，才体会得出那种深义、那种绝妙滋味。所以，与其苦思如何去排除那些挥之不去的东西，还不如苦思如何去接纳、调和它们。如此一来必能产生新的天赐美味，而一条新的康庄大道也在我们面前展开了……追求真善美乃是人的本能，但还是有人会去追求丑陋与邪恶。美与丑共存，一起推动这个世界，自古以来从未改变过。既然如此，就应培养忍耐与宽容的心情，否则内心只会感到闷闷不乐，甚至只有叹息这个世界没有希望了。人与人相互依靠而生活、工作，这世界各类人都有，并非到处都是好人。因此，唯有养成忍耐与宽容的心情，才能适应这个社会。"

松下幸之助的观点与胡适的"容忍之道"不谋而合，都强调接受异己的行为，消弭心中的苦闷，以温柔、宽厚之心待人，让彼此都能开朗愉快地生活。这与儒家所倡导的"君子和而不同，小人同而不和"所传递的思想是一样的。

 案例 7.3.3　寒山与拾得

寒山与拾得两位大师是佛教史上著名的诗僧，相传是文殊菩萨与普贤菩萨的化身。一次，寒山问拾得："世间有人谤我、欺我、辱我、笑我、轻我、贱我、恶我、骗我，如何处之乎？"

拾得笑曰："只要忍他、让他、由他、避他、耐他、敬他、不要理他，再待几年，你且看他。"

这个绝妙的回答蕴含了面对人我是非的处世之道，告诉人们以一颗宽容之心去面对外界的议论、诽谤，不为情绪所羁绊，不因逆境而灰心。心若狭隘，如同一把盐倒入一杯水中，不能再饮用；心若旷达，却如一把盐撒入江河之中，毫无影响。正如弘一法师所言："人之谤我也，与其能辩，不如能容。人之侮我也，与其能防，不如能化。"

医学研究发现：不懂得宽容，过于苛求、严厉的人，常常会陷入十分紧张的心理状态之中。难以解除内心的矛盾冲突和情绪危机，就容易使我们的内分泌功能失调，造成血压升高、心跳加快、消化液分泌减少、胃肠功能紊乱等，有的甚至会出现头昏脑涨、失眠多梦、乏力倦怠、食欲缺乏、心烦意乱、气紧头痛、消化不良、肠胃疼痛等症状。心理与生理异常的互相影响，形成了恶性循环，就会导致疾病的产生。恶劣的心理状态甚至会严重影响神经系统，直接导致内脏器官失调、血流阻塞，产生严重后果。

宽容的心态有利于我们远离嫉妒、愤恨、烦躁，促进身心的健康，有利于我们用一双慧眼去看世界，换一种心情，去体会别人的感受。世界上最宽阔的是海洋，比海洋更宽阔的是天空，比天空更宽阔的是人的胸怀。只有以责人之心责己，以恕己之心恕人，我们才能容忍异己，接纳不同，释怀外界的指责，找寻心灵的快乐。

四、感恩

孔子一以贯之践行"忠恕"两字准则，便有了和谐的人际关系，便有了"申申如也，夭夭如也"之燕居，便有了快乐而富有意义的日常生活。可见"忠恕"两字效力之大。"忠"，诚也，真也。"恕"，包容，理解。对于"恕"，后来的儒家圣贤将其上升为"敬畏""感恩"。有了敬畏感恩之心、之行，个体体验到的就不止"申申如也，夭夭如也"之日常和谐，他会更多地体会到"敬畏""感恩"效力之神奇，他会更多地体会到"修己以敬，修己以安人，修己以安天下"力量之宏大，他会更多地体验到生命的奇妙与美好。中国传统文化强调敬畏、感恩："投我以木桃，报之以琼瑶。匪报也，永以为好也。"（《诗经·卫风》）西方智慧也强调感恩："受惠的人，必须把那恩惠常藏心底，但是施恩的人则不可记住它。"（西塞罗）"没有感恩就没有真正的美德"。（卢梭）《真实的幸福》《幸福的方法》等现代幸福前沿教程也特别强调感恩。有鉴于此，感恩的篇幅略长一些。

千百年来，感恩贯穿于人类文明的长河中，俨然成了人类基因的一部分。在中国古代神话故事《九色鹿》中，美丽的九色鹿救助了一位落水的捕蛇人，但见利忘义的捕蛇人竟向皇帝泄露了九色鹿的行踪。最终九色鹿成功逃离皇帝的围猎，捕蛇人则在惊恐与内疚中丧命，其忘恩负义的行为得到了应有的下场。日本古代神话故事《仙鹤报恩》则讲述了一只仙鹤为报答老农夫的救命之恩，变为女子为老农夫织布做饭的感人故事；在西方，当"五月花"号的乘客们在饥病交迫之际得到印第安人的救助时，便留下了感恩节这个充满温情的节日……随着科学研究的不断深入，感恩与健康、与幸福之间的联系也逐渐被人们揭晓。学会感恩将优化个体的生命体验，使人们更加幸福。

（一）感恩如何让我们幸福

众多的科学实验表明，感恩能够通过改善我们的身体机能和心理状态，从而让我们更加幸福。

 案例 7.4.1　每天记下值得感恩的事情能为我们带来什么[①]

美国得克萨斯州南卫理公会大学的迈克尔·麦克洛（Michael McCollough）和加利福尼亚大学戴维斯分校的罗伯特·埃蒙森（Robert Emmons）两位心理学家做了这样的实验：把数百名参加实验的人分成三个不同的组，并要求他们每天写日记。第一组人的日记记录的是每天发生的事情，并没有特别要求要写好事还是坏事；第二组人的日记记录的则是不愉快的经历；最后一组人的日记记录的是一天中所有他们觉得值得感恩的事情。研究的结果表明，每天

---

　　① 该案例根据 Marelisa Fabrega 文章 *How Gratitude Can Change Your Life* 整理。https://possibilitychange.com/gratitude/。

的感恩练习使人们更加警觉、热情、果断、乐观，更加精力充沛；另外，感恩组的人们更少感到沮丧和压力，他们更愿意帮助他人，锻炼更加有规律，并且在对人生目标的努力上取得了更大的进步。

埃蒙森先生的研究还发现，感恩有助于提高我们的心率变异性，增强副交感神经系统功能，从而增强人的免疫系统，提高预期寿命；比起不懂得感恩的人，经常心怀感恩的人往往具有更强的创造能力、更快从逆境中恢复的能力和更广泛的社会关系。他进一步指出："说我们心怀感恩，并不一定是说我们生活中的每件事都很好，它只是表明我们意识到我们的幸福。"

 案例 7.4.2　感恩提高了我们的"幸福预设点"[①]

《多谢！感恩新科学如何使你更快乐》一书认为：感恩可以提高 25% 的幸福度。原因在于，你的幸福总是基于一个预先设定好的点上的，正如当你的体重让你觉得自然适应时，你的身体就会努力保持这个体重一样。如果整天发生的都是不好的事情，你的幸福感会直线下降，但是之后它会回到预先设定的点上；同样地，如果积极的事情发生在你的身上，你的幸福感会上升，然后会再次回到你的"幸福预设点"上。感恩训练的作用在于，它可以提高你的"幸福预设点"，这样，无论外界环境如何，你都可以保持一个更高的幸福度。一项由约翰·邓普顿基金会主持的感恩调查则发现：88%的专业人士表示对他们的同事表达感谢会使他们感到更快乐[②]。

 案例 7.4.3　感恩为我们带来潜在的经济利益[③]

2014 年一项研究发现，感恩心态能带来潜在的经济利益——感

① 该案例根据 Marelisa Fabrega 文章 How Gratitude Can Change Your Life 整理。https://possibilitychange.com/gratitude/。

② 该案例根据 Colleen Georges 文章 7 Positive Psychology Happy Habits for Work and Life 整理。http://www.huffingtonpost.com/dr-colleen-georges/positive-psychology_b_7046912.html。

③ 该案例根据中国国际积极心理学大会新浪博客文章《2014 年："有意义的人生智慧与科学"的十大发现》整理。http://blog.sina.com.cn/s/blog_67971d310102vkbg.html。

恩意识可能会为人们支付情感红利。发表在美国《心理科学》的一项研究显示,感恩意识较少的被试者为了眼前得到 18 美元而愿意在以后(一年半)放弃 100 美元,但拥有更多感恩意识的被试者倾向于等待更长的时间,他们会在即期回报上升至 30 美元时才选择放弃远期的 100 美元。研究者认为,感恩可以降低人们的经济冲动,并提高人们的自制力和延迟满足能力。这对传统观点提出了质疑:人们通常认为,只有控制情绪才能做出更理性的决定;然而现在看来,惜福感恩的心态也许能带来更长久的经济利益。

另一篇发表在美国《个性与个体差异》杂志的研究则发现:感恩心态能够帮助人们做出更明智的消费决策。研究还发现,物质主义者(全心沉迷于追求物质、满足物质欲望的人)的感恩度和生活满意度都较低,研究者推测缺少感恩之心是导致物质主义者生活满意度较低的主要原因。此外,有研究发现,幸福感低的人倾向于购买更多的物质产品,由此形成一个恶性循环。新的研究认为,感恩心态可以打破这个恶性循环,培养感恩之心能降低人们的物质主义倾向。

 案例 7.4.4   耶鲁大学校长这样强调感恩[①]

心理学家芭芭拉·弗雷德里克森认为,感恩能够拓展人的思维,换句话说,感恩能让人们考虑更广泛,更具创造的可能性,增加选择和替代方式。思维的开拓会产生一种个人智能和自我效能感。弗雷德里克森认为,这些情感能培养同情心与助人为乐的精神,并促使人们尝试一系列可能帮助别人的方法而远非简单地互换互惠或一报还一报。

感恩是社会和谐的关键。的确如此,感恩可以增强人们的社会归属感,增强作为好公民的责任,使人们对善意更忠诚。当今社会需要以多种形式将感恩贯穿于各种文化中。对每个人的贡献表达感

---

① 袁利平,柴田. 学会感恩——美国耶鲁大学校长彼得·沙洛维在 2014 年毕业典礼上的演讲[J]. 世界教育信息,2014(13):28—30.

恩，从而使社会变得更加和谐、团结。公开表达的及其他各种形式的感恩会使人们保持乐观并有共同目标感。

（二）感恩让我们心怀诚敬

人是社会关系的总和。不同的社会身份在构建我们同外部世界联系的同时，也在塑造着我们的人格。许多人在回首自己人生航程的时候，都会不由自主地感叹感恩的魅力。

 案例 7.4.5　马云：我和我的团队充满感恩[①]

马云在一次演讲中讲道："什么是信念？'信'是感恩，是信仰，我觉得真是这么回事，我没有理由成功，阿里巴巴也没有理由成功。我们走到现在为止，活下来并且做得不错，我觉得有很多人帮助过我们。'仰'就是敬畏，很多东西你不知道但是你敬畏它。所以我和我的团队充满着感恩。

十年以前我说感恩的时候，我也觉得像喊口号一样。现在是我真觉得，我们怎么会那么好运气？我真觉得冥冥之中有人在帮我们，我不知道是什么。但是这是我的理解，有人也问过我，怎么样把握运气？运气从哪里来？如果你有感恩，运气就会来，如果你有敬畏之心，鬼神就会避开，所以这是我的理解。"

 案例 7.4.6　爱因斯坦：报偿我所领受了的和至今仍在领受的东西[②]

爱因斯坦在 1921 年诺贝尔奖颁奖典礼上的演讲词同样传递出了感恩这一主题。以下是其演讲的节选内容：

"我们这些总有一死的人的命运是多么奇特呀！我们每个人在这个世界上都只做一个短暂的逗留；目的何在，却无所知，尽管有

---

① 该案例整理自马云演讲视频。http://chuangye.umiwi.com/2010/1207/11939.shtml。

② 该案例整理自爱因斯坦 1921 年获诺贝尔奖时的演讲《我的信仰》。http://www.dooo.cc/2014/07/30204.shtml。

时自以为对此若有所感。但是，不必深思，只要从日常生活就可以明白：人是为别人而生存的——首先是为那样一些人，他们的喜悦和健康关系着我们自己的全部幸福；然后是为许多我们所不认识的人，他们的命运通过同情的纽带同我们密切结合在一起。我每天上百次地提醒自己：我的精神生活和物质生活都依靠别人（包括活着的人和死去的人）的劳动，我必须尽力以同样的分量来报偿我所领受了的和至今还在领受的东西……照亮我的道路，并且不断地给我新的勇气去愉快地正视生活的理想，是善、美和真。要是没有志同道合者之间的亲切感情，要不是全神贯注于客观世界——那个在科学与艺术工作领域永远达不到的对象，那么在我看来，生活就会是空虚的。人们所努力追求的庸俗的目标——财产、虚荣、奢侈的生活——我总觉得都是可鄙的。"

 案例 7.4.7　耶鲁大学校长：感恩是通往幸福的大门①

在 2014 年耶鲁大学的毕业典礼上，校长彼得·沙洛维发表了题为《学会感恩》的演讲。在演讲中，他鼓励毕业生们"怀着一颗感恩的心继续向前"，引发了在场师生的强烈共鸣。

"生活中真正的幸福快乐与社会中真正的兴旺繁荣，完全有能力驳回绝对自力更生的神话谎言。美好的生活可能遥不可及，除非我们能够培养一种开放的心态接受他人的帮助并表示感激。

在准备致辞的过程中，我欣喜地发现，经济学家亚当·斯密首次指出了感恩的重要性，而他却是因强调私利是驱动力的言论而闻名的。亚当·斯密清晰而又合乎逻辑地说，正是激情与情感将社会交织在一起。他认为，情感（比如感激之情）使社会变得更美好、更仁慈、更安全。哪个社会心理学家可以说得比这更好？

毫无疑问，当我们心存感恩时，就很难同时感受到妒忌、愤怒、仇恨等负面情感。事实上，那些说他们会表达感激的人——这些人

---

①　袁利平，柴田. 学会感恩——美国耶鲁大学校长彼得·沙洛维在 2014 年毕业典礼上的演讲[J]. 世界教育信息，2014（13）：28—30.

积极回应调查项目，如'我有时会感恩不起眼的小事情''我感恩很多人'——往往也会在所谓的主观幸福即生活满意度的心理测试上获得高分。

为什么会这样呢？与表达感恩不相容的一种个人倾向是社会比较，尤其是与比我们拥有更多的人相比较的潜在倾向。心怀感恩的人很少会妒忌他人。充满感恩的人能更好地应对生活的压力，具有更强的抵抗力。即使在困境中，他们也能发现美好的东西，其他人也会更喜欢他们。更重要的是，人们更愿意帮助那些过去一直感恩他们的人。正如 21 世纪伟大的哲学家贾斯汀·汀布莱克所说：'凡事皆有因果'。

尽管这个周末很喧嚣，还是请大家静下来想想所有帮助你们走到今天的人，那些你们无法报答的人。他们可能是家人、朋友、敬爱的师长，甚至是你们从未谋面的作者。想想他们，借此机会，轻声说句'谢谢'。正如 20 世纪早期，耶鲁大学的杰出英语教授威廉·里昂·菲尔普斯曾经写到的：'感恩带来幸福，给予越多，得到的就越多。'"

当代情感哲学家罗伯特·所罗门认为，"感恩促使我们认识到我们没有一个人是完全独立的，都需要他人的帮助"，从这个意义上讲，没有人是一座孤岛。在商界沉浮数载的马云明白，阿里巴巴的成功离不开默默耕耘的企业团队，更离不开千千万万投资人与客户的支持；经历了两次世界大战的爱因斯坦明白，以邻为壑、恩将仇报是人类社会的不幸，也是酿成战争悲剧的深刻原因；多年从事心理学研究的彼得·沙洛维同样明白，感恩不啻为对他人价值的承认，更是对自己精神的洗礼。

如果我们不吝惜我们带给他人的感恩之情，我们与他人的交流方式便能发生良性变化。我们将学会尊重身边每一个人，感动于他人的每一点付出；我们将成为心怀他人的人，遇事时常为他人着想；我们将自觉地思考我们作为社会关系的节点的意义，尝试用自己的行动让他人受益；我们将在彼此发自真心的感恩中感受到精神的富足感，因而变得更加幸福，这种改变即"诚敬"。因此，生命离不开感恩，与感恩随行的生命更幸福。

然而，时下一些利己主义者倾向于将感恩庸俗化。感恩的行为在他们眼中无非是所谓的"情感投资"，他们执着于用感恩换取外界对自己的回报，甚至计算这种回报是否与自己的付出构成"等价交换"。这种观点将感恩的客观效果夸大为唯一目的，无疑会将人引入歧途。请记住：当我们真正感激于他人为我们的付出时，我们的行为将发自道德与良知。当你向世界绽放出内心的积极面时，你离真正的幸福已经不再遥远。

（三）感恩让我们懂得珍惜

怀着一颗感恩的心看待世界，会让我们的人生焕然一新。即使厄运当头，也能寻得幸福。

 案例 7.4.8　李开复：感恩真是一种奇妙的力量

2013 年，素有"创业导师"之称的李开复因罹患淋巴癌入院治疗。在他人生中最艰难的时间里，他对生活有了全新的认识。在《向死而生：我修的死亡学分》一书中，他这样写道：

"过去大家对我的好，我不是视而不见，就是认为理所当然，像我的家人、我的父母和哥哥姐姐、我的同事、不远千里来看我的友人、为我许愿分担痛苦的好友、为我每天祈祷的微博网友……现在，我常想自己何德何能，可以受到这么多温暖的照顾。

感恩真是一种奇妙的力量！我只不过是开始发现了别人的好，这个小小的改变，就让我比过去任何时候都觉得幸福。

而且，就像泉眼一旦打开了，泉水就会喷涌而出！接下来，我还发现，'感恩'有几个层次的区别。第一层是想到'亲人对我这么好，我好感激'！第二层是'我为什么没有回报他们''投桃报李''滴水之恩，必当涌泉相报'！这是做人应有的态度，不懂得回报就没有良心了。第三个层次就是主动付出关心和爱。先铃（注：李开复的妻子谢先铃女士）就觉得我生病之后更能主动想到哪个亲戚可能需要帮忙。出去旅行时，会想到适合每一个人的礼物等。这在过去几乎是不可能的，因为我的心压根儿不在此。"

　　一场人生浩劫却因感恩的存在而让李开复体会到了幸福的真味，这不能不说是一个奇迹。其实，生活中值得我们感恩的人和事很多，但我们常常置之不理，直到失去才倍感珍贵，转而感叹未失去时的自己是何等幸福。

 案例 7.4.9　《新闻周刊》2011 年 5 月 28 日人物：于娟①

　　"在生死临界点的时候，你会发现，任何的加班，给自己太多的压力，买房买车的需求，这些都是浮云；如果有时间，好好陪陪你的孩子，把买车的钱给父母亲买双鞋子，不要拼命去换什么大房子，和相爱的人在一起，蜗居也温暖……癌症是我人生的分水岭，别人看来我人生尽毁。其实，我很奇怪为什么反而患癌症这半年，除却病痛，自己居然如此容易快乐。我不是高僧，若不是这病患，自然放不下尘世。这场癌症却让我不得不放下一切。如此一来，索性简单了，索性真的很容易快乐。名利权情，没有一样不辛苦，却没有一样可以带去。"（摘自于娟《此生未完成》）

　　从 2010 年 1 月被确诊为乳腺癌晚期，2011 年 4 月 19 日离开人世，于娟将她对健康与生命的思考写在博客中，引发了读者的强烈反响。2011 年 3 月，她在接受电视采访时谈道："我蛮希望很多人能够看到我的悲剧，然后去更改他们走向悲剧的这样一个方向，重新去审视健康，重新去正视真正的生活是什么。如果是我写下来的这个东西，哪怕是让一个人看到以后有所反思，改变他们的生活习惯或者工作习惯，从而不再受我这种罪的话，我觉得也蛮值的。"

　　在此前的三十年中，这位复旦大学社会学系青年教师步履匆匆地奔向一个又一个目标——读书、考研、读博、留学……直到被病

---

　　① 整理自央视新闻频道《新闻周刊》2011 年 5 月 28 日。http://tv.cntv.cn/video/C10600/6d9d42417b0a4c7f368800ab00382914。

魔强行按在病床上时，她突然意识到健康原来是如此美好。她甚至写下这样的文字："哪怕就让我那般痛，痛得不能动，每日污衣垢面趴在国泰路、政立路的十字路口上，任千人唾骂万人践踏，只要能看到我爸妈牵着土豆（注：于娟儿子的小名）的手去上幼儿园，我也是愿意的。"

在于娟遗著《此生未完成》的封面上，写着一句振聋发聩的话："我们要用多大的代价，才能认清活着的意义？"央视节目主持人白岩松这样点评："人生是条单行道，一路向前，从来没法回头。然而，现如今的中国很多人为名忙，为利忙，常常忘了或者顾不上生命的意义跟价值。也许于娟的故事会让有些人停一停、想一想，可是一定没多长时间，一切都会照旧的。是吗？会这样吗？"

在即将离开孩子、父母、爱人的时候，突然发觉感恩太少，关心太少；在绝症让人不得不选择放弃的时候，突然发觉唯一能剩下的是幸福。难道我们非要等到失去时才能学会珍惜吗？并不是这样。哈佛幸福课教师泰勒·本·沙哈尔告诉学生们：

"我们要等到情况恶化，才能够感激眼前和身边的好事吗？我们什么时候开始感激健康？等我们或旁人的身体出现问题时吗？我们什么时候开始感激生活？当我们有危险时，当我们失去亲友时吗？我们需要问自己一个问题：一定要等外界发生一些异常的悲剧时，我们才开始感激习以为常的东西吗？幸福的宝藏就在我们身边和心中，在餐厅里、在旁边的同学身上、在家里的房间中……有很多值得我们感激的好事，可我们却对它们习以为常。真要等到失去后才懂得感恩吗？答案是不。"①

中国社会科学院城市发展与环境研究所 2016 年的数据显示，受生活节奏加快、饮食习惯、生活习惯不合理等因素影响，中国亚健康人群已超过 75%。亚健康固然与多种先天、后天因素有关，但归根结底反映出人们对健康缺乏感恩。如果我们对健康的意义视而

---

① 整理自泰勒·本·沙哈尔《哈佛幸福课》第八集《感激》。http://open.163.com/movie/2006/1/C/8/M6HV755O6_M6I40H5C8.html。

不见，我们如何谈得上珍惜健康呢？如果健康的生活没能触及我们心中哪怕一丝一毫的感动，又有什么能够唤醒我们保持健康的认识与行动呢？多少人将健康随意透支，去迎合那些泛滥的物质财富、徒有其表的虚名⋯⋯这样的人，真的幸福吗？

　　2012 年春晚小品《今日的幸福》中，有这样一句台词令人深思："别老想着自己没啥，要想想自己现在有啥，这就是幸福。"获取幸福本不是一个竭力"外求"的过程，而是一个尽力"内求"的过程。多少人感叹自己这也没有、那也没有，为了所谓的"幸福"在名利场中不断聚敛与索取，到头来却应了歌曲《水手》中的歌词："总是拿着微不足道的成就来骗自己，总是莫名其妙感到一阵的空虚。"我们不妨这样想：如果现在有人愿意出高价买走你健康的双目（或者双手、双脚，以及其他你身体的任意一个部分），或者出高价让你的一位知心朋友消失，那么你会答应对方吗？这会促使我们意识到我们有多幸福：我要感谢这双健康的双眼，它们让我不会在永无止境的黑暗中苦苦挣扎；我要感谢我的双手，它们帮助我从心所欲地劳作、生活；我要感谢我的知心朋友，我们谈天说地，我从他身上学到了很多⋯⋯

　　这样我们就会明白，埋怨自己的人生不幸福，细细想来恰恰是"身在福中不知福"。学会感恩，学会珍惜，幸福可以很简单。

（四）感恩让我们做到少怨

　　狄更斯在《双城记》一书中写道："这是一个最好的时代，这是一个最坏的时代。"现代社会如同一块巨大的魔方，每天都在变幻出新的场景；但是，许多生活在这个时代的人并没有感受到预期的幸福。近年来，社会上出现的一些民事、刑事案件，集中反映了一部分人怨气冲天的"亚幸福"状态。在一起发生于 2008 年的案件中，犯罪嫌疑人宋某、刘某夫妇竟绑架并杀害了细心帮助他们教育孩子的退休校长王某①。据宋某、刘某交代，王某曾将孙子不玩的玩具车送给他们的孩子作礼物，这令经济条件不好的宋某、刘某心生嫉恨，最终丧失理智。

如果我们观察多怨的人，会发现这样一种现象：他们常常选择性地忽视人们的优点、身边的好事与愉快的经历，而对于他人的缺点、身边的坏事与不愉快的经历尤为敏感。这种状态的持续常常伴随着急躁、易怒、抑郁等消极情绪，并可能伤及肠胃等身体器官，其对身心健康的损害毋庸置疑②。其实感恩正是治疗这种病症的良药。感恩者的伟大之处在于他们的注意力大多放在积极的事情上而不是消极的事情上，从而少一分怨恨，多一分幸福。

 案例 7.4.10　感恩，让你的注意力回到积极的事情上③

泰勒·本·沙哈尔在《哈佛幸福课》中提及，新闻媒体倾向于报道消极事件，很容易诱导我们犯下以偏概全的错误，夸大生活中的消极面；同时，人自身的适应性也会使得人们对积极的事情日渐"无感"，而对反常的、消极的事情印象深刻。他发表了这样的看法：

"字典中'appreciate'的意思是重视其价值，认同我们身边的人或世界中最好的一面，肯定过去和现在的优点和潜力；感激那些为生物赐予生命、健康、活力和优点的事物。'appreciate'的第一个意思就是感激。这是一种好行为，我们以前谈过这点；'appreciate'第二个意思是增值，经济增值，银行里的钱增值，这个意思很重要。因为当我们感激好事时，好事增值，当我们感激生活中的好事时，当我们感激他人的善良时，当我们感激这个国家的伟大之处时，好事就会增多。可惜反之亦然：当我们不懂欣赏时，不管是我们自己，我们的国家，还是我们的恋情，好事就会贬值。这点我以前就讲过

---

① 凤凰网：夫妻绑架杀害退休校长被判死刑当场吓晕。http://news.ifeng.com/society/1/detail_2008_07/20/867981_0.shtml。

② 搜狐健康：警惕！抱怨多了会伤肠胃。http://health.sohu.com/20100302/n270515002.shtml。

③ 本案例整理自泰勒·本·沙哈尔《哈佛幸福课》第八集《感激》。http://open.163.com/movie/2006/1/C/8/M6HV755O6_M6I40H5C8.html。

了,有没有想过为什么很多人恋情不顺利,蜜月期过后就撑不下去?人们都会问'出什么问题了？'或者'我们怎么能改善这段关系？',如果我们单纯问这些问题，我们就会专注于问题和弱点上，我们就会无视优点和顺利的地方。当我们不专注于优点上,优点就会贬值,在我们眼里甚至看不到这些优点的存在。"

人生短暂，如果把时间都用在抱怨上，哪里还有时间享受幸福呢？学会感恩，才能少怨。

（五）我们如何学会感恩

歌曲《感恩》的歌词这样写道：

感恩每一滴水
它把我滋养
感恩每一枝花
带给我芳香
感恩每一朵白云
编织我梦想
感恩每一缕阳光
托起我希望
感恩父母给予我生命
感恩老师教会我成长
感恩帮我的人啊
使我感受善良
感恩伤害我的人
让我学会坚强
生活在感恩的世界里
感恩的世界和谐美丽
生活在感恩的世界里
感恩的世界有我有你

英国作家、评论家吉尔伯特·基斯·切斯特顿（G. K. Chesterton）则这样说：[①]

"你们在餐前感恩，但我在听音乐会和歌剧前，在看戏剧哑剧前，在我打开一本书、画素描前，游泳前，剑击前，拳击前，走路前，玩乐前，跳舞前，把钢笔头蘸进墨水前，都会感恩。"

上述文字对我们理解何为感恩有着很好的启示。我们感恩于自然，它无私地赐予我们粮食和水，让人类这个物种得以延续；我们感恩于父母、爱人与我们的兄弟姐妹，他们支撑起我们的家庭，让我们有所依靠；我们感恩于老师，他们不辞辛苦地传道授业解惑，让我们透过迷惘无知的状态看到无限可能；我们感恩对手，他们创造挑战与逆境使我们迅速成长；我们感恩我们的祖国，它的和平昌盛使得我们免于灾难；我们感恩整个世界，在这个变动不居的宇宙中让我们看到值得铭记一生的美景……感恩的疆界无限宽广，怀着感恩之心拥抱世界的人，世界也将友爱地向他张开臂膀。

"君子行道不离日用伦常"，感恩要从我们的日常生活开始。泰勒·本·沙哈尔是这样告诉他的学生们的[②]：

"我们怎么培养感激？他（注：戴维·斯坦德尔—拉斯特兄弟（Brother David Steindl-Rast），《论感激》的作者）的建议简单优雅：'何不先审视平凡的一天？'有什么事是你不自觉地就会去处理的？有什么事是你会全身心投入的，让你感到温暖、睡意全无的？或许是带你的狗出去散步，或许是跟孩子做游戏……培养感激需要经过一次又一次的练习，直到变成第二天性，直到变成习惯，直到我们把每一次的感激变成我们性格的一部分，这是有可能做到的。

其中一个方法就是每天都找出一两件事，有意地专注于这些事上。不管是在餐厅喝的第一杯咖啡，还是走向教室的那段路程，还

---

① 整理自泰勒·本·沙哈尔《哈佛幸福课》第八集《感激》。http://open.163.com/movie/2006/1/C/8/M6HV755O6_M6I40H5C8.html。

② 整理自泰勒·本·沙哈尔《哈佛幸福课》第八集《感激》。http://open.163.com/movie/2006/1/C/8/M6HV755O6_M6I40H5C8.html。

是你独自在房间里闭着眼睛集中精神听十分钟音乐，欣赏你最喜欢的歌曲……不仅要花时间去变成红酒鉴赏家，还要成为生活的鉴赏家，这门课很大程度上就是要教会我们感激生活。他继续写道：'感激之心能量度我们活得多充实，对待习以为常的东西，难道我们不是像死了一样没感觉吗？'"

而感恩的终极境界是感恩生命。周国平认为：在一切感恩中，感恩生命是最根本的感恩。在这种大感恩的照耀下，生命的总色调是明亮的，我们能够超越具体的得失恩怨，在任何遭遇中都保持感恩之心。①

正因如此，父母与子女之间的恩情成了人世间最普遍又最特殊的情感。"哀哀父母，生我劬劳②"，我们每一个人都是父母最伟大的作品。他们赋予我们生命，让我们在这个星球上开始一段生命的旅程。纵然这段旅程有幸福也有痛苦，但这都是建立在生命本体存在基础上的"派生品"。所以说，生命本身就是最值得感恩的事情，活着就是一个人最大的幸福。

我们时常在生活中看到这样一些令人痛心的现象：有的人不懂得爱惜自己的身体，在无休无止的通宵中透支生命；有的人年纪轻轻却自我放纵，在"我很迷茫"的托词中日渐颓废；有的人甚至做出轻生的举动，造成了一幕幕"白发人送黑发人"的悲剧；有的人无端地对他人和社会采取敌视态度，甚至以暴行违背伦理、践踏人性……如果没有对生命的关怀，又如何谈得上感恩呢？连生命都漠视的人会懂得感恩吗？

《孝经》有言："身体发肤，受之父母，不敢毁伤，孝之始也。立身行道，扬名于后世，以显父母，孝之终也。夫孝，始于事亲，中于事君，终于立身。"不只是孝，感恩也绝非一朝一夕之事，需要我们以生命去丈量，以真心去践行。我们要从善待自己开始，认真

---

① 摘自周国平《论感恩》。http://www.cssn.cn/index/sy_sqrd/201411/t20141124_1412481.shtml。

② 出自《诗经·小雅·蓼莪》。

对待自己的人生；我们要自我求变，激活身体中的"正能量"，用诚敬、珍惜、少怨的态度待人接物；我们要回归到对生命的敬畏，以积极的态度、宽阔的胸怀面对整个世界。从这个意义上讲，感恩的最终归宿就是"内求"，让自己和他人的生命迸发出幸福的光彩。

（六）练习：每天记下五件值得感恩的事①

哈佛大学泰勒·本·沙哈尔博士在《幸福的方法》一书中介绍了一种表达感恩的方法：每天记下五件值得感恩的事。

罗伯特·埃蒙森（Robert Emmons）和迈克尔·麦克洛（Michael McCollough）的研究表明，每日把那些值得感恩的事情记录下来的人（每天写下最少五件值得感恩的事）确实身体更健康、内心更幸福。

每晚在入睡前，写下五件让你因感恩而快乐的事情。这些事情可大可小，从一顿美食到与一个好友的畅谈，从日常工作任务到一个有意思的想法，你都可以写下来。

如果每天都做的话，你可能会重复地列出一些事情，这很好；重点是，在重复之余，为了让你的情感体验保持新鲜，请在每一次把它们写下来的同时，去想象当时的体验和感受。当感恩成为一种习惯，我们会更珍惜生活中的美好时刻，而不会把它们当成是理所当然的。

你可以自己做这个练习，也可以与你所爱的人一起完成，比如爱人、子女或者是父母、兄弟姐妹，共同表达对生活的感恩可以让彼此间的关系更加亲密、和谐。

为什么不从今天开始试试看呢？做一个懂得感恩的人，你会在自己身上见证蜕变。

---

① 泰勒·本·沙哈尔. 幸福的方法：哈佛大学最受欢迎的幸福课[M]. 汪冰、刘骏杰，译. 北京：中信出版社，2013：11—12.

五、孝亲——上孝养志，中孝养色，下孝养体

百善孝为先，在所有的人际关系中，孝是一种最好的检验，是一种最实在的德行。

 案例 7.5.1　从一篇《春节纪事》说起

2016 年 2 月 14 日，一篇名为《春节纪事：一个病情加重的东北村庄——返乡日记》的文章在《财经》杂志微信公众号发表，在网上广为流传，引发了网民、媒体的关注与热议。作者以春节为背景，用随笔的方式记述了对家乡（一个地处大山深处的东北小村子）的见闻与感受。文章开篇写道："春节期间有各类温馨和怀旧故事，我要写的故乡杂记却显得些许残酷和悲戚，可惜这并非杜撰虚构，而是真实的写照。田园故乡不止是在生病，而是有关于忠孝道义的一切伦理气息彻底死去了。"随后，作者描绘了家乡村人的生活现状：一些高龄老人生活十分孤苦，甚至遭受欺辱、虐待；因为给老人治病起争执，儿子之间拳脚相加；"常胜夫妻"常年酣战牌桌，却让八旬老母争取低保；父亲濒死，儿子却用低保金"行乐痛快""挣面子"……

针对此文，不少网友和媒体相继做出回应和评论。一位网友写道[①]："农村现状到底如何，比如文章（指《春节纪事》）提到的儿女不孝、老无所依的情况存在吗？存在，甚至更甚。我之前的一个回答就提到过村里一位盲老太太因儿子外出打工无人照管暴毙家中的例子，但这毕竟是个例，村里也有像我父亲一样为了侍奉卧病多

[①] 知乎文章。https://www.zhihu.com/question/40383021。

年的奶奶而坚守着一亩三分地，每日侍羹喂药直至老人安然西去的朴实农民。农村赌博盛行也所言非虚，像文章描述的一样。这些懒汉整天聚集在小卖部的麻将桌上，孩子放学回家不做饭，扔两三块钱让孩子买个面包充饥。但我看到更多的是叔叔伯伯们扛着大包小包的行李淹没在农民工的大潮里，他们在工地小作坊工厂里挥汗如雨，每个月握着几张皱巴巴的票子满脸期许地打给远方读书的儿女。"

随后，新华社和人民日报相继对《春节纪事》一文做出回应，指出该文所述的现象有以偏概全、言过其实之嫌①。暂且不论《春节纪事》一文的真伪，不可否认的是，现如今"老无所依""老无所养""老无所孝"的现象无论是在农村还是城市的确有所存在，甚至老人遭受子女虐待的事例也时有报道。《盐铁论·孝养》有言："上孝养志，其次养色，其次养体。"如果子女连孝道的最低标准——"下孝养体"都做不到，何谈"养色"之中孝和"养志"之上孝？

 案例 7.5.2　中孝养色

子曰："色难。有事，弟子服其劳；有酒食，先生馔，曾是以为孝乎？"（《论语》）②

译文：子夏问什么是孝，孔子说："（当子女的要尽到孝）最不容易的就是对父母和颜悦色，仅仅是有了事情，儿女需要替父母去做；有了酒饭，让父母吃，难道认为这样就可以算是孝了吗？"

训曰："凡人尽孝道欲得父母之欢心者，不在衣食之奉养也。唯持善心，行合道理以慰父母，而得其欢心，斯可谓真孝者矣。"（《庭训格言》）

译文：训教说，凡人尽孝道想得到父母的欢心，不只在衣食的奉养。只有持着善心，所作所为合乎道理以慰藉父母，而得到他们

---

① 新华社文章：http://news.xinhuanet.com/politics/2016-02/25/c_1118161698.htm。人民日报文章：http://paper.people.com.cn/rmrb/html/2016-02/26/nw.D110000renmrb_20160226_8-04.htm。

② 唐初名相房玄龄在对父母"色养"方面堪称典范。《贞观政要》卷五有言："司空房玄龄事继母，能以色养，恭谨过人。其母病，请医人至门，必迎拜垂泣。及居丧，尤甚柴毁。太宗命散骑常侍刘洎就加宽譬，遗寝床、粥食、盐菜。"

的欢心，那才可以说是真孝。

余中厅悬八本堂匾，跋云："养生以少恼怒为本，侍亲以得欢心为本。"弟久劳之躯，当极力求少恼怒。纪泽事叔如事父，当极力求得欢心也。（《曾国藩家书》）

译文：我在中厅悬挂八块匾额，有跋文道："保养身心当以少恼怒为本，侍奉双亲以得其欢心为本。"老弟身体久承劳顿，应当极力要求减少恼怒。纪泽儿侍奉三叔应该像侍奉父亲一样，应极力求得三叔欢喜才是。

"孝道"是中华民族的传统美德，对孝的提倡在选官制度上也能体现。汉代选拔官吏的科目之一就是"孝廉"。"孝廉"就是孝顺父母、办事廉正的意思，始于董仲舒《举贤良对策》中关于由各郡国在所属吏民中荐举孝、廉各一人的奏请，后合称为"孝廉"。如果乡里有人以孝出了名，地方长官是有责任向上推荐的，而且还可以直接任用。如果有人不想做官了，亲养父母是最好的托词，因为最高统治者标榜孝道，不得不予以准许。譬如汉代的李密不愿为官，写《陈情表》上书曰："伏唯圣朝以孝治天下，凡在故老，犹蒙矜育，况臣孤苦，特为尤甚。""臣无祖母，无以至今；祖母无臣，无以终余年。"说自己是老祖母抚养长大的，现在老祖母老了，需要自己在身边孝顺、赡养。

 案例 7.5.3　上孝养志——阵中无勇非孝也①

1937 年 8 月 2 日，淞沪会战前夕，空军飞行员张锡祜奉命出发前，为父亲张伯苓留下一封家书。在这最后一封家书里，张锡祜写下对父母的惦念问候，也有着对敌寇暴行的愤怒。十二天后，他所在部队不顾天气恶劣，从江西飞往淞沪战场参战，途中因雷雨，张锡祜座机失事，以身殉职，年仅 25 岁。

---

① 该案例根据 2015 年 12 月 19 日新闻联播及北青网文章整理。http://news.cntv.cn/2015/12/19/VIDE1450524417693482.shtml 。 http://epaper.ynet.com/html/2015/07/20/content_144552.htm?div =-1.

"……昨日见报载，南开大中两部已均为日人分别轰炸焚毁，惨哉……因大人平日既不亲日又不附日，而所造成之校友又均为国家之良材，此遭恨敌人之最大原因……去年十月间，大人于四川致儿之手谕，其中有引孝经句'阵中无勇非孝也'，儿虽不敏不能奉双亲以终老，然亦不敢为我中华之罪人，遗臭万年有辱我张氏之门庭！此次出发非比往常内战！生死早置度外！望大人勿以儿之胆量为念……"（摘自张锡祜写给父亲的家书）。

张锡祜是名运动健将，身高两米有余，帅气十足，深得父母疼爱。在信里他最牵挂的是还在战乱中迁徙的母亲。在他牺牲后，张伯苓怕夫人伤心，把这封信连同阵亡通知书，一直放在办公室里不敢拿回家，而深明大义的母亲，八年里却强忍牵挂，闭口不问儿子去向。等到抗战胜利后，张锡祜的母亲才问张伯苓："别人的孩子都回来了，我的孩子呢？你把实话告诉我吧。"张伯苓告诉她："老四（指张锡祜）阵亡了，你不要太痛苦。"后来张锡祜的母亲关起门来大哭一场，从此以后就不再提这件事。张锡祜的侄子张元龙曾回忆道："我祖父（指张伯苓）有一句话叫'求仁得仁'，你去就是想要报国的，这就达到了你自己的目的，所以也用不着悲痛。"

张伯苓校长，在甲午海战中九死一生，又在威海卫海军衙门前亲历两日内"国帜三易"的奇耻大辱，年轻时也曾立志战死疆场，以身报国。大义传续，子承父志，张锡祜英年早逝，不能尽"养父母老弱身躯"之下孝，亦不能尽"儿孙绕膝，让父母得欢"之中孝。但他却弘扬了民族之大义，续养了父辈之宏志，此乃人生之"上孝"。

"孝"深深刻于华夏儿女之基因，自古至今，"孝"念常提，"孝"行常现，"孝"道常弘。但近年来，或是由于外来文化的冲击，或是由于对"个人自由""个人效用最大化"的误读，下列现象时有存在：有些人给孩子花钱慷慨无限，给老人花钱却精打细算；有些人与朋友"胡吃海喝"大大方方，孝敬父母却泛起思量；有些人在社交软件上与网友"交心聊天"、搓麻打牌时间宽裕，和父母"唠唠家常"却是这忙那忙；有些人陪自己的"宝贝宠物"温情无限，陪陪父母却很不耐烦……

百善孝为先，"孝"念得固，"孝"行得践，是中华民族文化复兴之前提，是国家文明富强之基石。羊羔尚知跪乳，乌鸦尚能反哺，作为宇宙之精华、万物之灵长的人类，"孝"之不实，人际皆虚。

六、和谐人际中的误解与障碍

追求人际关系是人的内在本能与外在需要相结合的必然结果。和谐人际强调"真"，强调"诚"，不能过，不能虚。当今社会，误读人际者有之，追逐过度、扭曲人际者有之，精神过于依附明星而丧失自我价值者（粉丝）有之，"人机交流"之"虚幻"胜过"人人交流"之"真实"者有之……所有这些，都属于对和谐人际的误解，对健康人际的破坏，对幸福人际的摧毁。

 案例 7.6.1 过度人际，让人不堪重负[①]

2013 年 3 月 8 日，全国政协十二届一次会议举行第三次全体会议，全国政协委员周新生做大会发言——《尽量让国人不求人少求人》。短短 8 分钟发言，赢得台下委员们的阵阵掌声。以下内容节选自周新生发言：

最近，我遇见一位老领导说到，他的女儿在他的极力反对下入了外籍并嫁给了外国人，是女儿劝他的一句话，最终让他接受了女儿的做法。这句话就是："爸爸您将来再也不用为您的外孙在国内上幼儿园、小学、中学求人了。"可不是吗？我们国人的生活中，存在大量求人的事，生老病死都要求人。生得好要求人；病了，治得好

---

① 该案例根据全国政协委员周新生发言整理。http://v.youku.com/v_show/id_XMTQyNDI1OTE2OA==.html。

要求人；死了，烧得好、埋得好要求人；上好学要求人；找工作要求人；调动工作要求人；异地迁徙取得户籍要求人；参军要求人；职务职称晋升要求人……不一而足。求人的主体上至高级官员下至布衣百姓，大有无人不求人之势。求人的客体是在各个涉及公共利益岗位上掌握着大大小小权力和资源的官员或国家工作人员。需要注意的是求人者求人，被求者也求人，求人者也是被求者，相互交织构成了一幅壮观的中国式求人图卷。

在求人图卷里，中国人传统的人情世故得到演绎，使得本来处于困境寻求帮助的事以及原本正常靠制度靠法制解决的事变得几乎事事求人。求人成了常态，使得人际关系变得复杂，变得不堪重负，变得变了味道，从而形成了若干潜规则，形成了权钱交易，形成了人身依附，形成了特权，形成了不公平。求人的需求被无限扩张，那么，争取能求到人就变得非常重要。为此，编织关系网、疏通关系、维持关系、寻租、请客送礼耗费了单位、家庭及个人的诸多资源和精力。在这样一个以权力为基础、以人际关系维系的社会中，人情世故自然变成了比学识、能力更重要的"制胜因素"。这种状况把人才的才华和注意力吸引到了关系学和钻营上，从而影响了社会的创新能力。

人情世故本是一种正常的交际与生活方式，但是当求人变得无处不在且成为利益交换时，便成了一种病态的社会现象。人情世故在中国就像一张大网，铺得哪个角落都是，使得必要的交往演变成为精神压力，人情成为债，人人为其所累，求人者累，被求者也累。中国自古注重的"礼尚往来""君子之交淡如水"正在成为稀有物。

……求人现象普遍化后，后果极其严重。它破坏了公平、公正，恶化了社会风气，损害了社会道德以及党和政府的形象，毒化了国人的精神世界，也不利于下一代的健康成长。因为，求人会使人在被求者面前低三下四，点头哈腰，长此以往，会使人的人格、骨气受损，投机心理和习惯在不断求人的过程中养成。因此，必须下力气整治求人之风，努力让国人尽量不求人、少求人……乘着十八大后中共中央整治社会风气及反腐败举措实施的东风，重点促进良好人际关系的形成，为国人精神减负，让国人活得更轻松一些，更快乐一些！

发言能够赢得如此之多的掌声，足以说明求人现象之普遍、问题之严重。过度追求人际关系，不仅徒耗个人、家庭、企业、政府的时间和精力，还会引发社会不公平问题。在优质资源稀缺的情况下，有些人可通过"关系"在某些方面获得优质资源，让他人成为"关系"的受害者。但个人的能力终究是有限的，不可能面面俱到，在其他方面，更有"关系"的人则会让其成为"关系"的受害者。在"过度人际"的社会，无论是"有关系"的人还是"没关系"的人，都是受害者，都为"关系"所累、所耗。

近年来随着我国反腐力度的加大，以及政务公开等行政管理体制改革的深化，委员所述之现象已经有了很大的好转，但要从根本上改变这种社会风气和现象，除了要进一步完善体制，国民也需从认知和行为习惯上加以转变，不再将"时间"与"精力"过度消耗在追逐"人际""关系"上，而应将宝贵的"时间"与"精力"资源用在提升自我、发展自我、完善自我上。

 案例 7.6.2 过度追星，漠视亲情，丧失自我[1]

2013 年 11 月 8 日早上 6 时许，北京市丰台区南苑地区的一个院子里，41 岁的李某和他 13 岁的女儿小红（化名）发生了激烈争吵。据李某事后供述，当天女儿因为找不到铅笔刀，发脾气不愿上学，还将文具用品摔了一地，手机也砸坏了。李某指责小红"每天都在上网，晚上不睡，早上不起，就知道花钱"，小红顶撞道："不就是钱吗？我以后还你！"

李某说，女儿花钱都是因为追星。他继续教育小红："你不要只知道追星，明星再好也没有父母好，这样影响学习，你知道吗？"

---

[1] 该案例根据京华网裴晓兰文章整理。http://epaper.jinghua.cn/html/2014-04/03/content_77410.htm。

女儿却说道:"我爱明星比爱父母重要,明星就是比你们好。"女儿的这句话让李某火冒三丈,他想起一年多来和女儿的很多不愉快,忽然想了结这一切。他冲进厨房,拿出一把菜刀拍在客厅的桌子上,但小红没有示弱,用拳头捶了他几下,他随后拿起菜刀砍向了小红的脖子。他不知道自己砍了几刀,只见女儿从沙发滚到地上,倒在血泊中。随后,他用菜刀割腕自杀,并打电话报警。警车和救护车很快赶到,医生检查后宣布小红已经死亡,李某则被送到附近医院救治。

事后,李某被问及杀害女儿时被哪句话刺痛,他回答:"就是她说'我爱明星比爱父母重要',我听了真寒心。"李某说,他们父女关系变得恶化,是从女儿上初中后变成追星族开始的。2012年9月,小红升入重点初中,但住校仅一年就以学校太吵为由要求走读,李某同意了。随后李某发现,小红在家每天都抱着电脑上网,放学后就把自己锁在房间直到深夜,学习成绩越来越差。后来才知道女儿迷上了韩国一个组合,那是一个由12名男子组成的明星组合。之后,小红花钱越来越厉害,买与这个组合有关的衣服,包和帽子等,房间里还有很多这个组合的明星海报和专辑。2013年10月,该组合来北京开演唱会。小红很激动,要去看演唱会,可是一张演唱会的门票需要1200元。作为粉丝后援会的管理者,小红还主动提出要帮助一名网友买票,她还打算买礼物支持偶像。李某说,女儿找他要钱,他告诉女儿:"我们是低保户,没有那么多钱。"但女儿不理解,却反问他:"既然我们家没钱,你为什么不出去挣钱给我花?"最后,小红的姥姥给了小红2700元,让她如愿以偿。

2013年5月的一个周末,李某为了控制小红的上网时间,要求某一时段必须关掉电脑。小红不愿意,他就强行拔掉网线。结果小红骂道:"你算什么父亲,连狗都不如……"李某听后狠狠打了小红一巴掌,随后他看到女儿冲进厨房,拿菜刀准备割腕。他当时吓坏了,赶紧叫岳父母过来把小红劝住。李某说,小红此后脾气越来越暴躁,甚至以死相逼。事发前约两个月,小红一起床就开始无端发脾气，将被褥扔在地上，之后又若无其事地去洗澡。李某将被褥重新叠放整齐，但小红看见后又将被褥扔在地上，并把房间里的牛奶、饼干等零食全部扔出去，还叫嚷着不活了。李某说，那一次他就想："那就别活了。"他拿起菜刀冲向女儿的房间。庆幸的是，李某当时被在场的岳母及时制止。只是到了案发当日，没有人再制止他。在看守所内，李某说他很后悔："我选择了一种最错的方式来解决我和女儿之间的矛盾。"他知道自己错了，但一切都无法挽回了。

　　小红精神过于依附明星，想依靠"明星"来实现自我价值，甚至连亲情都不顾，结果却付出了生命的代价。若小红能少一点精神依附，多一些自我认知，多一些自我价值的确立，悲剧就不会发生。一个人只有正视自身价值，从自身价值中寻找意义感，从自身行为中确立意义感，意义感才会越加真实，越加牢固。想借助别人的光照亮自己，只能越照越虚。

 案例 7.6.3　"人机交流"耗尽人际交流热情[①]

　　"世界上最遥远的距离不是生与死，而是我在你面前，你却在低头看手机。"这是网上流行的一句话，当这句话成为现实时，多少会让人感到一些悲哀。某日，市民张先生与弟弟、妹妹相约去爷爷家吃晚饭，饭桌上老人多次想和孙子、孙女说说话，但面前的孩子们却个个抱着手机玩，老人受到冷落后，一怒之下摔了盘子离席。张先生向记者详细说道："我们一大家子相约去爷爷、奶奶家吃晚饭，我和叔叔家的弟弟、妹妹也都去了，说实话平时大家都忙，这种机会不算多，两位老人就盼着孩子们过去吃顿饭，晚上 6 点半，家人们都陆续赶到老人家中。我弟弟和妹妹凑一块就喜欢研究手机，分享什么游戏好玩，我就在一边刷微博。吃晚饭时，全家人都围在了桌前，看到儿孙满堂，两位老人都很高兴，爷爷一时高兴也喝了点酒。爷爷挺想和我们兄妹三人说话，不时问我工作和感情情况，问

---

　　① 该案例根据搜狐网新闻整理。http://news.sohu.com/20121015/n354828004.shtml。

弟弟和妹妹的学习和工作如何。当时我们三人都把手机放在饭桌上，大家时不时地看看手机。后来弟弟和妹妹吃饱了，就转身拿起手机继续玩游戏，我时不时地回复朋友的微博。爷爷看我们都不和他说话，就生气地说了句'你们就和手机过吧！'说完之后摔了眼前的一个盘子，径直回了自己的房间。后来我们三个赶紧收起手机，轮流进屋劝说，这才平息了爷爷的怒气。现在想想挺后悔的，爷爷、奶奶一直盼着我们去吃顿饭，没想到会弄成这样。"

有节目组曾做过一项名为"手机依赖症"的调查，随机采访了100位市民，其中70%的人表示会在亲友聚会时掏出手机玩，而且这成了一种习惯。针对这一"人机交流"胜过"人人交流"的现象，心理学专家表示："人与人面对面的交流和沟通是最直接、最有效的，与亲友相处时'过分关注'手机必然会影响到亲朋之间的亲密关系。"随着智能手机的普及，"低头族"越来越多，手机也逐渐成为人际交往中的一道"心墙"，隔开了彼此间的亲情、友情。

七、知己难，知人不易①

获得和谐人际除了"忠恕"路径外，另一条就是客观认识自己，认识他人；接受自己，接受他人；善待自己，善待他人。若将认知划分为认知自我、认知他人（及社会）和认知世界三个维度，那么认知自我应该是人类认知的起点。认识自我、善待自我、和谐自我是客观认识他人、善待他人、和谐他人的前提和基础，更是客观认识世界、善待世界、和谐世界的前提和基础。但是，受制于人类认知素材的冗杂性和认知过程的主观性，想要恰当地认知自己、认知

---

① 特莱斯曾说过，人生最困难的事情是认识自己。

他人又是何其艰难！

（一）难于认识自己

在古希腊德尔菲神殿里，珍藏着一块石碑，上面铭刻着古希腊哲学家苏格拉底的至理名言："认识你自己。"苏格拉底彻悟到，在人类所有知识中，最重要、最有用的是认知自我、接受自我、和谐自我。美国富豪洛克菲勒也在健康出现状况后大悟此理，在给儿子的书信中倍加强调自我认知、自我和谐的特殊重要性。老子有言："知人者智，自知者明。"正确认识自我是人生中很多"正确"的基础。你对了，世界就对了。

然而，客观"认识自我"并非易事。其一，自我认知关乎对自我以往经历的记忆，包括成长环境的记忆、身心感受的记忆、思想的记忆、行为及社会反馈的记忆。而从心理学角度讲，人的真实、全部经历是一部长度等同于自我年龄的电影，我们对自我的认知则是由部分片刻组成的短片。我们生活中的多数片刻时长仅有 3 秒，这意味着人一生中大约有六亿个片刻，一个月里则大约有六十万个片刻，它们大多不留痕迹。其二，自我认知不但取决于我们真实经历了怎样的片刻，还取决于我们突出了哪些片刻，强化了哪些片刻，组合了哪些片刻，理念化了哪些片刻，情绪化了哪些片刻，记牢了哪些片刻。记忆仅仅是"部分片刻"的组合和强化，真实经历则是一部一刻不漏的长电影，"部分片刻"的组合较之整部影片总是相差太远。因此，有的人自我高估，有的人自我低估；人有时候自我高估，有时候自我低估。可见，所谓完全客观认识自我是一种不可触及的理想抽象，只能渐近，不可实达。

但是，我们仍然可以通过知识、智慧，通过时时"倾听自己内心的真实呼唤"不断向客观的自我认知趋近。只有当我们对自己的禀赋、潜能、优势、劣根都有了足够充分的观察、足够温和的面对、足够包容的接受、足够理智的善待时，我们才会逐渐接近对自己的正确认知。

案例 7.7.1　黄美廉——患有脑麻痹的艺术博士

　　黄美廉生下来不久，全身不能正常活动，后来被诊断出患有脑麻痹。当同龄的孩子已经开始咿呀学语时，她当牧师的爸爸却发现她不能够讲话。就是这样一个人，却靠着无比的毅力与信仰，在美国拿到了南加利福尼亚大学艺术博士学位。黄美廉还在中国台湾开过多次画展，并以她自己的生活体验现身说法，帮助他人。

　　有一次，她应邀到一个场合演"写"（不能讲话的她必须以笔代口）。会后提问时，一个学生当众发问："你从小就长成这个样子，请问你怎么看你自己？你都没有怨恨吗？"这个无心但却尖锐的问题让在场人士无不捏一把汗，大家生怕这个问题会刺伤她的心。

　　只见黄美廉回过头，用粉笔在黑板上吃力地写下了"我怎么看自己"这几个大字。

　　她笑着回头看了看大家后，又转过身去继续写下："1. 我好可爱！2. 我的腿很长很美！3. 爸爸妈妈这么爱我！4. 上帝这么爱我！5. 我会画画！我会写稿！6. 我有只可爱的猫！7. 还有……"

　　教室内顿时鸦雀无声，没有人敢讲话。她又回过头来静静地看着大家，再回过头去，在黑板上写下了她结论："我只看我所有的，不看我没有的。"

　　众人安静了几秒后，全场一下子响起了如雷的掌声，在场的人都流下了感动的泪水。那天，许多人因见证她的乐观而受到激励。

　　这个故事让人再次想到幸福的问题。在旁人看来是那么不幸的一个人，竟然会把生活过得如此精彩！反观当下，又有多少非残疾的正常人把日子过得一塌糊涂！他们不能充分利用好自己所有的，总是关注、抱怨自己没有的，任凭错误关注阻塞自我认知的正确通道，阻塞积极神经递质的分泌通道，阻塞积极情绪的体验通道。德鲁克在《管理自己》一文中提到：要做好事情，你首先要对自己有深刻的认识，不仅清楚自己的优点和缺点，并且还要明白自己的价值观是什么，自己又能在哪些方面做出最大贡献，因为只有当所有工作都从自己的长处着眼，你才能真正做到卓尔不群。纵观历史，达·芬奇、莫扎特等人之所以出类拔萃，是因为他们善于自我管理。他们通过有效的自我认知看到了自己有别于常人的天资，并愿意为之矢志奋斗，终成大器。机遇，就蕴藏在正确的自我认知中。

当我们的认知有了烦乱之时，当我们的情绪有了忧怨之时，我们不妨用"经典三问"将自己的认识理清一些：第一，我到底想要什么？第二，我有什么？第三，我必须得放弃什么？认知理得越加清晰，情绪就会越加中和。

 案例 7.7.2　正视自己且会用人的刘邦

刘邦年少时，其父就训之为"无赖"。而刘邦的专长是处理人际关系，他能和当地衙门里的官员打得火热，后来，通过门路弄了个"亭长"当。

大汉建国，刘邦设庆功宴，在酒桌上总结了自己从"亭长"到皇帝的成功经验。他说："夫运筹帷幄之中，决胜千里之外，吾不如子房。镇国家，抚百姓，给馈饷而不绝粮道，吾不如萧何。连百万之军，战必胜，攻必取，吾不如韩信。此三人者皆人杰也，吾能用之，此吾所以取天下也。"

刘邦更是"伯乐"，具有超凡的认知力。刘邦奄奄一息之时，吕后问："萧何之后，谁可为相？"刘邦说曹参。吕后又问曹参之后是谁，刘邦说："王陵可以接任，但智谋不足，可由陈平辅佐。陈平有谋，却不能断大事。"对于军事统帅，他也做了安排："周勃不善言谈，却忠厚老实，日后定江山，必以他为太尉。"

汉代的历史证明了刘邦识人善用的敏锐眼光。

洛克菲勒有言："个人与自己的关系是所有关系的开始。"我们首先要学会对作为整体的自己包容地、客观地予以接受。"人所不欲，勿施于己"，①只有真正善待自己的人才有可能真正善待他人。不能找准并充分发挥自己的优势与潜能，而一味羡慕其他成功者，无异于游鱼慕飞鸟，方正仿圆通，耗力而无效。正如洛克菲勒所言：当你相信自己并与自己和谐一致，你就是自己最忠实的伙伴，也只有如此，你才能宠辱不惊。

自我认知平衡的个体，其情绪更易现中和。中和情绪多源自于认知和谐、认知平衡。认知平衡有大有小、有高有低：有自私自利、坐井观天的狭隘平衡，有利人利天、豪情万丈的大平衡；有蒙昧时代的封闭平衡，有放眼世界的开放平衡……小平衡可得小安，但容易被打破；大平衡可得大安，但难以实现。大视野下，各种信息交杂，各种观念相互冲突，想在大视野下达成平衡绝非易事。对于多数人来说，不是在小平衡和大平衡中做出选择，而是在小平衡和大杂乱中做出选择。能在大视野下删繁就简，将相互矛盾的消息、价值达成一致，内心清晰判然，行动惟精惟一，在任何年代都不属于容易的事儿。无论是小平衡，还是大平衡，正确认知自我是关键。正确认知自我、善待自我，不被完美主义的包装所累，为自己扬长避短奠定坚实的基础。

（二）难于认识他人

孙子云："知己知彼，百战不殆。"然而知己实属不易，知人尤为困难。即使让甲一秒也不分离地时时跟定乙，甲也没办法保证100%地认知乙。这是因为个人对自己、他人、万事、万物的认知总是具有主观性、片面性，"绝对客观""绝对全面"总是不可企及的梦想，任何具有主观色彩的个人认知都有更接近客观的余地和空间。依靠感觉，个人对太阳的认知总是不全面、不客观的，即使通过天

---

① 现代《积极心理学》证实，源自于东方儒家智慧的"己所不欲，勿施于人"可以称之为人际"黄金法则"，践行好，可享"黄金"人生。"人所不欲，勿施于己"可以称之为人际"白金法则"，践行好，可享"白金"人生。只有接受自我、善待自己的人，才有可能真正接受他人、善待他人。

文学家那样突破感性、依靠理性的认知路径，其对太阳的认知也是渐进的、非全面的。静心细想，穷尽一生，个体都难以全面认知一个人，客观认知一个物。我们多时会错看生命实相，因为我们的认知是那样有限。

但是，为了生存下去，个人必须在难以"绝对全面""绝对客观"的前提下去捕捉有限的关键信息，并借此去思考、判断与行动。此时，态度、视角等"心"的因素就凸显了。不同的"心"会有不同的信息过滤能力。

 案例 7.7.3　李鸿章：卖国贼？裱糊匠？抑或其他？

他经常出现在谈判桌前，纵观历史，出现在谈判桌前的人往往都会引起人们的不满，更何况被列强的坚船利炮逼至谈判桌前的是李鸿章。1895 年签订《马关条约》后，"卖国贼"这一骂名就再没洗掉过。国人对李鸿章最客气的评价大概也是失败的改革者。

事实上，对内，以李鸿章为领袖的洋务派是中国工业革命当之无愧的先驱。史实表明，在主张借法自强的洋务派首脑人物中，与洋务运动相始终、站在这股潮流前面尽力呼吁变法的只有李鸿章一人。在 1895 年以前，洋务改革的绝大部分努力是围绕着民生、富国的工业建设而进行的，这和经济军国化的日本明治维新形成了鲜明的对比。对外，作为辞令巧善的谈判者，作为守护着通往北京外交通道的忠实卫士，作为中国冤情的主要申诉者，作为试图尽可能减轻因战争失败而导致外国施予的阶段性惩罚和折磨的周旋者，李鸿章明显地成为清王朝唯一可借以依托和不可缺少的人物。①

李鸿章回顾自己的一生时感慨道："我办了一辈子的事，练兵也，海军也，都是纸糊的老虎，何尝能实在放手办理？不过勉强涂饰，虚有其表，不揭破犹可敷衍一时。如一间破屋，由裱糊匠东补西贴，居然成一净室，虽明知为纸片糊裱，然究竟决不定里面是何

---

① 有美国媒体甚至评价，以一个外交家来说，李鸿章的成就足以使他成为外交史上名列前茅的人。

等材料，即有小风小雨，打成几个窟窿，随时补葺，亦可支吾对付。乃必欲爽手扯破，又未预备何种修葺材料，何种改造方式，自然真相破露，不可收拾，但裱糊匠又何术能负其责？"身处晚清大变革时代，李鸿章选择了一条与他的老师曾国藩行程迥异的道路，几乎以一人之力，引领北洋集团，拉开了中国工业化的大幕。他不计毁誉，办交涉、修铁路、建工厂、组海军，最终却与曾国藩殊途同归，在保持晚清社会秩序的前提下，应对中华三千年未有之大变局（凤凰网）。

历史人物距离我们的日常生活确实有一定距离。对他们的认识和评价多借助于经手他人的证据、资料，其中"耳听"占多；认知者的生活经历、知识结构、历史素养各异，其对于历史人物的解读也就难免有苛求古人、言过其实等偏颇之处。可见，形成对历史人物的正确认知本就充满障碍。

而就算要正确、全面认知可以"眼见"的身边人，也是困难重重。

案例 7.7.4 超市小男孩①

一个外国男孩在超市兼职收银员，一天早上面对结账的长龙手忙脚乱，半天也搞不定总出错的机器。有排队的顾客不耐烦地指责他，后来竟然发展到恶言相加。在众人的催促、谩骂下，男孩忍不住瘫坐在地上哭诉起来，原来他的母亲当天自杀了，而他为了交房租不得不赶来打工……错愕、沉寂、自责，充斥着故事的结局。他人的内心深处，外人知之甚少！

《论语·学而》篇有言："不患人之不己知，患不知人也。""每个人都是自己生活的主角，但在别人的剧本中，主角永远不是你。别人的舞台正上演着怎样酸甜苦辣、离合悲欢的戏码你能知晓多少？"对处于不同舞台上的"别人"的感受又能理解多少？多数情

---

① 该案例根据《把紫罗兰的香味留在心里——让我们的人生更开阔》（周人杰）等文章整理。

况下，你眼中的"事实"只不过是"部分现象"罢了。

由此，我们不要轻易指责别人。我们对他人知之甚少，没有足够的智慧去知道别人生活里的喜怒哀乐；我们对他人一言一行的客观背景不甚了解，很难去真正体谅别人的酸甜苦辣；我们自己并不一定比要批评的对象高明多少，在某些时候、某些条件下，我们可能会犯同样的错……唐朝文学家韩愈在《原毁》中写道："古之君子，其责己也重以周，其待人也轻以约。重以周，故不怠；轻以约，故人乐为善。"与其对他人指指点点，不如做好自己，行"不言之教"。如果我们在某方面能做得略好一些，别人能看得见。

我们应当心存宽恕与豁达。《论语·卫灵公》篇里记载了这样的对话，子贡问曰："有一言可以终身行之者乎？"子曰："其恕乎！"宋朝林逋的《省心录》中也有"以责人之心责己，则寡过；以恕己之心恕人，则全交"名句传世。生活的舞台太大，并不只有我们才是这个世界的主角。细想我们一路走来经历过的波折、苦楚，将心比心，推己及人，他人的人生路上又怎少得了同样的坎坷、艰辛！我们要对每个生命个体给予足够的尊重，认识到每个个体具有的不可替代的价值，助其示善，阻其显恶，乃是大德。那种对他人好坏贵贱的分别心常常搅乱了观察者的情绪，少一些这并不可靠的分别心，认知才会日趋中正，情绪才会日趋中和。

一个真正有文化修养的人，能够用"慈悲心"和"包容心"去成就别人，其实也是在成就自己。正如孔子在《雍也》篇中所说："己欲立而立人，己欲达而达人。"君子成人之美，以忠恕之心待人，以慈悲、包容之心成就别人，恰恰是个人文化修为程度的体现。一个从眼中的"现象"里就能得知自己怎么解脱的人，才是真正懂得自我修养的人，也必能成为一个幸福的人。成就别人，就是成就自己。

尽管个人对万事万物的认知难免具有片面性、主观性，对万事万物的过去、当下、未来的认知多是万不知一，但千万不要因此陷入对人类理性的悲观。作为世间最智慧的生命体，人的理性不可低估。"万不知一"多是事实，但我们也根本没有必要知道太多细枝末节的信息。信息充分是不可能的，关键信息、主信息足够充分即可。

因此，认知他人时不要奢望信息充分，了解他人的主要认知习惯、情绪习惯、行为习惯足矣。正如孔子所言："视其所以，观其所由，察其所安。人焉廋哉？人焉廋哉？"

八、掂量好无价的社会价值①

中国人常说，"心安为乡"的温暖千金不换，父母大爱千金不换，孩子诚敬千金不换，家庭成员间的相互包容、支持千金不换。这诸多千金不换的亲情，铸就了血浓于水的家风文化，也把感恩、责任、和谐融入华夏子孙的血脉中。与亲情一样，健康、和谐人际、名望也无法得到准确的"定价"。恰恰是这些无价的"非卖品"，决定着生活的质量与意义。忽视"无价"易致错配生命资源，这样的例子比比皆是。

世界银行曾明确指出：竞争性市场是人类迄今为止发现的有效进行生产和产品分配的最佳方式。市场经济承认"个人效用最大化""收入最大化"之合理性。家贫万事难，国贫易遭欺，发展才是硬道理。但经济领域的金科玉律在文化、社会领域并非真理。个人效用最大化原则不能在生活中简单泛化，个人主义和功利主义更不能堂而皇之地到处流布。亲情、包容、利他等若都被清晰标价，无价被有价庸俗淹没，生活之大美定会远离，生命之神圣定会坍塌。

草生一秋，人生一世。有的人"捧着一颗心来，不带半根草去"，奉献是其人生写照；有的人"金瓯已缺总须补，为国牺牲敢惜身"，

---

① 倪志良. 掂量好"无价"的社会价值[N]. 人民日报，2016-6-3.

牺牲成就人生大义。从"清风明月本无价，近山遥水皆有情"，到"相知无远近，万里尚为邻"，再到"生命诚可贵，爱情价更高。若为自由故，两者皆可抛"，美景、友谊、自由皆是无价之宝。这些价值拼在一起，构成的正是滋养我们、引领我们的精神家园。

无价之价，从社会角度而言更应重视。"当这个世界连最后一滴干净的水、一口干净的空气都没有了，钱还有什么意义呢？"一部热映电影如此拷问观众。良好生态环境一旦失去，再多的物质进步也弥补不了此种代价。"老吾老以及人之老，幼吾幼以及人之幼"的博爱之德一旦丢去，我们将惨失共度现代社会风险挑战的精神依靠。纯净的社会风气、崇高的道德水准、优良的生态环境……正是这些"无价"，让社会进步体现出应有的含金量。

思想影响着行为，过度强化有价之物在自我意识里的重要性，便会造成"心为物役"的后果。这种心理反映在个人身上就是"向钱看齐"，反映在社会发展上就是"唯 GDP 论"。"支持'一碗汤距离'亲情养老居住需求""诚实守信和企业发展是相辅相成的""从源头贯彻绿色发展理念"……国人的这些真知灼见，反映出我国个人和社会的幸福观、发展观在优化转变。只有全社会都完成这种思想上的转变，我们才可以说"幸福来敲门"了。

"名与身孰亲？身与货孰多？"老子在对名望、财富与生命的掂量中，悟出了"知足不辱，知止不殆，可以长久"的道理。幸福经济学家理查德也曾感慨，对"个人效用最大化"的误读在西方国家导致了诸多严重的社会问题：离婚率居高不下、居民家庭责任感缺失……缺少了"仁""义"等核心价值约束而片面追求自我效用最大化，最后谁都无效用可言。唯掂量好"无价"，生命方能至真，国家方能至善。

借鉴西方经济学效用最大化思路：生命资源的最优配置应该关注四重因素（图 7-4）。只要政府诱导好，个体注意均衡好，国民的幸福值可以更高。

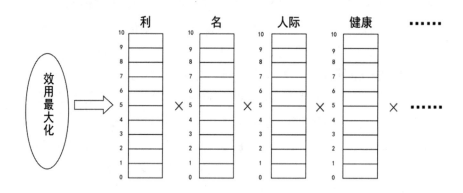

图 7-3   生命资源最优配置

篇尾语
生命资源的最优配置

　　人生在世，不过百年。三万余天的光阴历程是我们必然面对的"预算约束"。在有限的生命长度中，将时间合理配置到收入、名望、健康、人际等诸方面，使个体积极情绪占比达到较高水平，生成对自我和外界的真认知、真判断，在行动中收获意义感与价值感，安享生命之宽阔，是值得我们一生探索的课题。

　　获取一定的收入与物质财富是我们自立于世界的物质基础，是人生的阶段性目标但非全部目的。对于钱财，应取之有度。若为其裹挟，则生命只会日渐偏离幸福的初衷。

　　名望是个体得到社会认可的体现，但也不可为名所惑。真正幸福的人总是懂得在"立乎上"的思与行中驻心用力，体味意义感与价值感。真名自此而立，方成不朽。

　　健康是我们自由全面发展的基石。充足的睡眠与适量的运动在动静之间调适着身体，释怨、忘忧与感恩则实现着心灵的"新陈代谢"。身体无疾患，精神无纷扰，正是幸福的内在要求。

　　人际是个体与世界对话的窗口，亦可成为幸福的"导线"。知"诚敬""忠恕"之道，行造福社会之为，幸福便能照进更多人的心田；同时，如何摒除过度人际和基于自利动机的假"人际"，仍需要我们的思索。

　　幸福的真谛，在人不在物，在"心"不在外。近百年来，借助数理手段，经济学理论将人与物的关系探讨得可谓淋漓尽致，但这绝非人类生活的全部。在货币的度量衡面前，世界可以被简化，但也可能被扭曲。珍惜"无价之价"，我们对"如何幸福"的回答才能完整。

最后，我们不妨以英国作家杰罗姆在作品《三怪客泛舟记》中写下的几段文字结束本篇内容：[①]

"……试看，在我们人生的航程中，有多少人在他们的航船上装满了许多一无用处的东西，使航船常常有倾覆的危险。这些东西，他们认为都是航行的舒适和愉快所必需的，实际上都是些毫无用处的烂木头。

你看，他们那个可怜的小船上堆积如山的都是些什么货色？那些鲜衣华服，那些高楼大厦，那些仆从如云——实际上可能一无用处……那些华筵盛馔——实际上没有人真正享受；那些繁文缛节，那些虚情假意，还有——唉，那个最无聊、最沉重的包袱——日日夜夜担心你邻人对你的看法，那种无谓的忧惧，那种奢靡的生活，使你感到腻烦；那种恣意的享乐，使你感到厌倦；那种虚假的场面，就像古代犯人头上的铁帽子，一戴上就会使你头脑出血，神志昏迷。

……这些都是烂木头……把它们掷到海里去吧！

这样，你就会觉得你的船很容易驾驶，不致有倾覆的危险；即使倾覆了，也没有多大关系，因为船上那些朴实耐久的东西都是经得起水浸的。你可以有充分的时间去思考和工作，你可以尽情享受人生温煦的阳光……"

---

① J. K. 杰罗姆. 三怪客泛舟记[M]. 劳陇，译. 北京：人民文学出版社，2016.

第三篇
民生幸福与财税作为

篇首语

　　民生幸福，不仅是个人一切内在努力的终极目标，同时也应该成为政府行为的至善选择。国民幸福固然需要个体的努力"修己"，道术同修，理技共达，均衡配置自身的生命资源，实现"知行感"合一。但国民幸福也深受教育、文化、科技、医疗、公共安全、环保等社会因素的影响，并且政府对公共物品与服务的提供以及对支出规模与结构的优化，对国民幸福感的影响效果往往大于生产率的提高和经济增长。

　　党的十八大以来，国民对"中国梦"有了更多的期盼、更多的信心。实现中国梦，就是实现国家富强、民族振兴、人民幸福。十八届三中全会通过的《中共中央关于全面深化改革若干重大问题的决定》明确提出，财政是国家治理的基础和重要支柱。而公共支出作为实现国家治理目标的重要方式，在提升国民福祉方面所承担的责任愈发重大。究其原因，与充满竞争性与排他性的私人消费相比，公共支出为全体社会成员提供共享的公共产品，降低了攀比效应带来的幸福损失。更为重要的是，在用于居民个人消费的社会产品极大丰富之后，人们对于健康、教育、环保等基本公共服务的需求越来越大，要求越来越高，这些方面日益成为影响个体幸福感受的重要因素。而提供这些公共产品正是公共财政的责任所在。

第八章

公共支出优化理论

政府为了履行人民（选民）赋予它的职责，需要以恰当的方式在国民经济运行过程中采集足够的资源，并以"有效"的方式对资源进行分配和运用，这是公共财政运行中的核心问题——公共资源的有效配置问题，或者说是公共支出的"有效性问题"。本章主要介绍公共产品最优配置理论和公共选择理论中的相关内容。

一、引入公共产品后资源最优配置理论

在单纯考虑私人产品的条件下，资源有效配置条件是：$MRS_{x,y}^{A} = MRS_{x,y}^{B} = MRT_{x,y}$。而引入公共产品后，资源的有效配置条件是：$MRS_{G,x}^{A} + MRS_{G,x}^{B} = MRT_{G,x}$。可见，引入公共产品以后，经济学最核心的问题——资源有效配置条件发生了变化。换言之，引入公共产品以后，居民的有效消费选择和社会生产的"有效"安排都将做出相应的改变。

（一）私人产品与公共产品的数学界定

私人产品是指在均衡状态下，设 X_i 是第 i 种商品的总供给，X_i^h

是消费者 h 对该种商品的消费，如果有 $\sum_h X_i^h = X_i$ [①]，也就是说某人的消费增加一个单位必然会使他人的消费减少一个单位，则该种商品属于私人产品。私人产品有下列两个特征：第一，竞争性消费。所谓竞争性消费是指消费某种私人产品的个人必须支付既定的（不受单个消费者影响的）价格，或者他愿意按照现行市场价格进行支付以取得对该产品的消费权。那么，无法或者不愿意按照现行市场价进行支付的个人就被排斥在外，不得不放弃对该产品的消费。第二，排他性消费。所谓排他性消费是指获得某种私人产品消费权的个人，便拥有了对该产品的唯一享受权，即其他人不能同时再消费这一产品。

公共产品是指在均衡状态下，如果 X_i 是第 i 种商品的总供给，X_i^h 是消费者 h 对该种商品的消费，如果有 $X_i^h = X_i$，即每个人对该种商品的消费并不会导致任何其他人对该种商品消费的减少，则称该种商品为公共产品。

和私人产品不同，公共产品不具有消费的竞争性和排他性，如最典型的公共产品——电视节目。电视台提供多少电视节目，在信号可接收范围内的每个消费者就能接收多少电视节目。一个人的消费完全不影响另一个人的消费。

也有不少介于两者之间的例子，比如加密的电视节目。这是非竞争性的——因为一个人的消费的增加并不会导致另外一个人消费的减少；但它又是排他性的，因为只有那些有权使用解密装置的人，才能观看电视节目。这类物品有时被称为俱乐部物品。在后文将会详细探讨，对于这类公共物品，如果不考虑政治安全等因素，私人资本有提供该产品的利益诱因和机制保证[②]。

---

① Anthony. B. Atkinson, Joseph. E. Stiglitz. Lectures on Public Economics. New York: McGraw-Hill BookCompany, 1987, P484.

② 萨缪尔森（1954）：能把个人排除在享受公共物品之列的程度，会随着情况而变化。一个人的房子难免受外国入侵的损害，除非其他人的房子也得到保护；但是，一座房子可能会在不危及另一座房子的条件下被烧毁。戈登·塔洛克（1971）已经说明，排他性公共物品的自愿支付方案可能会导致类似于后一种情形的出现。

另一类例子是非排他性但具有竞争性的物品。一条容量有限的高速公路就是一个很好的例子：任何人都可以使用这条公路，一个人的使用会减少另外某个人的可用空间，但是一个人消费的增加和他人消费的减少并不存在数量上的等值关系，即有 $X_i^h \leqslant X_i$。

（二）单纯私人产品条件下的资源有效配置

设经济社会提供的两种产品 x、y 都是私人产品，只有两个消费者 A、B。资源有效配置条件是：$MRS_{x,y}^A = MRS_{x,y}^B = MRT_{x,y}$。下面给出数学证明。

在生产领域：

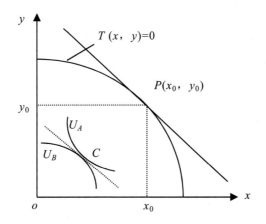

图 8-1　私人产品情况下生产和消费的有效选择

如图 8-1 所示：

$T(x, y) = 0$ 表示生产可能性曲线

则 $\mathrm{d}T = \dfrac{\partial T(x,y)}{\partial x}\mathrm{d}x + \dfrac{\partial T(x,y)}{\partial y}\mathrm{d}y = 0$

$$\frac{\mathrm{d}y}{\mathrm{d}x} = -\frac{\partial T / \partial x}{\partial T / \partial y} \tag{8-1}$$

$$MRT_{x,y} = -\frac{dy}{dx} = \frac{\partial T/\partial x}{\partial T/\partial y}$$

在消费领域：

帕累托有效配置问题实质上是在 B 的效用给定时，使 A 的效用最大化的问题。

$$\underset{x_A,y_A,x_B,y_B}{Max}\ U_A(x_A,y_A)$$

限制于：
$$U_B(x_B,y_B) = \bar{U}$$
$$T(x,y) = 0$$

用拉格朗日函数求解效用最大化问题。

$$L = U_A(x_A,y_A) - \lambda\left[U_B(x_B,y_B) - \bar{U}\right] - \mu \cdot T(x,y)$$

求一阶偏导并令其为零。

$$\frac{\partial L}{\partial x_A} = \frac{\partial U_A}{\partial x_A} - \mu\frac{\partial T}{\partial x} = 0 \qquad\qquad （8\text{-}2）$$

$$\frac{\partial L}{\partial y_A} = \frac{\partial U_A}{\partial y_A} - \mu\frac{\partial T}{\partial y} = 0 \qquad\qquad （8\text{-}3）$$

$$\frac{\partial L}{\partial x_B} = -\lambda\frac{\partial U_B}{\partial x_B} - \mu\frac{\partial T}{\partial x} = 0 \qquad\qquad （8\text{-}4）$$

$$\frac{\partial L}{\partial y_B} = -\lambda\frac{\partial U_B}{\partial y_B} - \mu\frac{\partial T}{\partial y} = 0 \qquad\qquad （8\text{-}5）$$

以上四式利用了私人产品的定义：$x=x_A+x_B$，$y=y_A+y_B$，所以

$$\frac{\partial T}{\partial x_A} = \frac{\partial T}{\partial x}\cdot\frac{\partial x}{\partial x_A} = \frac{\partial T}{\partial x}$$

$$\frac{\partial T}{\partial y_A} = \frac{\partial T}{\partial y}\cdot\frac{dy}{\partial y_A} = \frac{\partial T}{\partial y}$$

式（8-2）、（8-3）联立得：$\dfrac{\partial U_A/x_A}{\partial U_A/y_A} = \dfrac{\partial T/\partial x}{\partial T/\partial y}$

式（8-4）、（8-5）联立得：$\dfrac{\partial U_B / \partial x_B}{\partial U_B / \partial y_B} = \dfrac{\partial T / \partial x}{\partial T / \partial y}$

又因为：$\dfrac{\partial U_A / \partial x_A}{\partial U_A / \partial y_A} = MRS_{x,y}^A$ $\quad$ $\dfrac{\partial U_B / \partial x_B}{\partial U_B / \partial y_B} = MRS_{x,y}^B$

故：$MRS_{x,y}^A = MRS_{x,y}^B = MRT_{x,y}$

在没有引入公共产品之前，最有效的消费安排是点 C，相应的生产安排是点 P。

（三）引入公共产品条件下资源的有效配置

1. 资源有效配置条件

引入公共产品以后，资源的有效配置条件是：$MRS_{G,x}^A + MRS_{G,x}^B = MRT_{G,x}$

设经济社会中只有一种私人产品 x，一种公共产品（纯公共）G，只有两个消费者 A、B。

则有：$x_A + x_B = x$，$G_A = G_B = G$

A 的个人效用函数为 $U^A(x_A, G)$，B 的个人效用函数为 $U^B(x_B, G)$，社会福利函数可以写作 $\psi(U^A, U^B)$。

经济社会在资源的限制下，x 与 G 的提供量应满足一定的依赖关系。

设 $F(x, G) = 0$

在 $F(x, G)$ 的限制下，求 $\psi(U^A, U^B)$ 的最大化问题。

由此构造拉格朗日函数：

$L = \psi - \lambda F(x, G)$

求 L 对 x_A, x_B, G 的偏导，并令其为 0。

$\dfrac{\partial L}{\partial x_A} = \dfrac{\partial \psi}{\partial x_A} - \lambda \dfrac{\partial F}{\partial x_A} = \dfrac{\partial \psi}{\partial U^A} \cdot \dfrac{\partial U^A}{\partial x_A} - \lambda \dfrac{\partial F}{\partial x} \cdot \dfrac{\partial x}{\partial x_A} = 0$

因为 x 是私人产品，所以 $x = x_A + x_B$

所以 $\dfrac{\partial x}{\partial x_A} = 1$

记 $\psi_A = \dfrac{\partial \psi}{\partial U^A}$，$U_{x_A}^A = \dfrac{\partial U^A}{\partial x_A}$，$F_x = \dfrac{\partial F}{\partial x}$

则 $\dfrac{\partial L}{\partial x_A} = \psi_A \cdot U_{x_A}^A - \lambda F_x = 0$

$$\psi_A \cdot U_{x_A}^A = \lambda F_x \qquad\qquad （8\text{-}6）$$

同理记 $\psi_B = \dfrac{\partial \psi}{\partial U^B}$，$U_{x_B}^B = \dfrac{\partial U^B}{\partial x_B}$，$F_x = \dfrac{\partial F}{\partial x}$

可得： $\psi_B \cdot U_{x_B}^B = \lambda F_x \qquad\qquad （8\text{-}7）$

又因为 $\dfrac{\partial L}{\partial G} = \dfrac{\partial \psi}{\partial G} - \lambda \dfrac{\partial F}{\partial G} = 0$

$$\dfrac{\partial \psi}{\partial G} = \dfrac{\partial \psi}{\partial U^A} \cdot \dfrac{\partial U^A}{\partial G} + \dfrac{\partial \psi}{\partial U^B} \cdot \dfrac{\partial U^B}{\partial G}$$

$$= \psi_A \cdot U_G^A + \psi_B \cdot U_G^B = \sum_h \psi_h \cdot U_G^h$$

所以 $\dfrac{\partial L}{\partial G} = \sum_h \psi_h \cdot U_G^h - \lambda F_G = 0$

$$\sum_h \psi_h \cdot U_G^h = \lambda F_G \qquad （h{=}A，B） \qquad （8\text{-}8）$$

由式（8-6）、（8-7）可知 $\psi_A U_{x_A}^A = \psi_B U_{x_B}^B = \lambda F_x$

（8-8）式中的三项对应除以 $\psi_A U_{x_A}^A$，$\psi_B U_{x_B}^B$，λF_x

得： $U_G^A / U_{x_A}^A + U_G^B / U_{x_B}^B = F_G / F_x$

因为 $U_G^A / U_{x_A}^A = \dfrac{\partial U^A}{\partial G} / \dfrac{\partial U^A}{\partial x_A} = MRS_{G,x_A}^A$

$$U_G^B / U_{x_B}^B = \dfrac{\partial U^B}{\partial G} / \dfrac{\partial U^B}{\partial x_B} = MRS_{G,x_B}^B$$

$$F_G / F_x = \dfrac{\partial F / \partial G}{\partial F / \partial x} = \dfrac{\partial x}{\partial G} = MRT_{G,x}$$

则： $MRS_{G,x}^A + MRS_{G,x}^B = MRT_{G,x} \qquad\qquad （8\text{-}9）$

2. 引入公共产品以后资源有效配置条件的几何意义

图 8-2 的上半部分表示生产约束条件 CD 和公民 A 的无差异曲线 U^A，假定消费者 A 的消费固定在无差异曲线 U^A 上。图 8-2 的下半部分 MN（CD 与 U^A 之差）表示消费者 B 的消费可能性曲线。U^B 表示与 MN 相切的消费者 B 的无差异曲线。切点 E 是消费者 B 的"有效"消费点。对应地，F 表示消费者 A 的"有效"消费点，R 表示

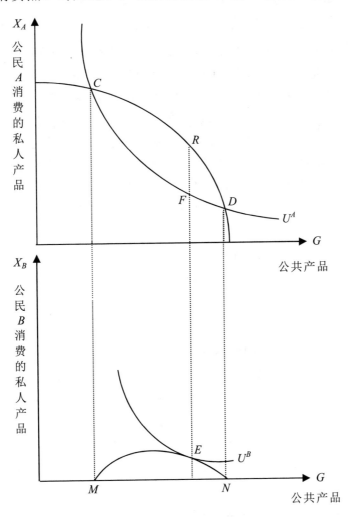

图 8-2　公共产品的最优供给

社会的均衡生产选择点。由曲线 MN 与曲线 CD 和 U^A 的关系可以知道：曲线 MN 在 E 点的斜率等于曲线 CD 在 R 点的斜率与 U^A 在 F 点的斜率之差。所以，$MRT_{G,x} = MRS^A_{G,x} + MRS^B_{G,x}$。

为了更好地理解为什么这是正确的效率条件，我们看一下如果违反了这一条件情况会是怎样？假设 $MRS^A_{G,x} = 1/4$，$MRS^B_{G,x} = 1/2$，$MRT_{G,x} = 1$，这时 $MRT_{G,x} > MRS^A_{G,x} + MRS^B_{G,x}$，此时容易证明，减少公共产品的供给会产生帕累托效率改进。$MRT_{G,x} = 1$意味着少生产 1 个单位的公共产品会增加 1 个单位的私人产品的供给，而 $MRS^A_{G,x} = 1/4$ 表示消费者 A 少消费 1 个单位的公共产品只需要多消费 1/4 个单位的私人产品就可以补偿，$MRS^B_{G,x} = 1/2$ 表示消费者 B 少消费 1 个单位的公共产品只需要多消费 1/2 个单位的私人产品就可以补偿。这样如果我们少生产 1 个单位的公共产品而多生产 1 个单位的私人产品，1/4 用于补偿消费者 A，1/2 用于补偿消费者 B，还余下 1/4 的私人产品。余下 1/4 的私人产品在两个消费者中任意分配，都是一种帕累托改进。同样，我们容易证明，当 $MRT_{G,x} < MRS^A_{G,x} + MRS^B_{G,x}$，如 $MRS^A_{G,x} = 2/3$，$MRS^B_{G,x} = 1/2$，$MRT_{G,x} = 1$时，增加公共产品的供给会使两个人的境况都会得以改善。因此，只有当 $MRT_{G,x} = MRS^A_{G,x} + MRS^B_{G,x}$，生产和消费才达到帕累托最优选择。

（四）免费搭乘与政府提供公共产品

1. 免费搭乘行为与囚犯难题

免费搭乘的存在会导致"囚犯难题"的出现，从而对政府提供公共产品给予理论支持。下面通过例子加以说明。

假定同一房间有两个人，以 A 和 B 代表。

$\omega_1 = \omega_2 = 500$ 美元，ω_1、ω_2 分别代表 A、B 两人最初的财富占有。

$r_1 = r_2 = 300$ 美元，r_1、r_2 代表 A、B 为购买公共产品电视机而愿意支付的保留价格，则：

$$u_1\,(\omega_1 - r_1,\ 1) = u_1\,(\omega_1,\ 0)$$

$$u_2（\omega_2-r_2，1）=u_2（\omega_2，0）$$

A 的保留价格是 300 美元的含义是：添置一件公共产品电视机给 A 所增加的效用此时恰好与私人产品消费下降 300 美元所减少的效用相等。如果让 A 的支付大于 300 美元，添置公共产品电视机对于 A 就会得不偿失。换句话讲，300 美元是 A 从效用角度考虑而愿意支付的最高价格。如果电视机的成本 $c=400$ 美元，因为 $r_1+r_2>400$ 美元，所以购买公共产品会产生帕累托效用改进。

假定同室的两人将根据下列程序决定是否购买电视机：每人把是否应该购买电视机的想法写在一张字条上，如果两人都认为应该购买（写"是"），那么他们就平均分担购买电视机的费用；如果两人都写"否"，那么就不购买电视机；如果一人写"是"，另一人写"否"，写"是"的人就有义务独自购买电视机。这一对策对应的矩阵如表 8-1。

表 8-1　免费搭乘与囚犯难题

局中人 B

		是	否
局中人 A	是	600，600	400，800
	否	800，400	500，500

表 8-1 中的数字代表 A、B 的效用值。左上：两个"是"。每人为购买公共产品实际支付 200 美元，记 $g_1=g_2=200$ 美元。每个人留 300 美元用于私人消费；即 $x_1=x_2=300$ 美元。此时两个人的效用值 $u_1=u_2=600$ 美元。左下：A"否"，B"是"。此时：$g_1=0$，$g_2=400$ 美元；$x_1=500$ 美元，$x_2=100$ 美元；$u_1=800$ 美元，$u_2=400$ 美元。右上：A"是"，B"否"。此时：$g_1=400$ 美元，$g_2=0$；$x_1=100$ 美元，$x_2=500$ 美元；$u_1=400$ 美元，$u_2=800$ 美元。右下：A"否"，B"否"。此时：$g_1=g_2=0$；$x_1=x_2=500$ 美元；$u_1=u_2=500$ 美元。

这是囚犯难题中的一个简单例子，两个人选择右下是一种"优超均衡"。每个人都希望对方购买电视机，自己可以"免费搭乘"。

2. 免费搭乘行为对政府提供公共产品的理论支持

通过以上对免费搭乘的分析，可以得出如下结论。第一，个人出于"自利"的决策所达到的"优超均衡"（500，500）却不是帕累托有效的（600，600），这时如果外因介入，每人收取 200 美元，提供公共产品，会产生帕累托改进。第二，当房间里住的人大于 2 时。每个人的免费搭乘心理会更加突出，提供公共产品更需外因的介入，否则，公共产品的供给将严重不足。第三，什么时候提供公共产品取决于人们的支付意愿和公共产品的总成本。第四，提供公共产品是否是帕累托有效，一般取决于初始的财富分配（ω_1、ω_2）。因为保留价格 r_1、r_2 一般是由初始财富决定的。由此可见，"公共产品"的提供需要有外因的介入，在现实经济社会中就是需要有"政府"的介入。随着经济的发展和个人可支配收入的提高，私人产品的边际效用会递减，人们对公共产品的需求增加，这时政府通过税收等手段减少个人可支配收入，同时增加公共产品的供给（如加大环境保护投入），会产生帕累托效用改进。

引入公共产品以后，帕累托有效配置条件的转变和免费搭乘的存在不但对政府提供公共产品给予了理论支持，有时对微观经济主体的决策也有积极的借鉴意义。在我国，当人们对财政应该提供公共产品这一理念还处于理解和接受的初期，很多私营企业主却在"局部公共产品"上做足了文章。比如某县房地产开发公司，准备开发 10 万平方米的住宅小区。如果开发公司继续传统的开发方式，不注重对花园绿地等公共产品（小范围的公共产品）的投入，该公司将平均每平方米的售价定在 3000 元，这时销售很可能受到冷落。但是如果该公司增加 1000 万的投入，用于小区内的花园绿地和游乐设施（局部公共设施）的建设。然后将该成本分摊在 10 万平方米的销售面积上，平均每平方米的成本仅仅增加 100 元，公司将每平方米售价上调到 3100 元（甚至可以高于 3100 元），销售可能会大大改观。

因为这时一位100平方米住房的业主虽然增加了1万元的私人成本，却增加了 1000 万元公共产品的消费。我们仔细观察一下会发现，目前我国销售业绩较好的开发商没有一个不注重公共产品的提供。不管他们的这种行为是自觉的还是不自觉的，研究公共产品的效用改进问题实在不敢忽视这些现实例子。[①]

3. 偏好显示与克拉克税

通过上述分析可以看出，"公共物品"的提供需要有外因的介入，在现实经济社会中就是需要有"政府"的介入，政府根据民众对公共产品的偏好程度分别收取不同的费用，借此提供公共产品可以产生效用改进。但在现实经济社会中可能存在民众隐瞒其真实偏好的行为激励，克拉克税为此提供了解决问题的一种机制。

以邻里合作安装一盏路灯为例，假定路灯的成本已知为 100 美元，V_i 表示第 i 个人对路灯的效用评价。

如果 $\sum_{i=1}^{m} V_i \geqslant 100$ 美元，说明此时安灯"有效"。

如果让每个人负担的成本与他对安灯的效用评价成正比，这时人们会隐瞒自己的真实评价。如果我们采取另一种方法，事先固定每个人所要分担的成本 C_i，则第 i 个人的效用净值：$n_i = V_i - C_i$。

当 $\sum_i n_i > 0$ 时，安灯有效。

---

① 上述内容主要引自倪志良发表于《财政研究》2001 年第 3 期的文章《引入公共产品以后帕累托有效配置条件的转变及其政策含义》。由于时间跨度较长，论文中的房价与当今差别巨大。无论是在住房建设过程中，还是在住房使用过程中，保证公共产品的充分供给，都会产生福利改进。以天津水上公园附近某小区的为例，小区建成初期很是高档，很多业主曾因居此有过自豪，房屋售价、租价也著实不菲，当时一套 150 平米房子的租金能高达 6000 元/月。后因多种原因物业公司退出，小区环境迅速恶化，房屋租价、售价大幅下降，同样一套房子租金下降到 4000 元/月。从租金角度计算，因物业缺失导致一套住房的福利损失高达两万多元/年，小区所有业主的福利损失高达两千多万元/年。物业等公共产品的"缺位"绝非小事，潘石屹也曾发博文《建外 SOHO 雪天断电停暖，居民急切等待政府救援》，曝出自家小区新老物业公司扯皮，地产大佬在自己盖的房子里受冻的乱象。有研究推算，因物业管理不善，导致我国居民每年的福利净损失超过千亿之多。

但这一决策机制可能导致的问题是：它包含着一种夸大真实评价的刺激。如果你对"安灯"的评价略高于你负担的成本，你为了保证"结果是安灯"可能故意夸大你的效用评价，这样既可以保证安灯，又不会增加你的成本。

解决的办法是对"关键人物"课税，为此首先定义"关键人物"。

如果有 $\sum\limits_{i\neq j}^{m} n_i > 0$ （或 < 0），且 $\sum\limits_{i=1}^{m} n_i < 0$ （或 > 0），（$1 \leqslant j \leqslant m$），则称 j 为关键人物。

此时，j 给其他人施加的总损害为：$H_j = \sum\limits_{i\neq j} n_i$ （当 $\sum\limits_{i\neq j} n_i > 0$ 时）

或 $H_j = -\sum\limits_{i\neq j} n_i$ （当 $\sum\limits_{i\neq j} n_i < 0$ 时）

为了鼓励每个人"讲真话"，必须让其面对决策的"真实社会成本"，对关键人物课税：

$$\sum\limits_{i\neq j} S_i$$

（S_i 可以是也可以不是 i 的真实效用净值 n_i）。

克拉克税的机制在于：分析提高或压低效用评价可能产生的结果，人们可以得出这样的结论——真实显示自己的偏好是上策。

二、公共支出的决定与归宿理论

本节分析了公共支出决定和利益归宿理论。在公共支出决定理论中，多数通过规则、宿命论投票模型、或然论投票模型和利益集团模型等一般是基于美国政治特征建立的，但该理论对于我国的很多公共支出现象却具有相当强的解释能力。公共支出归宿是分析政府公共支出对社会福利分配的影响，即研究政府公共支出的利益分别由哪些社会阶层获得。研究这一问题的重要意义在于指导政府财政更好地履行其收入分配职能。

（一）直接民主制中公共支出决定

1. 一致通过规则与林达尔（E. Lindahl）均衡

公共经济学理论证明一致性规则是唯一能确定地导出满足帕累托条件的公共物品数量的规则。因此，尽管一致通过规则难以实现，但该规则在公共支出决定理论中仍然占有重要地位。威克塞尔（K. K. Wicksell）是第一个把所有人从集体行动中受益的可能性与全体一致通过规则联系起来的学者。后来的布坎南（J. M. Buchanan）和塔洛克（G. Tullock）都对此给予认可[①]。

由于提供公共产品需要通过税收来筹资，人们对一定规模的公共产品进行投票时，不仅会考虑到该公共产品导致的效用增加，还会考虑到他将承担税负而导致的效用减少（私人消费减少），是否投赞成票是两种考虑综合作用的结果。首先考察有两个消费者 A、B 和一种公共物品的情形。A、B 的初始收入为 Y_A 和 Y_B，其效用函数分别为 $U_A(X_A, G)$ 和 $U_B(X_B, G)$，其中 X 是私人物品，G 是公共物品。假设每件公共物品通过一项独立的税收来筹资。公共物品 G 是由个人 A 交纳的税收 t 和个人 B 交纳的税收（$1-t$）筹资。

早在 20 世纪初，林达尔（1919－1958）就设计"可产生一致通过结果"的选举程序，提出了自己的建议。将纳税份额 t 和（$1-t$）理解为林达尔模型中的价格，则

$$X_A = Y_A - tG, \ X_B = Y_B - (1-t)G \tag{8-10}$$

在初始收入给定的情况下，效用函数可以由（X，G）的函数变换为（t，G）的函数：

$$U_A = U_A(Y_A - tG, \ G), \ U_B = U_B(Y_B - (1-t)G, \ G) \tag{8-11}$$

---

① J.M.Buchanan，G.Tullock. The Calculus of Consent.Ann Arbor:University of Michigan Press，1962.

图 8-3 是两个二维坐标系的合成图，横轴表示公共产品数量，纵轴表示消费者 A 和 B 承担的税收份额。A 的纳税份额起点为 $O(0\%)$ 到终点 $O'(100\%)$，B 的纳税份额起点为 $O'(0\%)$ 到终点 $O(100\%)$。A_1、A_2……A_5 和 B_1、B_2……B_5 分别表示把 A 和 B 的公共物品——私人物品空间映射到公共物品——税收空间后的效用无差异曲线。对于 A 更低的曲线（对于 B 为更高的曲线）表示更高的效用。

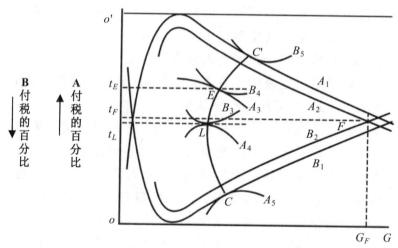

图 8-3   公共产品——税收组合中的契约线

图 8-3 中的每一点都表示一组能充分支付在该点的公共物品数量的所有成本的税收份额。A 和 B 的无差异曲线的切点集 CC' 表示将帕累托可能性边界映射到公共物品——税收份额空间的一条契约曲线。

可以证明 CC' 上的每一点都是一个帕累托有效配置。对 U_A、U_B 分别求关于 t 和 G 的全微分，并考虑到（Y_A，Y_B）为常量的假定，则有：

$$AUA = \frac{\partial UA}{\partial X}(-t)\mathrm{d}G + \frac{\partial UA}{\partial G}(-\mathrm{d}G) + \frac{\partial UA}{\partial X}(-G)\mathrm{d}t$$

$$AUB = \frac{\partial UB}{\partial X}(-1-t)\mathrm{d}G + \frac{\partial UB}{\partial G}\cdot\mathrm{d}G + \frac{\partial UB}{\partial X}(G)\mathrm{d}t \qquad (8\text{-}12)$$

令全微分为零，求解出每个人的无差异曲线的斜率：

$$\left(\frac{dt}{dG}\right)^A = \frac{\partial U_A / \partial G - t\partial U_A / \partial X}{G(\partial U_A / \partial X)}$$

$$\left(\frac{dt}{dG}\right)^B = \frac{\partial U_B / \partial G - (1-t)(\partial U_B / \partial X)}{G(\partial U_B / \partial X)}$$

（8-13）

令两条无差异曲线的斜率相等，我们就得到帕累托效率的萨缪

尔森条件：$\dfrac{\partial U_A / \partial G}{\partial U_A / \partial X} + \dfrac{\partial U_B / \partial G}{\partial U_B / \partial X} = 1$ （8-14）

公共产品的均衡供应量和均衡税收份额所对应的均衡点可以通过两个不同的过程求得。方法之一是"公正观察者"或"拍卖人"从投票者那里搜集信息，并根据这些信息提出多种税收份额——公共物品数量组合对（要求组合对落入 A_1 和 B_1 形成的眼形区域内）。投票者对不同的组合对持续进行选择，直到达到 CC' 上的一点，如 E 点。一旦达到这样的点，就不会有新的提议得到一致性的赞同，也就是没有能使两者都获益的提议，这样也就形成了全体一致同意的社会选择。均衡点 E 优于 CC' 外的组合对 F，从任何方向对 E 点的偏离至少会使一个人的处境变得更糟。

寻找均衡点的第二种方法是对于初始选定的税收份额集 t 和 $(1-t)$，投票人必须比较所有的公共物品的数量对，并且只有当人们一致地更偏好一个给定的数量而非其他数量时，该数量才被选中。考虑在一组林达尔价格下，每个人为同一数量的公共物品而投票。当两个人的无差异曲线相切于 t 的税收线的同一点时，A 和 B 都对公共物品的同一数量投赞同票。在图 8-3 中，这样的情形发生在 L 点，此时税收份额为 t_L 和 $(1-t_L)$。L 是林达尔均衡。

比较均衡点 E 和均衡点 L，均衡点 E 的确定不仅依赖于初始禀赋、个人效用函数，而且依赖于选择"路径"——即选择过程中提出的税收份额、公共产品数量组合对的序列。而均衡点 L 则只依赖初始禀赋和个人偏好。在 L 点，每个人的公共物品对私人物品的边际替代率都等于其税收份额：

$$\frac{\partial U_A/\partial G}{\partial U_A/\partial X}=t \quad \frac{\partial U_B/\partial G}{\partial U_B/\partial X}=1-t \tag{8-15}$$

2. 弗农·史密斯的拍卖机制

公共选择理论中，很多文献专门探讨了达到帕累托有效契约线 CC' 投票程序中的过程设计，一些较有价值的文献描述了公共产品存在时达到帕累托有效契约线 CC' 的瓦尔拉斯摸索（tatonnement）过程。"摸索过程"有一个共同特点：要么"拍卖人"喊出税收承担份额，要求投票人说出愿意接受的公共产品数量；要么"拍卖人"喊出公共产品数量，要求投票人说出愿意支付的税收份额。鉴于此，弗农·史密斯（1977，1979，1980）给出一种新的机制设计：需要投票者同时说出税收价格和数量。假设有 n 位投票人，投票人 i 给出一个喊价 b_i 和公共物品数量 G_i，其中 b_i 是 i 愿意承担的公共物品的成本份额，G_i 是 i 需要的公共物品数量（考虑到 b_i 份额的成本）。实际上，i 承担的税收价格是公共物品的总成本 c 和其他 $(n-1)$ 位投票人的总出价 B_i 之差，即

$$t_i\,G = (c-B_i)\,G \tag{8-16}$$

其中 $B_i=\sum_{i\neq j}b_j$，且 $G=\sum_{k=1}^{n}G_k/n$。

如果对所有 i，有 $b_i=t_i$，且 $G_i=G$ $(8-17)$

即只有当每个投票者愿意承担并诚实地喊出的价格与他的税收价格相匹配，以及每个投票者提出的公共物品数量趋于一致时，该过程才选择一个公共物品数量。在每次重复这一过程之后，投票者被告知他们的税收价格和公共物品数量应是多少，方可达到 $(8-17)$ 式。如果对于投票者 i，有 $b_i<t_i$，即他愿意承担并诚实地喊出的价格达不到他的税收价格，他或者提高他的喊价，或者调整需要的公共物品数量，以达到一个均衡。只有当所有投票者一致地同意他们的税收价格和公共物品数量时，过程才停止。

在均衡点处，$(8-17)$ 式得到满足，此时 i 的效用可写成：

$$V_i=U_i(G) - t_i\,G \tag{8-18}$$

求 V_i 对 G 的偏导数并令其等于 0,可以得到最优公共产品数量,此时以货币表示的投票人的净效用达到最大。

$$dV_i/dG_i = U_i'/n - t_i/n = 0$$

$$U_i' = t_i \qquad\qquad (8\text{-}19)$$

每个投票者使公共物品的边际效用等于他的税收价格。对 (8-19) 式所有投票者求和,我们得到:

$$\sum_{i=1}^{n} U'_i = \sum_{i=1}^{n} t_i = \sum_{i=1}^{n}(c - B_i) = c$$

在弗农·史密斯拍卖机制中,每个投票者承担的税收价格不取决于投票者个人对公共物品的偏好(喊价),而是取决于其他投票者对公共物品偏好(喊价)的总和。通过这样的方式,拍卖机制诱使每个投票者显示他们的公共物品偏好。该机制的存在使每个人诚实地表明自己偏好的正向激励,因为该机制要求除非所有人一致地同意一个数量和一组税收价格,否则将无法提供公共物品。

3. 对一致通过规则的评析

由于一致通过规则是唯一能确定地导出满足帕累托条件的公共物品数量的规则。任何议案只要不是在全体一致同意的情况下通过,纳税份额与公共物品的提供数量就不是同时为全体成员所接受的。该议案的实施对于投反对票的人往往意味着福利损失,如果投票人的判断正确,非一致通过规则就存在着从反对者流向支持者的福利再分配,配置效率和再分配的区别就变得模糊了。正因如此,一致通过规则在公共支出决定理论中占有重要地位。

对于一致通过规则的批评主要来自以下两方面:第一,摸索式地寻找契约曲线上的均衡解可能需要相当长的时间,投票人能否接受寻找一致同意的均衡解所浪费的时间。在上述例子中,只有两个参与者,在大多数决策中,通常会有许多偏好不相同的成员参与,为使每个人都赞同某一种纳税份额和公共产品数量的方案,往往会产生非常高的决策成本。一些人在寻找一组帕累托最优赋税额和最优公共产品数量时所损失的时间会超过他们的所得。如果一个人无法确定在不一致规则下他是否受到"剥削"，那么他就很可能更愿意选择非一致通过规则，而不愿花费过多的时间去要求一致性通过。第二，该程序本身不能避免一致通过规则产生策略性行为的激励。作为提供公共品的一种可实践的方法，林达尔程序假定人们能够笃实地进行投票。但在上述的例子中，如果 A 知道 B 为享受公共物品而愿意承担的最大税收额，A 就会迫使 B 去承受那个额度的支出。A 通过对所有超过 t_c 的税收额投否决票，能迫使 B 达到契约曲线的 C 点。这样，来自公共物品的全部利益均由 A 所得。事实上，B 也会有同样的采取谋略的激励。如果 A、B 都采取谋略行为，林达尔均衡将很难达成，最终结果取决于双方讨价还价的能力。由于每位参与者不得不"试探"对方有无让步的意愿，因此讨价还价会进一步延迟协议的达成。尽管一致通过规则确保无人会被"排除"在决策过程之外，但这一规则往往带来没有决议的结果。

（二）多数通过规则中公共支出的决定

由于一致通过规则往往会产生非常高的决策成本，特别是当决策成员把节约时间看得很重时，他们可能并不要求一致性的通过，这时多数通过规则就会受到青睐。现代民主社会在相当大的程度上都是利用多数通过规则进行集体决策的，多数通过规则的运用常常被认为是一个民主政府的标志。但是当人们的偏好不满足单峰假定时，多数通过规则容易导致议案循环而最终找不到均衡。

1. 多数通过规则中的循环与中位数定理

二百多年前，马尔基·德·孔多塞（1785）就认识到多数通过规则会导致议案循环的可能性。一百年以后，道奇森（C. L. Dodgson，1876）又重新分析了这个问题，布莱克（D. Black，1948b）和阿罗（K. J. Arrow，1951，1963）都对循环问题给予了特殊关注。在一些学者看来，多数通过规则所导致的循环即使不是公共选择文献的唯一命题，至少也是最重要的命题之一。

对于多数通过规则在什么条件下才能避开循环，从而最终可以找到均衡解这个问题，布莱克（D. Black，1948a）最早证明：当投票人的偏好为单峰时，多数通过规则会产生一个均衡结果。如果投票人的偏好可在一维上描绘，那么该均衡就位于中位数投票人的单峰偏好点。恩罗尼（J. M. Enelow）和希尼克（M. J. Hinich）在 1984 年对中位数投票者定理给出了一种更巧妙的证明。

假设：（1）议案可以用一维向量表示，[①]记为 x。

（2）每位投票者的偏好是单峰的。

投票者 i 的偏好由效用函数 $U_i(x)$ 表示，当且仅当对所有的 $x \neq x_i*$ 有：$U_i(x_i*) > U_i(x)$，则 x_i* 是 i 的最理想点，是投票者 i 在一维向量 x 上的最偏好点。

令 y 和 z 是 x 维度上的两点，使得 $y, z \geq x_i*$ 或者 $y, z \leq x_1*$。那么投标者 i 的偏好是单峰的，当且仅当 $[U_i(y) > U_i(z)] \leftrightarrow [|y-x_i*| < |z-x_i*|]$。

单峰偏好的几何意义在于：如果 y 和 z 都在 x_i* 的同一边，那么与 z 相比，i 更偏爱 y，当且仅当 y 比 z 更靠近 x_i*。如果所有偏好都是单峰的，循环就能避免。

设 $\{x_1*, x_2*, \cdots, x_n*\}$ 为 n 人组成的一个委员会成员的几个理想点。设 N_r 为 $x_i* \geq x_m$ 的个数，N_L 为 $x_i* \leq x_m$ 的个数，则 x_m 为中位置，当且仅当 $N_r \geq n/2$，且 $N_L \geq n/2$。

有了这些严格的数学定义，容易证明：如果 x 是单维的议案，且所有投票者的偏好在 x 上是单峰的，那么中位置 x_m 所代表的公共产品数量就是多数通过规则下的均衡解。

考虑任意的 $z \neq x_m$，如 $z < x_m$，令 R_m 为 x_m 右边的理想点的个数。

---

① 一个议案是否是单维的有时并不是十分明确的。例如在越南战争期间，如果美国国会将有关战争支出的议案设计为：A（低规模开支）、B（中等规模开支）和 C（大规模开支）。此时的议案仅仅涉及支出规模，理应属于单维议案。但实际上每种支出规模的背后可能有很多其他方面如政治、伦理等方面的考虑。如果我们将对应三种支出规模的议案分别表述为 A（考虑到国际反战呼声和海外美军的反战情绪，立即撤军）、B（继续战争，但要择机撤军）和 C（追加预算，减少美军的死亡人数和增加人道主义援助）。这时议案更像是多维议案。这是一个看似简单其实很值得注意的问题——任何议案在怎样的程度上才可视为单维的？

依据单峰偏好的定义，所有理想点在 x_m 右边的 R_m 个投票者更偏爱 x_m 而非 z。依据中位置的定义，$R_m \geqslant n/2$。因此，与 z 相比，更偏爱 x_m 的投票者人数至少为 $R_m \geqslant n/2$，在多数通过规则下 x_m 不失利于 z。同理，可以证明 x_m 亦不会失利于任何的 $z > x_m$。

2. 多维议案与极值限制

如果议案是单维的，选民偏好类型为多峰的可能性极小，因此，循环不是一个太大的问题。然而，在一个多维的世界中，选民具有多峰偏好的可能性极大，多峰偏好也是一种非常可能出现的情况。[①] 假定一个社区正在为如何使用一幢空房而进行决策。方案 A 是用作京剧票友活动室，方案 B 是建一所社区幼儿园，方案 C 是用作成人书店。这里，不同的方案之间的差别并非是一种量纲上的大小多少的差别，多峰偏好很容易发生。在对方案进行两两表决时就会出现循环。

在议案是多维的情况下，关于均衡解的存在问题可以表述如下：在多数通过规则下 E 为一个优超均衡点，当且仅当对过 E 点的所有直线有 $N_R \geqslant n/2$ 和 $N_L \geqslant n/2$。

考虑 x_1 和 x_2 两个议案（或一个议案的两个维度）构成的二维空间，如果将个人 A 的效用设想为垂直于二维平面的第三根轴线，这时 A 的效用函数 $U_A(x_1, x_2)$ 在几何上是浮在平面（x_1，x_2）上的一个曲面。$U_A(x_1, x_2)$ 的最大值点在平面（x_1，x_2）上的投影 A 点称为个人 A 的理想点，也就是个人 A 在平面（x_1，x_2）中最偏爱的点。

设 E 点是平面（x_1，x_2）中的一个理想点，N_R 是过 E 点的任意一条直线的右下方的理想点的数目，N_L 是该线左上方的理想点数目。假定个人的效用无差异曲线在平面（x_1，x_2）的投影为圆形。

如果过 E 点的所有直线满足 $N_R \geqslant n/2$ 和 $N_L \geqslant n/2$，可以证明 E 为一个优超均衡点。在平面（x_1，x_2）上任一点 $Z \neq E$。作直线 ZE，过 E 点作垂直于 ZE 的直线 WW。由于假定个人的效用无差异曲线

① Anthony B. Atkinson, Joseph E. Stiglitz. Lectures on Public Economics[M]. New York: McGraw-Hill Book Company, 1987: 306.

在平面（x_1，x_2）的投影为圆形，E 比 Z 到 WW 的右下方的任何理想点更近。N_R 个投票者更偏爱 E 而不是 Z。根据假设 $N_R \geq n/2$，因此 E 不可能被 Z 所击败。

反之，可以证明如果 E 为一个优超均衡点，则过 E 点的所有直线满足 $N_R \geq n/2$ 和 $N_L \geq n/2$。我们证明其逆否命题：如果 Z 对于过它的某条直线 WW 不满足 $N_R \geq n/2$ 和 $N_L \geq n/2$，那么它不可能是一个优超点。假设 WW 是平面（x_1，x_2）中过 Z 的一条直线，满足 $N_R \geq n/2$，那么 $N_L \geq n/2$。现在我们把 WW 向左上平行移动到直线 WW'，过点 Z 垂直于 WW 的直线与 WW' 相交与 Z'，对于点 Z' 和直线 WW' 刚好满足 $N_L \leq n/2$。在线段 ZZ' 上可以找到点 Z''，记过 Z'' 点且平行于直线 WW 的直线为 $W''W''$，对于点 Z'' 和直线 $W''W''$ 满足 $N_L'' > n/2$。但是其理想点在 $W''W''$ 左方的 N_L'' 个投票者必然都更偏好 Z'' 而非 Z。因此，Z 不可能是一个优超点。

如果假定个人偏好满足反身性、完备性以及传递性三个理性公理，那么所有关于消费者行为的主要结论可以不必借助几何学或微积分就能推导出来，个人理想点的概念可直接用公理的方式进行表述。记 xRy 表示"x 至少一样好于 y"，记 xPy 表示"x 严格优于 y"，记 xIy 表示"x 与 y 无差异"。xRy 等价于 xPy 或 xIy。这样公理可表述为：

反身性：给定集合 S，对于任意的 $x \in S$，有 xRx。

完备性：给定集合 S，对于任意的 $x \in S$、$y \in S$、$x \neq y$，两个命题 xRy 和 yRx 至少有一个成立，或者两个命题同时成立。

传递性：给定集合 S，对于任意的 $x \in S$、$y \in S$、$z \in S$，如果 xRy 和 yRz 成立，命题 xRz 一定成立。

极值限制：给定集合 S，对于任意的 $x \in S$、$y \in S$、$z \in S$，有个人 i 具有这样的偏好次序 $x P_i y$ 和 $y P_i z$，那么每个更偏爱 z 而非 x（$z P_j x$）的个人 j，一定有：$z P_j y$、$y P_j x$。

如果个人偏好满足反身性、完备性和传递性，并且满足极值限制公理，那么多数通过规则就会给可选择对象集 S 定义出一个序。理想点是排序最高的可供选择对象，多数通过规则下是否存在均衡问题的问题，就转化为多数通过规则能否定义序的问题。

极值限制表明：第一，个人对选择对象的排序不是任意的。个人必须把议案排成 $xPyPz$ 或 $zPyPx$，他不能把议案排成 $yPxPz$。第二，该公理的条件不是要求所有个人的偏好只在 $xPyPz$ 和 $zPyPx$ 两种选择中任选其一，条件的第二部分强调的前提是当某些个人偏好满足 zPx 时，才做如此要求。但事实上可能没有个人的偏好满足 zPx。所有人的偏爱有可能是 xPz 或 xIz。如果这些条件成立，那么就不会出现多数通过规则下的循环。第三，$xPyPz$ 类似于单峰性，但并不等价于单峰性。特别地，当偏好 $xPyPz$ 出现时，该条件允许偏好为 $xIzPy$。如果 y 是中间议案，那么偏好次序 $xIzPy$ 意味着在 x 和 z 处有双峰，此时在 x 和 z 处的两个峰是等高的。

3. 互投赞成票与循环

（1）互投赞成票

假定一个社区使用多数通过规则投票决定以下三个项目：建立戏剧票友活动室，建一所社区幼儿园，建立社区图书阅览室。该社区有三个投票人，京剧爱好者王先生、有一个三岁孙子的李太太、退休在家的张老师。表 8-2 显示了每个投票人对于每个项目的不同偏好（基数效用）。因为每个项目都需要大家"缴纳税负"来完成，负号表示一种效用净损失，即成本超过了其效用。

表 8-2   投票人对不同项目的净效用评价

项目	投票人			净效用之和
	王先生	李太太	张老师	
票友活动室	260	−80	−60	120
社区幼儿园	−120	280	−80	80
图书阅览室	−100	−70	300	130

如果每一次投票只对一个方案进行表决，由于每个项目都只有

一个支持者，两个反对者，根据多数通过规则，每个项目都不会获得通过。每个项目的净效用之和都为正，方案都被否决意味着福利净损失。

假设允许进行投票交易，问题就可以得到解决。假定李太太同意投票友活动室的赞成票的话，王先生就同意投社区幼儿园的赞成票。通过这种交易，票友活动室的方案以 2:1 的多数胜出，王先生福利净增加 140（260－120）；社区幼儿园的方案也同样能够以 2:1 的多数胜出，李太太的福利净增加 200（280－80）。从而，他们两人会决定达成这一笔交易，使票友活动室方案与社区幼儿园方案都通过。同理，王先生与张老师也可以进行交易，在此交易中，王先生支持图书阅览室方案以换取张老师对票友活动室方案的支持。从而，互投赞成票会使所有这三个方案都得以通过，社区的福利得以改善。

（2）循环与偏好的可传递性

投票交易过程也存在循环的问题。在表 8-2 的例子中，假设三位投票人只就建立票友活动室和社区幼儿园两个方案进行投票。不同的交易结果对于三位投票人的净效用如表 8-3 所示。利益最大化的驱使使得任何联盟都难以稳定，出现循环现象。

表 8-3　不同投票交易对投票人的净效用影响

投票者交易对	方案取胜对	净效用		
		王先生	李太太	张老师
王先生、李太太	建票友活动室（x），建社区幼儿园（y）	140	200	－140
王先生、张老师	建票友活动室（x），不建社区幼儿园（$\sim y$）	260	－80	－60
李太太、张老师	不建票友活动室（$\sim x$），不建社区幼儿园（$\sim y$）	0	0	0

如果不进行投票交易，投票结果是（$\sim x$，$\sim y$）胜出，三个投票人的净效用向量为（0，0，0）。假设王先生和李太太首先进行投票

交易，结成取胜联盟，这时方案对（x，y）胜出。三个投票人的净效用向量为（140，200，－140），相比方案对（$\sim x$，$\sim y$），王先生和李太太净效用增加，张老师却成为承担净成本的少数派。张老师不会善罢甘休，他通过分析会发现，如果和王先生结盟，可以使方案对（x，$\sim y$）胜出，相比方案对（x，y），方案对（x，$\sim y$）使得王先生和张老师的效用都得以改善，此时三个投票人的净效用向量为（260，－80，－60）。这时李太太有报复行为的激励，她可以联合张老师选择没有效用损失的方案对，他们两人都诚实地投票以重建（$\sim x$，$\sim y$）的胜局。由此又开始了新一轮交易的循环。

互投赞成票与偏好可传递性关系定理：互投赞成票的存在意味着社会偏好的不可传递性；而可传递性社会偏好次序的存在又意味着不存在互投赞成票的情形。

两个假设：

①每个投票人的偏好满足独立性，即如果 $xP\sim x$，那么（xy）P（$\sim xy$）。

②所有投票者在每个关键时刻都真诚地进行投票。

首先考察命题：互投赞成票的存在意味着社会偏好的不可传递性。

如果有 $\sim xRx$ （$\sim x$ 击败 x）   （8-20）

$\sim yRy$ （$\sim y$ 击败 y）   （8-21）

$xyP\sim x\sim y$ （xy 可能击败$\sim x\sim y$）   （8-22）

说明存在互投赞成票的情况。假定存在一种互投赞成票的情形，则存在取胜联盟 h，有：

$\sim xR_hx$ （8-23）

$\sim yR_hy$ （8-24）

$xyP\sim x\sim y$ （8-25）

根据独立性假设，由（8-23）式和（8-24）式可得：

$\sim x\sim y\ R_hx\sim y$ （8-26）

$x\sim y\ R_hxy$ （8-27）

由于每个 h 本身就是一个取胜联盟

$$\sim x \sim y\ Rx \sim y \qquad\qquad\qquad\qquad （8\text{-}28）$$

$$x \sim y\ Rxy \qquad\qquad\qquad\qquad （8\text{-}29）$$

把（8-22），（8-28）和（8-29）式联立有：

$$\sim x \sim y\ Rx \sim y\ RxyP \sim x \sim y$$

循环出现说明偏好的不可传递性。

继而考察命题：而可传递性社会偏好次序的存在又意味着不存在互投赞成票的情形。

假设 $\sim xRx$ （$\sim x$ 击败 x）

$\sim yRy$ （$\sim y$ 击败 y）

成立。这又意味着

$$xR_hx \qquad\qquad\qquad\qquad （8\text{-}30）$$

$$\sim yR_hy \qquad\qquad\qquad\qquad （8\text{-}31）$$

由独立性假设：

$$\sim xy\ R_hxy \qquad\qquad\qquad\qquad （8\text{-}32）$$

$$\sim x \sim y\ R_h \sim xy \qquad\qquad\qquad\qquad （8\text{-}33）$$

由于每个 h 均为一个取胜联盟，有

$$\sim xy\ Rxy \qquad\qquad\qquad\qquad （8\text{-}32'）$$

$$\sim x \sim y\ R \sim xy \qquad\qquad\qquad\qquad （8\text{-}33'）$$

因此

$$\sim x \sim y\ R \sim xy\ Rxy \qquad\qquad\qquad\qquad （8\text{-}34）$$

式（8-34）与（8-22）不符，说明可传递性社会偏好次序的存在意味着不存在互投赞成票的情形。

（3）对互投赞成票的评价

在民主国家，选民个人买卖选票是违法的行为，投票的交易行为在议员投票时也同样受到禁止，但是对于"你投我一票，我也投你所爱议案一票"幕后的、非正规的交易，即使民主程度最高的国家也很难做出政策性限制。实际上，这种非法但又普遍存在的交易有时确实能提高社会福利，甚至产生帕累托效用改进。如上面的例子中，通过投票交易，三个人都有净效用增加。

在简单多数通过规则下，每个选民在对某方案 x 进行投票时，只能在 x（同意该方案）和~x（否决该方案）两种可能中进行简单选择。两位都同意方案 x 的选民甲和乙，甲偏好 x 而不是~x 的，但是偏好的程度不高（51%）；乙对 x 的偏好程度极高（98%）。但是在简单多数通过规则下，这种明显不同的偏好程度对投票结果没有丝毫的影响。如果存在投票交易，强烈偏好 x 的选民通过交易就会改善福利状况。

在私人产品条件下，个人可以通过交换显示对不同商品的偏好程度，最后导致私人产品的有效供给。同样，选民根据对不同公共物品的偏好进行投票交易，可以使公共产品的供给产生效用改进，公共产品供给的帕累托最优条件需要有关选民偏好相对强度这一关键信号。投票交易显示了不同选民的偏好，从而建立一种稳定的均衡。而且，隐蔽在投票交易中的妥协对于一种民主体制的运作来说，是必不可少的。正如英国政治家埃德蒙·伯克（Edmund Burke）指出的那样，"所有的政府——实际上，人类的每一种利益与享受，每一种美德与每一种深思熟虑的行动——都是建立在妥协与交易之上的。"

互投赞成票，从简单多数投票规则来看会产生效用改进，但这并不是一种必然的结果。在表 8-2 的例子中，投票交易之所以改善福利，是因为每个方案中少数派成员潜在正效用变化大于多数派成员潜在负效用变化之和，即每个方案的净效用之和是正值。如果某方案的净效用之和为负（见表 8-4），通过投票交易，可以使得每个无效方案都获得通过，只能导致社区的福利下降。

表 8-4   净效用之和为负情况下投票人对不同项目的偏好显示

项目	投票人			净效用之和
	王先生	李太太	张老师	
票友活动室	260	−180	−160	−80
社区幼儿园	−120	280	−180	−20
图书阅览室	−200	−170	300	−70

对于有关国防、教育和环保这类公共产品的议案，互投赞成票是个人显示他对公共物品偏好强度的最佳方式。投票交易一般能改进公共产品的供给。但是如果出于再分配的目的，将私人或地区的公共产品附带着提上公共议事议程，互投赞成票往往让特殊利益集团获利，而这种获利不足以抵消普遍的损失。这就会出现大量的浪费。①

投票交易对于选民存在着采取谋略的激励，使得投票交易过程在改善公共物品配置方面的潜力可能难以实现。一个能从议案 X 中获得利益的投票人会假装反对 X，并以他对 X 的支持票来"换取"其他投票人对他喜爱的其他议案的支持。如果成功，他将赢得 X 和其他的议案。但是，其他"交易者"也可能采取谋略手法，这样最终可能难以达成均衡协议。

（三）代议民主制中公共支出的决定

直接民主制中关于公共决策的讨论使人们得到了许多直观且富有启迪性的结论，但这种讨论是以一种非常不现实的关于政府的观点为基础的。在直接民主制的讨论中，政府好比一台没有任何私利、不折不扣显示公民偏好的巨型计算机，汇总全体公民偏好的信息，然后运用这种信息去生产出公共决策。在选民人数和议案数目都很多的情况下，直接民主制是不现实的，其结果只能是没有决策。当政治组织大到不可能让所有成员集会在一起时，就必须以某种方式选举出代理人，让他们代表这个政治组织的绝大多数成员可能持有的各种主张。因此，有必要讨论代议民主制中公共支出的决定。现实中的政府都是由人具体掌管的，政治家、议员和执行政策的公务员的效用函数各不相同，虽然选民的偏好是他们效用函数中的

---

① 哈维·罗森在他的《财政学》一书中举了这样一个例子：1992 年，在美国讨论降低政府开支与财政赤字的过程中，国会却通过了一项议案，批准拨出数百万美元在西弗吉尼亚州的一个闭塞地区修建一条四车道的高速公路"去消除交通拥挤"。为什么？一个重要的原因是，西弗吉尼亚是参议员罗伯特·伯德（Robert Byrd）的家乡，而伯德又是参议院拨款委员会主席；对于为许多其他参议员所宠爱的项目来说，他那一票将是至关重要的。

一个变量，但各自效用最大化的选择不一定能与选民的偏好恰好一致。

1. 中位数定理的再现与中位数选民假说

在直接民主中，中间投票人定理保证了均衡结果的存在性、唯一性。当所有个人偏好都是单峰型，并且可以沿着单一的维度来表示时，则多数投票规则的结果会反映中间投票人的偏好，这样的结果是稳定的、唯一的。安东尼·唐斯（Anthony Downs）模型认为：在严格假设下，代议民主制中中间投票人的偏好仍然具有决定意义。

（1）霍特林—唐斯（Hotelling-Downs）模型及其评价

Hotelling-Downs 模型假定：在两党竞争情况下，理性经济人"范示"所塑造的候选人的目标是赢得尽可能多的选票数——"各党派为赢得选举而制定政策，而不是为了制定政策而赢得选举"（Anthony Downs，1957）；选民的偏好可以用单一维度表示，选民偏好的分布是单峰的、对称的；不存在弃权——所有人都投票支持最接近于自己偏好位置的候选人。这样，每个候选人为了赢得尽可能多的选票数就必然走向中位数选民所偏爱的位置。这说明直接民主制下的中间投票人定理在这里仍然成立，用一种代表制来代替一种直接全民选举将不会对结果产生任何影响，两者都只是反映中间投票人的偏好。从某个方面来说，这是一个对美国政治生活很好的写照。比如，那些被视为偏离中间路线过远的总统候选人（1964 年的巴里·戈德华特（Barry Gold-water）与 1972 年的乔治·麦戈文（George McGovern））都没有在选举中获得成功。在 1992 年的选举中，候选人乔治·布什（George Bush）与比尔·克林顿（Bill Clinton）的行为看上去都与中间投票人模型相一致[①]。

由 Hotelling-Downs 模型可以得出有关公共支出规模重要的、乐观的结论：代议民主制中的政治家不会做出公共支出的"超额"安排，争夺领导权的政治竞争会使公共支出水平恰好反映中间投票人

---

① 哈维·S. 罗森. 财政学（第一版）[M]. 平新乔等，译. 北京：中国人民大学出版社，2000：120.

的偏好。

　　这一结论确实有过于乐观之嫌。实际上，候选人的政治纲领涉及面很广，仅就公共支出领域，便会涉及国防预算安排、社会保障支出改革、教育投入的规模与方向等诸多方面。国防支出的中间投票人可能根本不同于教育支出的中间投票人，如果选民的政治信念无法在一维空间进行排序，那么中间投票人定理就会破裂。这时一个对若干议案持极端观点的候选人，反倒可以赢得足够数目的少数派的支持，最后击败对所有议案都持中间立场的另一个候选人，这是因为一些选民特别关注候选人对某一关键议案（和自己关系密切的议案）所采取的立场而不关心候选人对其他议案的立场。在多维的情况下，循环问题会再次出现。在一届选举中，由于候选人不可能在几种政纲之中轮换，循环问题似乎难以验证，但从历史角度观察，循环表现为政治代理制的周期性轮换——两党竞争中执政党的不断落选。

　　如果选民偏好的分布是不对称的或者是多峰的，那么，中位数选民结果将让位给众数。在选民的分布是不对称的但是单峰的情况下，若候选人远离他们，选民就会异化，每个候选人的最佳位置就会从中位数走向众数。如果选民的分布是双峰的，异化的存在将导致候选人偏离中位数，走向两个众数。

　　Hotelling-Downs 模型关于"不存在弃权"的假设也过于苛刻。如果候选人之间的政纲过于接近，部分选民就会对投票表示冷漠；对于异化分子，即使最接近的候选人的政纲也可能远离其偏好，使其放弃投票；选民对候选人的政纲的合适性加以确定、判断候选人能够并愿意信守其对选民所做出的承诺的概率都需要足够的信息和时间投入，一个理性的投票者考虑到这些成本并意识到单独一票微不足道的影响时，也可能放弃投票，而宁愿免费搭乘。在 1992 年的美国总统选举中，只有 55％的选民投了票。由于有关候选人的信息不完备，选举有时更像随机事件。正如 J. M. Buchanan（1984）所说：像在一场体育运动博弈中的欢呼一样，投票行为是一种表达性的行动，而非一种工具性的行动。当一个人决定把他的美元选票投给一辆福特车而不是丰田车时，这一决策是工具性的，会带来最终的结果——他将驾驶一辆福特车。但是，给候选人福特而不是候选人卡特投一票，并不会对选举的结果产生什么影响。单独一票的无效果性质使这个人可以自由地做出其他考虑，干扰他对诸位候选人的选择。同类公民的压力，某一条留在记忆中挥之不去的竞选口号，走向某一投票站时在一幅招贴上所看到的画面——所有这一切都会对这个人的投票产生决定性的影响。

最后，候选人不只是被动地对选民的偏好做出反应，候选人可以通过舆论对选民的偏好施加影响，尤其是执政党在操纵舆论方面占有优势。这也是在两党竞争中，循环并没有导致执政党必然落选的一个重要原因。

（2）中位数选民模型与传统公共支出决定理论的比较

中位数选民对公共产品的需求不仅考虑到公共产品给他带来的效用，还同时会考虑到提供公共产品时他将承担的成本（赋税价格），如果将后者同时作为预算约束条件，从中位数选民效用最大化角度考虑，公共产品的需求方程为：

$$\ln G = c + a \ln t_m + \beta \ln Y_m + \gamma \ln Z + \mu$$

其中 G 是公共支出，t_m 和 Y_m 分别是中位数选民的赋税价格和收入，Z 是偏好参数向量。大量的实证研究发现，t_m 和 Y_m 在统计上都有显著的相关系数，从而对中位数选民模型给予了支持。邓扎（A. Denzau）和格里尔（K. Grier）把 12 个"制约"偏好参数 Z 的变量纳入利用纽约校区资料建立的方程时，这些相关系数会在一个狭小的值域上变动，从而进一步提供了支持中位数选民模型。

比较公共选择思路下公共支出的决定与传统的公共支出决定理论可以发现，传统理论中的公共支出决定因素：都市化、人口规模和密度、社区的平均收入等变量可以纳入中位数选民模型的偏好变量 Z 向量中，因而传统理论中决定公共支出的重要变量再次出现在公共选择研究中。两者不同之处主要在于：公共选择思路下的中位数选民模型认为，决定公共产品需求的是中位数选民的收入而不是选民的平均收入，并考虑到了中位数选民的赋税价格这一关键变量。它表明公共物品的决定是集体选择的结果。在选择过程中，选民从公共产品消费中获得的效用和他必须承担的公共物品成本同样重要。

一个社会平均收入和中位数收入越不一致，以中位数收入为基础公共选择思路下的需求方程和传统的公共需求方程之间的差别就越显著。允许公共选择思路也就会产生出不同于其他模型的预测。这里的关键前提是中位数收入与平均收入的不同，也就是说，各个社会之间存在着不同的非对称程度，而且这些非对称度的差异在决定对公共物品的需求中是重要的。帕莫雷恩（W. W. Pommerehne）和弗雷（B. S. Frey）验证了这一前提性假设。他们发现，中位数收入变量，相比平均收入变量，能够更好地解释地方公共支出。帕莫雷恩随后的研究中获得了更令人信服的支持中位数收入优于平均收入的证据。他利用瑞士 111 个城市的资料来验证这一假说，结果发现中位数收入在解释实行直接民主（直接的城镇会议）的城市中的公共支出时显然要比平均收入好得多。

但是在民主决策程序中引入代理制，会引入大量的"白噪声"（white noise）。"white noise"是计量经济学中一种基本的随机过程：对于随机过程 $\{x_t, t \in T\}$，如果 $E(x_t) = 0$，$Var(x_t) = \sigma^2 < \infty$，$t \in T$；$Cov(x_t, x_{t+k}) = 0$，$t + k \in T$，$k \neq 0$，则称 $\{x_t, t \in T\}$ 为 "white noise"。"white noise" 是平稳的随机过程，因为其数学期望为 0，方差恒定不变，随机变量之间非相关。大量 "white noise" 的存在足以掩盖或几乎掩盖住中位数选民偏好和最终结果之间的关系。帕莫雷恩发现，在实施代议民主程序的城市中，中位数收入得出了"有点优势的结果"，但它的"解释力在任何一类公共支出上都没有明显的优势"。

伯格斯特龙（T. C. Bergstrom）和古德曼（R. P. Goodman）研究了 $\ln G = c + a \ln t_m + \beta \ln Y_m + \gamma \ln Z + \mu$ 中关键参数的变动范围，他们估计收入弹性在 0.16~1.73 的范围内变动。罗默（T. Romer）和罗森塔

尔（H. Rosenthal）估计赋税价格弹性的变动幅度在-0.01～-0.50。过于宽泛的弹性变动幅度给中位数选民模型的预测能力蒙上一层疑云。

格兰利克（E. M. Gramlick）和鲁宾费尔德（D. L. Rubinfeld）研究发现"一个社会之内，收入较高的人群并没有对公共支出显示出比收入较低的人群更强的嗜好。"当在各个社区内部对公共支出的需求的收入弹性进行计量时，这些弹性"非常接近于0"。公共选择思路下中位数选民收入的解释能力可能是对被用于检验假说的横截面资料做出虚假汇总的结果（表现为先有结论，后汇总数据）。横截面分析中所估计出的正值弹性完全是由于社区收入和支出之间的某种正向关系，这恰好是"传统思路"所估计的关系，也是公共选择思路力图突破的关键所在。

2. 从不稳定到稳定——或然投票论均衡

如果搁置上述"议案可以综合定义在单一维度"的假设，单峰偏好就不能保证稳定均衡解的存在。如图 8-4 所示，在二维议案空间 $x—y$ 内，A、B、C 是效用函数独立的三位选民的理想点，每位选民的等效用组合点在 $x—y$ 内的投影是同心圆，假设两位候选人的目标仍然是赢得尽可能多的选票，选民投票支持政纲离自己理想点最近的候选人。如果候选人 1 提出位于帕累托集合——三角形 ABC 内的一种政纲，这应该是一种理性选择，因为三角形 ABC 内的点提供给三位选民的效用和一般大于三角形外面的点。但是无论是直觉还是数学定理都告诉我们：候选人 1 的任何一种选择都有可能被击败，即使候选人受"赢得尽可能多的选票"的驱使而选择三角形的外心点 M，候选人 2 可以通过选择 U_A 和 U_B、U_B 和 U_C、U_C 和 U_A 所形成的三棱镜内的任何一种政纲击败候选人 1，甚至包括三角形之外的点 N。每位候选人都找不到稳定的、不会被他人击败的均衡点。

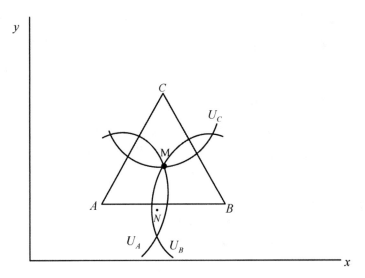

图 8-4　循环的概率

　　假定候选人 1 的政纲首先确定在 $\odot$（A，U_A）上的某一点，选民投票支持政纲离自己理想点最近的候选人，候选人 2 获得以点 A 为理想点的选民支持的概率分布函数为广义的"两点"分布。当候选人 2 的政纲位于 $\odot$（A，U_A）外，他获得以点 A 为理想点的选民支持的概率为 0，而当候选人 2 的政纲只要稍作移动而跨入 $\odot$（A，U_A）内部，他获得该选民的支持的概率就突然变为 1。这一结果可能和实际情况相差太远。事实上，选民不可能获得关于候选人的全部信息，他们无法准确地判断每位候选人离自己的理想点的距离；候选人也不会确切知道每位选民的理想点的位置。候选人 2 获得选民 A（以点 A 为理想点的选民，以下同）的选票的概率可能是他偏离 A 的距离的一个连续函数。概率随距离的缩小而递增。考虑到这种更现实的变更后，定义 π_{1i}、π_{2i} 为选民 i 投票支持候选人 1、2 的概率，E_{V1}、E_{V2} 为候选人 1 预期获得的选票数，则候选人 1 有：

$$E_{V1} = \sum_{i=1}^{n} \pi_{1i} \tag{8-35}$$

　　他的目标是使 E_{V1} 最大化。按照宿命论的观点，π_{1i}、π_{2i} 函数值是非连续的。

$$(\pi_{1i}=1) \longleftrightarrow U_{1i} > U_{2i}$$

$$(\pi_{1i}=1) \longleftrightarrow U_{1i} \leqslant U_{2i} \qquad\qquad (8\text{-}36)$$

$$(\pi_{2i}=1) \longleftrightarrow U_{1i} \leqslant U_{2i}$$

其中 U_{1i} 和 U_{2i} 是选民 i 可能从候选人 1、2 的政纲中获得的效用，或然论投票模型假定 π_{1i}、π_{2i} 是关于 U_{1i} 和 U_{2i} 的连续增函数。

$$\pi_{1i}=f_i(U_{1i},U_{2i}), \qquad \frac{\partial f_i}{\partial U_{1i}}>0, \qquad \frac{\partial f_i}{\partial U_{2i}}<0$$

如果 π_{1i} 是连续的、光滑的凹函数，寻找稳定均衡解的问题将转化为求 π_{1i} 的极值问题。宿命投票模型中的不稳定问题在或然论投票中得到解决。

假设不存在弃权，每个选民投票支持两位候选人的概率之和等于 1，即

$$\pi_{2i}=1-\pi_{1i}$$

考虑 π_{1i} 与变量 $(U_{1i}-U_{2i})$ 的依赖关系，定义：

$$\pi_{1i}=f_i(U_{1i}-U_{2i}), \qquad \pi_{2i}=1-\pi_{1i}$$

假定 $f_i(U_{1i}-U_{2i})$ 是关于 $U_{1i} \sim U_{2i}$ 的连续凹函数，函数值域满足 $0 \leqslant f_i(U_{1i}-U_{2i}) \leqslant 1$。现在考虑两位候选人就一项分配议案进行竞争：在 n 个选民中进行总额固定为 y 美元的分配，选民的效用函数为 $U_i=U_i(y_i)$，y_i 是选民 i 所获得的收入额，U_i 是 y_i 的递增凹函数（$U_i'>0$，$U_i''<0$），候选人 1 的理性选择是最大化 E_{V1}。

$$E_{V1}=\sum_i \pi_{1i}=\sum_i f\big(U_i(y_{1i})-U_i(y_{2i})\big)+\lambda\Big(Y-\sum_i y_{1i}\Big) \qquad (8\text{-}37)$$

限制条件是：$Y=\sum_i y_{1i}$

y_{1i} 是候选人 1 分配给选民 i 的收入额。

构造拉格朗日函数：$L=\sum_i f\big(U_i(y_{1i})-U_i(y_{2i})\big)+\lambda\Big(Y-\sum_i y_{1i}\Big)$

求得一阶条件为：$f_i'U_i' = \lambda = f_j'U_j'$ $i,j = 1,\cdots,n$

候选人的最优分配方案是使每位选民的加权边际效用相等，此时候选人赢得的选票数最多，使每位选民权数的大小与该选民对不同候选人所允诺的效用差额的敏感程度正相关。$\mathrm{d}\pi_{1i}/\mathrm{d}(U_{1i} - U_{2i})$ 越大，候选人承诺给 i 的收入越高。如果所有的选民对效用差额的反应是相同的，即

$$\mathrm{d}\pi_{1i}/\mathrm{d}(U_{1i} - U_{2i}) = \mathrm{d}\pi_{1j}/\mathrm{d}(U_{1j} - U_{2j})   i,j = 1,\cdots,n \qquad （8-38）$$

则有 $U_i' = U_j'$ 对所有 $i,j = 1,\cdots,n$

这意味着：如果所有的选民对预期效用差额的反应是相同的，候选人为了赢得选票会选择使边沁福利函数最大化的政纲；如果选民对效用差额的反应是不同的，候选人会选择使加权的边沁福利函数最大化的政纲。

3. 利益集团模型与美国公共支出中的"铁三角"现象

此前的讨论一直假定选民是单独行动的，事实上具有共同利益的个人可以通过联合行动对政府公共支出决策施加更有力的影响。1988 年，米勒（D. C. Mueller）和默雷尔（P. Murrell）考虑到利益集团对均衡结果的影响，对或然论投票模型进行了扩展，给出了利益集团模型。

（1）利益集团模型

利益集团建立的基础是广泛的。从收入来源划分，选民可以分为以资本要素收益为主的资本家和以劳动要素收益为主的工人；从收入规模划分，富人与穷人会偏好不同的支出方案，富人会支持对于自有住房所实行的补贴，而穷人则喜欢那些关于出租的房屋的特殊待遇。选民从事的产业、居住的地区和年龄与宗教等都可能成为利益集团形成的基础。

定义 U_{ij} 是利益集团 i 中选民 j 的效用函数，假设同一个利益集团中所有成员具有相同的效用函数，即 $U_{ij}=U_i$，对于所有的 $j=1,2,\cdots,$ n_i 成立。其中，n_i 是第 i 个利益集团的成员人数。每个选民都属于

某个利益集团。

定义概率函数：

$$(\pi_{1ij}=1)\longleftrightarrow(U_{1j}>U_{2i}-b_{ij})$$

$$(\pi_{1ij}=0)\longleftrightarrow(U_{1j}\leqslant U_{2i}-b_{ij})$$

$$(\pi_{2ij}=1)\longleftrightarrow(U_{1j}<U_{2i}-b_{ij})$$

（8-39）

b_{ij} 是"倾向性"项，b_{ij} 的存在意味着不同利益集团对某一候选人或党派抱有成见，这一假设符合已观察到的投票行为模式。在美国，南方的白人和各地的黑人倾向于投民主党的票，新英格兰农场主倾向于投共和党的票。

如果每个利益集团的倾向性项分布服从均匀分布，利益集团 i 的"倾向性"项 b_{ij} 取值范围满足：$l_i\leqslant b_{ij}\leqslant r_i$。候选人为了赢得选票，使下列福利函数最大化：

$$W=a_1n_1U_1+a_2n_2U_2+\cdots+a_in_iU_i+\cdots+a_mn_mU_m$$

其中 $a_i=1/(r_i-l_i)$，这说明一个利益集团的倾向性项取值范围越宽，即（r_i-l_i）越大，候选人分配给该利益集团的权数越小。

（2）美国公共支出中的"铁三角"现象

美国公共支出中的"铁三角"现象是现代美国政治生活中最重要的一个方面。批准公共支出项目的国会议员、管理公共支出项目的公务员（或官僚）和从该项目中获得收益的利益集团总是能很好地联合起来。

一个公共支出方案究竟按什么方式得以运行，这是掌握在官僚手中的。官僚在政府中长期工作所积累的知识和技能为政府工作的效率和连续性提供了保证。但如果认为官僚只能被动地理解和履行选民（或选民选出的代表）的偏好，那就未免和实际相差太远了。尼斯坎南（W. A. Niskanen）认为，假设官僚的目标是追求自己的"帝国"预算规模的最大化是切合实际的，那么权力、地位等都与官僚的预算规模大小成正相关。如图 8-5 所示，横轴表示某官僚机构负责的公共产出量 Q，纵轴表示成本或效用的货币度量（美元）。总成

本线为 CC，曲线 VV 代表由控制预算的立法上的资助者对于产出 Q 的效用评价。假定官僚知道资助者会接受任何一个总效率会超过总成本的项目。这样，该任官僚（bc）就会建议提供产量 Q_{bc}。而这一水平远远超过边际成本与边际效益相等所决定的有效产量 Q^*。尼斯坎南模型解释了为什么每个官僚机构总是喜欢强调本部门的重要性，国防部的官员们会强调国防安全面临的威胁，健康与人类服务部的官员们会努力使公众了解贫困问题，目的就是提高效用评价线 VV，进一步扩大预算规模。

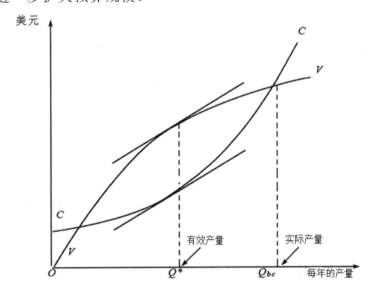

图 8-5　官僚预算的有效产量和实际产量

既然是无效的预算，为什么在议会上会获得多数通过呢？一方面可能是由于公共产品生产过程的复杂性，如电子控制导弹系统的生产，议员们缺少这方面的专门知识，在效用评价上往往受官僚部门宣传的影响。另一方面可能是"投票交易"的缘故，议员们愿意进行投票交易，去获得别人对自己所偏爱的那些项目的支持。正如美国的一位众议院议员所描述，该体制是这样运作的：每一个议员都把他或她所偏爱的项目带到相关委员会的主席那里，那位主席将此协调成一个巨大的合适的议案。"但是，这里有一个简单规则……对于该议案中所有别的项目，你得闭紧嘴巴。"(《国会是如何发牌的》)更为重要的是，利益集团与官僚们可能组织得好，并且拥有信息，而那些承担成本的人们则可能组织得不好，而且会全然不知实际状况究竟如何。即使那些要承担成本的公民对此拥有足够的信息，他们也犯不着为此去抗争。这是由于项目的成本是会被分摊到全体人头上的，而对任何公民来说，这个份额不会高，即使总成本超过了总效益，也不值得花时间与精力去组织一个反对派。相反，利益总是相对集中的，这使得政治组织值得为潜在利益而努力。①

（四）公共支出归宿分析——跨代分配模型

公共支出归宿是分析政府公共支出对分配的影响，即研究政府公共支出的利益分别由社会的哪些阶层获得。由于公共支出的资金来源于税收，在分析公共支出的分配效应时，应该时时注意相应税收对公共支出分配效应的抵消或强化。跨代分配模型是研究公共支出归宿的经典模型。

1. 基本分析框架

假设生命期 u 这代人中个人 i 的生命期资本收入（指的是得到的馈赠和遗产，而不是指投资收益）的贴现值为 I_u^i，生命期的劳动能力为 N_u^i，工资率 w 作为外生变量固定不变。则 i 的生命期收入为：

$$\chi_u^i = I_u^i + wN_u^i \qquad (8\text{-}40)$$

χ_u^i 的数学期望值 $\overline{\chi_u} = \overline{I_u} + w\overline{N_u}$

表示这一代人收入的平均值，χ_u^i 的方差为：

$$\mathrm{var}[\chi_u] = \mathrm{var}[I_u] + w^2\,\mathrm{var}[N_u] + 2w\,\mathrm{cov}[I_u, N_u] \qquad (8\text{-}41)$$

$\mathrm{cov}[I_u, N_u]$ 表示变量 I_u 和 N_u 的协方差，χ_u 的变化系数 V_{χ_u} 等于 χ_u

---

① 尽管利益集团模型和"铁三角"是基于美国政治特征建立的，但是它对于我国的很多特殊的公共支出现象也能给出很好的解释。

的标准差与其期望值之比，即 $V_{\chi_u} = \sqrt{\text{var}(\chi_u)} \big/ \chi_u$

则：$V_{\chi_u}^2 = (1-\alpha)^2 V_{I_u}^2 + \alpha^2 V_{N_u}^2 + 2\alpha(1-\alpha)V_{I_u}V_{N_u}corr[I_u, N_u]$　　（8-42）

其中 $\alpha = w\overline{N_u} \big/ \chi_u$ 表示这一代人的平均劳动收入占平均总收入的比例，$corr[I_u, N_u]$ 表示变量 I_u 和 N_u 之间的相关系数。变化系数作为度量收入不平等的一个变量。$V_{\chi_u}^2$ 等式的重要性在于它明确地显示，生命期收入的分布取决于不同个体之间禀赋的差异、人力禀赋和继承财富禀赋之间的相关系数以及不同收入占总收入中的比例。

考虑对个人给予一次总付转移支付 G 的分配效应，并假设转移支付的资金来源于工薪所得税（税率为 t_i）和财富继承税（税率为 t_w）。这时生命期的净收入为：

$$Y_i \equiv (1-t_i)I^i + w(1-t_w)N^i + G \qquad （8-43）$$

净收入的数学期望值和方差分别为：

$$\overline{Y} = (1-t_i)\overline{I} + w(1-t_w)\overline{N} + G$$

$$\text{var}[Y] = (1-t_i)^2 \left\{ \text{var}[I] + w^2\left(\frac{1-t_w}{1-t_i}\right)^2 \text{var}[N] + 2w\left(\frac{1-t_w}{1-t_i}\right)\text{cov}[I, N] \right\}$$

对应新的均值和方差，可求得新的变化系数的平方：

$$V_Y^2 = (1-t_i)^2 \left(\overline{\chi}/\overline{Y}\right)^2 \left[(1-\alpha)^2 V_I^2 + \alpha^2\left(\frac{1-t_w}{1-t_i}\right)^2 V_N^2 + 2\alpha(1-\alpha)\left(\frac{1-t_w}{1-t_i}\right)V_I V_N corr[I, N] \right]$$

$$（8-44）$$

其中 α 表示税前收入，$\overline{\chi}$ 表示税前收入的期望值。

借助公式，考察 t_i、t_w 和 G 取不同值时的分配效应——对不平等程度的影响。

当对劳动收入和财富收入征收相同的比例税并且没有转移支付，即 $t_i = t_w = t$，$G = 0$，这时没有产生分配效应——分配不平等的状况没有改善。

当对劳动收入和财富收入征收相同的比例税，即 $t_i = t_w = t$，并且进行适当的转移支付，使得调整后的收入期望值与调整前相等，这时分配不平等程度下降。

当对劳动收入和财富收入征收不同的比例税，即：$t_i \neq t_w$，分配效应取决于不同要素的相对贡献。假设收益能力禀赋和财富禀赋之间的相关系数为零，政府对非劳动获得的财富征税并用于补贴工资，使得 $\overline{Y} = \overline{\chi}$，$\mathrm{d}t_i / \mathrm{d}t_w = \alpha/(1-\alpha)$，如果

$$V_I^2 < V_N^2 > \frac{\alpha}{1-\alpha},$$

则认为这种公共收支安排缩小了不平等程度。

2. 跨代模型

在公共收支归宿分析中，收益能力和继承的财富两个因素特别重要，下面分析这两个关键因素在跨代模型中的决定。

财富的传递包括死后留下的遗产和生前馈赠，这里用广义的遗产将两者统一涵盖，考虑到决定遗产的各种主要因素，有下列公式：

$$B_u^i = s_1(r)\left(I_u^i + wN_u^i\right) + s_2(r)\left(\overline{N}_{u+1} - N_{u+1}^i\right) + s_3(r)\beta_u^i \tag{8-45}$$

B_u^i 表示 u 这代中的个人 i 留给后代的遗产，一个人死后留下的遗产多少与其生命期财富 $\left(I_u^i + wN_u^i\right)$ 有关，一般将遗产视为决定生命期效用函数的一个变量，这种考虑在等式右边的第一项得到反映。一个人留下遗产的多寡与对下一代的收入预期有关，如果预期自己后代的收入大于下一代收入的均值，即 $\overline{N}_{u+1} - N_{u+1}^i < 0$，他可能少留些遗产；反之，如果他预期 $\overline{N}_{u+1} - N_{u+1}^i > 0$，遗产规模可能扩大。遗产的决定还可能有随机的因素，即使一个人丝毫没有利他（后代）的考虑，也可能留下一笔可观遗产。在社会保障制度不健全的情况下，个人出于退休后福利的考虑，需要积累一定的财富，但他（她）不可能恰好在去世的那一刻耗尽所有的财富，尤其是房产这类不可分割的财产。将决定遗产的所有随机因素归并到等式右边的第三项 $s_3(r)\beta_u^i$。下一代每个人获得遗产的多少取决于遗产的分配方式，在

平均分配的情况下，每个子女所获得的遗产为：$I_{u+1}^i = \dfrac{1}{1+n}B_u^i$

同样，决定收益能力的因素也是多方面的，概括起来可以通过下式表示：

$$N_u^i = \alpha_1 N_{u-1}^i + \alpha_2(B_{u-1}^i - \overline{B}_{u-1}) + v_u^i \tag{8-46}$$

个人的收益能力由于遗产与前一代的收益能力一般呈现正相关关系，尽管收益能力有向均值回归的倾向，这种考虑在等式右边的第一项给出。个人的收益能力受到多方面因素的影响：私人教育决策、职业选择和父母的社会关系网络，这些在很大程度上与上一代的财富状况 $(B_{u-1}^i - \overline{B}_{u-1})$ 有关，统一归并到第二项。决定个人的收益能力也有许多随机因素，所有随机因素归并到随机项 v_u^i [①]。

综合以上分析，决定 u 代人中个体 i 的生命期财富的两个关键变量——可继承财富和自己的收益能力分别如下：

$$B_u^i = \frac{s_1}{1+n}B_{u-1}^i + s_1 w N_u^i + s_2 w\left(\overline{N}_{u+1} - N_{u+1}^i\right) + s_3 \beta_u^i \tag{8-47}$$

$$N_u^i = \alpha_1 N_{u-1}^i + \alpha_2(B_{u-1}^i - \overline{B}_{u-1}) + v_u^i \tag{8-48}$$

B_u^i、N_u^i 的数学期望分别是：

$$\overline{B}_u = \frac{s_1}{(1+n)}\overline{B}_{u-1} + s_1 w\overline{N}_u + s_3\overline{\beta} \tag{8-49}$$

$$\overline{N}_u = \alpha_1\overline{N}_{u-1} + \overline{v} \tag{8-50}$$

由于假定 $0 < a_1 < 1$，如果 $s_1 < 1+n$，则收益能力和可继承财富分别收敛于：

$$\overline{N} = \overline{v}/(1-a_1)$$

---

① 在我国，由于制度性因素导致收益决定中的随机因素更为突出：一个人是农村户口还是城市户口；是在高收入的电力行业还是在低收入的纺织行业工作；是出生在经济发达的上海还是出生在经济落后的贵州……

$$\overline{B} = \frac{s_1 w \overline{N} + s_3 \overline{\beta}}{1 - s_1 / (1+n)}$$

生命期收入中继承的财富与劳动收益之比为:

$$\frac{\overline{B} / (1+n)}{w \overline{N}} = \frac{s_1 + s_3 \overline{\beta}(1-\alpha_1) / w \overline{v}}{1+n-s_1} \qquad (8\text{-}51)$$

这一比率由资本的内在增长率、人口增长率和两个关键变量中的随机项的相对均值决定。

继承的财富与劳动收益这两个关键变量的差分方程分别是:

$$\left(B_u^i - \overline{B}_u\right) = \alpha_3 \left(B_{u-1}^i - \overline{B}_{u-1}\right) + \alpha_1 \alpha_4 \left(N_{u-1}^i - \overline{N}_{u-1}\right) + \alpha_4 \left(v_u^i - \overline{v}\right) + s_3 \left(\beta_u^i - \overline{\beta}\right)$$

$$\left(N_u^i - \overline{N}_u\right) = \alpha_1 \left(N_{u-1}^i - \overline{N}_{u-1}\right) + \left(v_u^i - \overline{v}\right)$$

两个变量的方差分别是:

$$\mathrm{var}[B_u] = \alpha_3^2 \, \mathrm{var}[B_{u-1}] + \alpha_1^2 a_4^2 \, \mathrm{var}[N_{u-1}] + \alpha_4^2 \, \mathrm{var}[v] + s_3^2 \, \mathrm{var}[\beta]$$
$$+ 2\alpha_1 \alpha_4 \, \mathrm{cov}[B_{u-1}, N_{u-1}]$$

$$\mathrm{var}[N_u] = \alpha_1^2 \, \mathrm{var}[N_{u-1}] + \mathrm{var}[v]$$

两个变量之间的协方差是:

$$\mathrm{cov}[B_u, N_u] = \alpha_1 \alpha_3 \, \mathrm{cov}[B_{u-1}, N_{u-1}] + \alpha_1^2 \alpha_4 \, \mathrm{var}[N_{u-1}] + \alpha_4 \, \mathrm{var}[v]$$

$0 < a_1 < 1$ 保证 N_u 的方差收敛于 $\mathrm{var}[N] = \dfrac{\mathrm{var}[v]}{1 - \alpha_1^2}$

同样,$s_1 < 1+n$ 保证 B_u, N_u 之间的协方差收敛于

$$\mathrm{cov}[B, N] = \frac{\alpha_4 \, \mathrm{var}[N]}{1 - \alpha_1 \alpha_3}$$

如果上述条件满足,还有

$$\mathrm{var}[B] = \frac{1}{1-\alpha_3^2} \left[s_3^2 \, \mathrm{var}[\beta] + \left(\frac{1 + \alpha_1 \alpha_3}{1 - \alpha_1 \alpha_3}\right) \alpha_4^2 \, \mathrm{var}[N] \right]$$

根据 B_u, N_u 的期望值、方差和协方差，可以用变化系数测度生命期消费的差别程度。定义 u 代人中个体 i 生命期消费 C_u^i 为：

$$C_u^i = wN_u^i + \frac{1}{1+n}B_{u-1}^i + \beta_u^i - \frac{B_u^i}{1+r} \tag{8-52}$$

其中 r 代表以生命期为跨度的利率，将 B_u^i, N_u^i 代入上式有：

$$C_u^i = w\left(1 - \frac{s_1}{1+r}\right)\left(\alpha_1 N_{u-1}^i + v_u^i\right) + \frac{1}{1+n}\left(1 - \frac{s_1}{1+r}\right)B_{u-1}^i + \left(1 - \frac{s_3}{1+r}\right)\beta_u^i \tag{8-53}$$

C_u^i 的期望值和方差分别为：$\overline{C} = \left(1 - \frac{s_1}{1+r}\right)\left(w\overline{N} + \frac{\overline{B}}{1+n} + \alpha_5\overline{\beta}\right)$

其中，$\alpha_5 = \dfrac{1 - s_3/(1+r)}{1 - s_1/(1+r)}$

$$\text{var}[C] = \left(1 - \frac{s_1}{1+r}\right)^2\left[w^2\,\text{var}[N] + \left(\frac{1}{1+n}\right)^2\text{var}[B] + \alpha_5^2\,\text{var}[\beta] + \frac{2w\alpha_1}{1+n}\text{cov}[B,N]\right]$$

记 C_u 的变化系数为 V_c，则

$$V_c^2 = \frac{w^2\left(\dfrac{1+\alpha_1\alpha_3}{1-\alpha_1\alpha_3}\right)\text{var}[N] + \alpha_5^2\,\text{var}[\beta] + \left(\dfrac{1}{1+n}\right)^2\text{var}[B]}{\left\{\,[w\overline{N} + s_3\beta/(1+n)]/(1-\alpha_3) + \alpha_5\beta\,\right\}^2} \tag{8-54}$$

作为特例，如果 $\overline{\beta} = 0$，$a_5 = 1$，则：

$$V_c^2 = V_N^2\,\frac{(1+a_1a_3)(1-a_3)}{(1-a_1a_3)(1+a_3)} + \frac{\text{var}[\beta](1-a_3)}{(w\overline{N})^2(1+a_3)} \tag{8-55}$$

V_N^2 是收益的变化系数。该等式说明，由于生命期内继承的财富和个体间收益能力的差异，导致个体之间生命期消费出现不平等。后者的差异取决于 N 和 β 的变化系数。

3. 公共支出利益归宿的不确定性

跨代分配模型对公共支出的不确定性问题仍然没有给予很好的解决。鉴定公共支出的受益人是复杂的。对于公共支出的归宿，我们通常采取以下的做法：对于公共教育的支出，可以将支出、收益划归到有学生的家庭；对于补贴等社会福利支出，可以将支出、收益全部划归给"补贴领取人"。但这些看似合理的方法忽略了一个根本问题——价格的连锁变动。价格的连锁变动使利益的归宿难以测度。利益归宿看似是最直接的"对穷人的补贴"，其最终归宿也有许多说不清楚的地方。如果补贴使穷人对房子产生更多的需求，则补贴的实施会使房子的价格上升。这样，补贴获得者便没有获得全部补贴；房子的主人却分得了部分由补贴所提供的好处。房子补贴方案又会影响那些为房屋建筑提供投入品的人的收入。建房工人的工资会提高，建房用的原材料的价格也会上升。这些投入品的所有者可能属于中产阶级或高收入阶层。

更加普遍的，政府的任何一个公共支出方案都会导致价格的连锁变动，而这些变动都会对物品的消费者与投入品的供给者的收入产生影响。如果其他因素不变，当一个支出方案使你所消费的物品的相对价格上升了，你就会深受其害。同理，如果一个项目使你所供给的一种要素的相对价格上升，你就会受益。问题在于，要追踪这些由一项特定支出方案所引起的全部价格变动，是非常困难的。

对于国防等公共支出的收益的划归往往取决于所做的假设。门奇克（Menchik）运用两个不同的假定，对于诸如国防开支那样的公共支出的分配含义做了一番考察。这两个假定是：（a）一个家庭从公共支出中获得的收益份额是与其收入成比例的；（b）这个收益份额是与其家庭成员的个数成比例的。在假定（a）之下，人口中收入最低的 20%的家庭获得相当于国防开支的 3.8%的收益，而按假定（b），20%的家庭获得相当于国防开支的 14.6%的收益。我们在使用跨代分配模型分析我国的公共支出归宿，或借此设计公共收支政策时，对于这种差异只能给予定性的关注。

第九章
税收归宿及其分配效应

　　税收负担的多轮转嫁和财政支出利益归宿的不确定性增加了分析财政分配职能的难度，正如诺贝尔经济学奖得主斯蒂格利茨所说："财政经济分析得出的最有价值的见解之一，乃是实际纳税者不一定是被征税者。确定一种税收或公共项目的真实归宿是公共经济学最困难也是最重要的任务之一。"[①]

　　税收归宿（Tax Incidence）就是研究由纳税人承担的税负转由负税人来承担的问题。研究这个问题的目的在于说明特定税收负担最终是由哪些社会群体承担的。纳税人（Tax Payer）是指税法上规定的直接负有纳税义务的单位和个人。负税人（Tax Bearer）是指实际承担税负的单位和个人。纳税人是法律上的纳税主体，负税人是经济上的纳税主体。纳税人在市场交易过程中通过改变价格的方式将一部分或全部税收负担转移给负税人，这个过程称为税负转嫁（Tax Shifting）。由于大部分税收的税负具有可转移性，这就使得最后负税人在很大程度上不是或者不单单是直接纳税人。税收负担的税法归宿与其经济归宿存在着巨大差异，名义上的公平税收实际上可能有失公平，经济效率损失可能会进一步扩大。研究税收归宿通常采取两种方法：局部均衡分析法和一般均衡分析法。

---

　　① Anthony B. Atkinson, Joseph E. Stiglitz. Lectures on Public Economics[M]. New York: McGraw-Hill Book Company, 1987: 160.

一、税收归宿的局部均衡分析

局部均衡分析是在假定其他市场不变的情况下，就税收对单一市场的影响进行分析。相比之下，这种方法通常能够更方便地研究税负转嫁、税收归宿的基本原理，且更明确地阐释税负转嫁、税收归宿的主要规则。

（一）税收归宿的组别划分

研究税收归宿问题，组别划分至关重要，没有科学的组别划分，很容易出现混乱。研究税收归宿一般采用以下几种划分方法。

1. 按社会成员在经济生活中的角色划分

这种划分可以研究一种税收对生产者、消费者和要素供给者所产生的影响。考虑到节约征收成本，大部分税收面向生产者征收。生产者可以通过提高商品的销售价格将自己应纳的税款转嫁给消费者，也可以通过压低要素价格将税负转嫁给要素供给者。在对一种商品的生产者征税时，我们能够区分税收对生产者利润的效应，对要素或中间产品供给者收入的效应，以及对该产品消费者的效应。如果产品价格上升，我们说税负向前转嫁给消费者，因为在其他因素相同的情况下，他们的实际收入下降了。如果要素（中间产品）价格由于需求减少而下降，我们则说税负向后转嫁。按生产者、消费者和要素供给者划分组别是研究税收归宿惯用的一种方法，尤其是在局部均衡分析中。但它对于课税商品的"生产者"究竟是谁的问题没有给予足够的注意。事实上，"生产者"可能是企业家、资本家和工人的复合体。在许多情况下，税负在这些团体之间的划分有一定的重要性[①]。

2. 按生产要素划分

一种税收对劳动和资本这两种主要生产要素收益的影响是很多经济学家关注的问题。可以通过研究税收对资本和劳动相对需求的效应，在考虑了供给方面的反应后，研讨税收对工资和资本收益率（租金价格）的效应。

3. 按收入水平划分

经济学家在思考整体税负的社会分布或某一税种的税负转嫁时，经常采用这种划分方法。一个经济体中是高收入阶层承受较重的税负还是低收入阶层的税负较重？本想照顾低收入者的一种税制改革结果又会如何？税收效应可按税收对不同收入水平群体的影响来讨论。

4. 按地域划分

一种税收可能会对不同地区产生不同的效应。例如农业价格支持政策会使农业生产地区受惠，使农产品消费地区受损。在更广泛的关于国际影响的范围内，这一问题同样存在。例如：如果美国改变对外投资的税收处理方式，一些国家将因此而受益，而另一些国家则会遭受损失。

5. 跨代影响

税收对不同代人有不同影响。一种税制改革可能使 20 世纪 80 年代的人付出而使 21 世纪的人受益。

（二）从要素收益角度分析税收归宿

1. 产品税的归宿

现在考虑对农产品葡萄征税。假设葡萄的生产只需要两种要素：土地和劳动（没有考虑资本）。假设土地的供给弹性（相对于种植葡萄）为零。劳动使用量为 L，在工资率 w 上劳动供给有完全弹性。

---

① [美]哈维·S. 罗森. 财政学（第四版）[M]. 平新乔，译. 北京：中国人民大学出版社，2000：265.

如果以 $F(L)$ 作为生产函数（$F'>0$，$F''<0$），产出是劳动的增函数且劳动的边际收益递减。那么，在竞争均衡时，劳动的均衡价格等于劳动的边际产品收益：$PF'=w$。

上式中的 P 是产品的税前价格。在图 9-1 中，供给曲线和市场价格之间的阴影部分代表土地所有者得到的地租。假设现在对葡萄消费征税，税后均衡由生产者价格 P_1 给出。注意土地租金减少了，部分税负由土地所有者承担。由于工人在工资 w 下可以选择在其他地方工作，因此工资不会下降。于是税负由土地所有者和消费者分担，其分割取决于需求和供给的弹性。

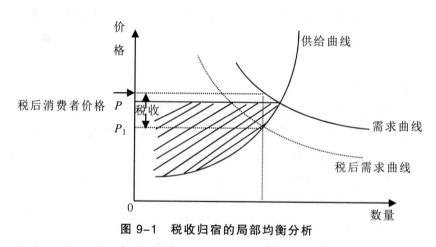

图 9-1　税收归宿的局部均衡分析

这里假定劳动要素供给有无限弹性，而土地的供给弹性（相对于种植葡萄）为零，这种极端假定对于许多税收是不合适的。由于征税，葡萄的需求减少，生产葡萄需求的劳动也相应减少。在消费者预算约束不变的情况下人们会增加其他消费——比如苹果。如果苹果生产的劳动密集程度更高的话，苹果生产对劳动需求的增加超过了葡萄生产对劳动需求的减少，总劳动需求会增加。最后，必须考虑供给和需求因素的交错，也就是说从葡萄处转移出的需求对其他部门产生效应，转而导致要素需求的变化，进而影响要素收入。要素收入的改变又会导致需求的第二轮转换，因而葡萄需求可能是土地所有者和工人收入的一个函数——这在局部均衡结构中是得不到明确考虑的。

2. 要素税

前文讨论了对商品课税的情况，同样的分析方法也可用于研究要素税的归宿。根据美国税法规定：为了给社会保障制度提供资金，雇主和工人各支付相当于工人收入 7.65% 的工薪税——合计 15.3%。表面上看，雇主和雇工分担相等的工薪税份额，但工薪税在劳动和资本之间的法定划分和最后的真实归宿是相距甚远的。如图 9-2 所示，D_L 是劳动力需求，S_L 是劳动力供给。为了说明问题，假设劳动力供给完全无弹性，S_L 表现为一条垂直直线。税前工资为 W_0。现在

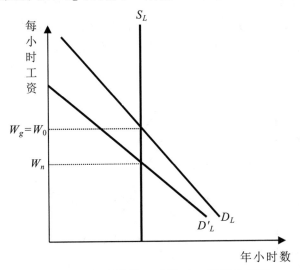

图 9-2 劳动供给无弹性时工薪税的归宿

对劳动征收从价税，税后有效需求线移至 D'_L。D_L 与 D'_L 的距离是劳动要素的实际所得与资本支付的劳动成本的差额。征税后，工人所得工资降至 W_n。另一方面，雇主所支付工资 W_g 仍为 W_0。由此可见，尽管税法规定雇主和雇工分担相等的工薪税份额，但由于 S_L 完全无弹性，工人所得工资率的降低正好为税收数额，即工人承担全部税负。相反，如果劳动供给弹性无限大，S_L 是一条水平直线，这时资

本将承担全部税负。这里的关键点是：若不知道有关劳动供需的弹性，就不能了解税收的归宿。事实上证据表明，在美国，劳动的总供给弹性基本为零，尽管关于税负的"公平"分配问题在国会进行了激烈的争论，但是至少在短期，工人仍然可能承担大部分的工薪税。[①]

（三）从生产者、消费者和要素供给者角度分析税收归宿

关于税收归宿的局部均衡分析，可以通过单个商品市场和政府对其征收从量税的例子予以说明。以美国的香槟酒市场为例，如图9-3 所示，在完全竞争的市场，香槟酒的价格和数量是由供给（S_C）和需求（D_C）竞争决定的。征税前，均衡需求量和价格分别为 Q_0 和 P_0。假设美国联邦政府对每加仑香槟酒课征 u 美元消费税（消费

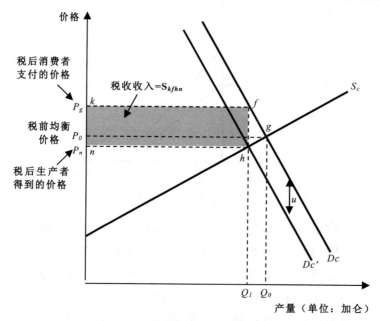

图9-3　对消费者征收从量税的税收归宿

---

① 见 Harvey S. Rosen《财政学》（第四版）（中译本）的分析。

者是法定纳税人），就会得出一条新的需求曲线 D'_C，它正好位于原需求曲线 u 美元以下的地方。生产者面对的税后需求曲线是 D'_C，课征从量税后香槟酒的均衡量由 D'_C 和 S_C 决定于 Q_1 处。税后均衡价格有两个：生产者得到的价格和消费者支付的价格。生产者得到的价格在有效需求曲线和供给曲线的交点，即 P_n 处。消费者所支付的价格为 P_n 加从量税 u，即 P_g。从几何上看，该价格为 P_n 垂直上升 u 的距离。消费者支付的价格比税前上升了（P_g-P_0），生产者得到的价格减少了（P_0-P_n）。税收收入为交易量 Q_1 与每单位税收 u 的乘积，即长方形 $knhf$ 的面积。生产者和消费者承担税负的比例为（P_0-P_n）/（P_g-P_0）。

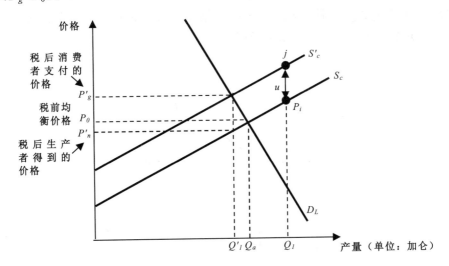

图 9-4　对生产者征收从量税的税收归宿

需要说明的是，从量税的归宿与它来自于消费者还是生产者无关。假设对生产者而不是对消费者课征相同的税 u。这时消费者面对的供给曲线将由 S_C 向上移动到 S_C'。税后均衡产量由 S_C' 与 D_C 的交点决定于 Q_1'，税后均衡价格有两个：消费者支付的价格为 P_g'。生产者所得价格为 P_g' 减去 u，即 P_n'。容易看出，只要供给和需求弹性给定，有 $Q_1'=Q_1$，$P_g'=P_g$，$P_n'=P_n$。从量税的归宿与它来自于市场的哪一方无关。收税者可以（象征性地）守在消费者身边，每次当他支付一加仑香槟酒费用时从中收取 u 美元，也可以守在生产者身边，每售出一加仑香槟酒从中收取 u 美元，这一点与税收归宿无关，重要的是供给和需求弹性的差别。这再次说明税收的法定归宿与税收的经济归宿的不同。税收引起的消费者支付的价格和生产者得到的价格之间的差额称为税楔（tax wedge）。

为了更确切地说明问题，我们做以下计算：假设某商品市场的需求函数（DD）为 $P=12-0.923Q$，供给函数（SS）为 $P=3+0.423Q$，该商品的均衡价格为 $P_0=5.829$，均衡产量为 $Q_0=6.686$（万个）。在政府对该商品征收从量税（1 美元/个）后，新的供给函数（SS_T）为 $P=4+0.423Q$，那么税后均衡价格为 $P_1=6.514$，均衡产量为 $Q_1=5.944$（万个），如图 9-5 所示。

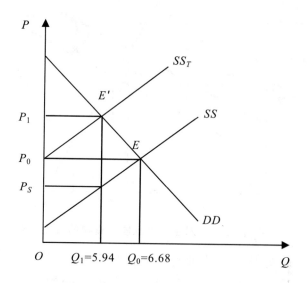

图 9-5　从量税的税收归宿

从图 9-5 可以看出，政府对供给商征收的 1 美元从量税是由消费者和生产者共同分担的，在新均衡点（E'），1 美元的税负由消费者承担了 0.685 美元（6.514-5.829），生产者承担了 0.315 美元

（5.829-5.514）。在本例中，供给的价格弹性为 2.06，需求的价格弹性为 0.945，供给弹性大于需求弹性，所以，生产者承担的税负会远远小于消费者。

（四）市场结构与税负归宿

1. 市场结构

市场结构的划分是件很复杂的事情，因为表面上属于不同市场的产品之间有很大的可替代性。这是人们在现实世界中，特别是在反托拉斯时经常会遇到的一个棘手问题。已经占美国可乐饮料市场份额 50％以上的可口可乐公司想要兼并另一个碳酸饮料公司，这会不会导致垄断？单从碳酸饮料市场的角度思考，人们会得出一种结论，但是如果考虑到整个饮料市场，它的市场份额还不到 2％，因此，不能认为兼并会引起垄断。公路运输、铁路运输和航空运输应被划为同一市场还是不同的市场？碳酸饮料、啤酒和矿泉水是一个市场还是三个不同的市场？从这些例子可以看出，给市场下个定义不是件容易的事。尽管这样，经济学一般还是将市场分为完全竞争（Complete Competition）、垄断（Monopoly）、寡头（Oligopoly）和垄断竞争（Monopolistic Competition）四种结构。

人们可以根据勒纳指数（Lerner Index）来定义市场结构。设企业 i 面对的需求函数为 $p_i(q_1, \cdots, q_n)$，它的成本函数为 $c_i(q_i)$，其中 p_i 是它面临的价格，q_i 是其产量。该企业利润最大化条件：

$$\max \pi_i = p_i(q_1, \cdots, q_n) q_i - c_i(q_i)$$

对 q_i 求一阶导数令其等于零：

$$\frac{\partial p_i}{\partial q_i} q_i + (q_1, \cdots, q_n) - c_i'(q_i) = 0$$

等式两边同时除以 p_i，并定义 $\varepsilon_i = -\dfrac{\partial q_i p_i}{\partial p_i q_i}$

容易得到：$\dfrac{p_i - c_i'}{p_i} = \dfrac{1}{\varepsilon_i}$

该等式被称为勒纳指数。我们可以根据每个企业面对的 ε_i 来定义市场结构如下：$p_i(q_1, \ldots, q_n) \Leftrightarrow p(\sum q_i)$，在完全竞争市场中，$\varepsilon_i = \varepsilon_{-i} = \infty$；在垄断市场中，$\varepsilon_i \equiv \varepsilon$，$\varepsilon \in (1, \infty)$；在对称寡头竞争市场中，$\varepsilon_i \equiv n\varepsilon$；在垄断竞争市场中 $\varepsilon_i < \infty$。

2. 垄断条件下的税收归宿

此前我们对税负转嫁、税收归宿的分析，是在完全竞争市场条件下进行的，下面我们分析垄断市场条件下的税收归宿。

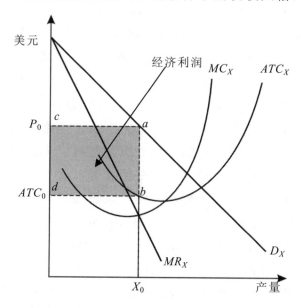

图 9-6　没有税收情况下的垄断者均衡

如图 9-6 所示，征税前垄断者所面临的需求线为 D_X，MR_X 为边际收入曲线，生产 X 的边际成本曲线为 MC，平均总成本曲线为 ATC_X。按照惯例，边际收入等于边际成本决定了均衡产量为 X_0，此时价格为 P_0。总利润此时达到极大值——即长方形 $abdc$ 的面积。现在假设对 X 征从量税 u。生产者面对的税后有效需求线向下垂直移动距离 u。如图 9-7 所示，此需求曲线用 D'_X 表示。同时，厂商面临的边际收益曲线也下移距离 u，新的有效边际收益曲线用 MR'_X 表示。税后均衡点（此时税后利润达到最大）为 MR'_X 与 MC 的交点。税后均衡产量在 X_1 点上，垄断者所获得的价格为 P_n。消费者所支付的价格为 P_g。此时垄断者所得税后利润达到最大——长方形 $fghi$ 的面积。值得注意的是：尽管垄断者有控制市场的力量，但是在征税情况下，垄断利润还是降低了——图 9-7 中 $fghi$ 的面积比图 9-6 中 $abdc$ 的面积小。垄断者的利益一般会由于其所出售产品的从量税而受损。这里的分析表明，即使是极其贪得无厌的垄断者也必须承担一部分税负。如前所述，由消费者承担的税负的精确份额依赖于需求曲线的弹性。

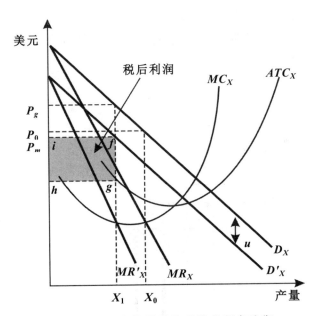

图 9-7　征收从量税收后的垄断者均衡

　　垄断厂商和自由竞争的厂商相比，（税前、税后的）产量与价格决定方面具有如下一些差异。如图 9-8 所示：垄断厂商的税前供给量 Q_m 远低于非垄断厂商的税前供给量 Q_0，税前价格 P_m 却远高于非垄断商品的税前价格 P_0。垄断厂商的税后供给量从 Q_m 减少到 Q_m^T，相应的税后价格从 P_m 上升到 P_m^T，而非垄断厂商的税后供给量则从

Q_0 减少到 Q_0^T，相应的税后价格也从 P_0 上升到 P_0^T，前者税后减产的幅度和税后价格上升的幅度均远低于后者。相比之下，非垄断厂商通常能够比垄断厂商更容易地把税负转嫁给消费者，因此承担了相对较小的税负，而垄断厂商则要承担较大的税负。但是，人们不能据此认为在有税收情况下，垄断的市场结构对消费者有利[①]。因为在可比条件下，垄断商品的税前价格（P_m）通常会高于非垄断商品的税后价格（P_0^T），即早在税收发生前，垄断厂商便已经通过垄断生产方式占有了较大的商业利润（垄断带来的超额利润）。

如果垄断厂商在税后进一步提高价格，通常会带来两种可能的结果：一是迫使更多的消费者退出该商品市场（或减少对垄断商品的消费），二是引诱其他生产者进入该商品市场参与竞争，结果只能导致垄断利润的减少。

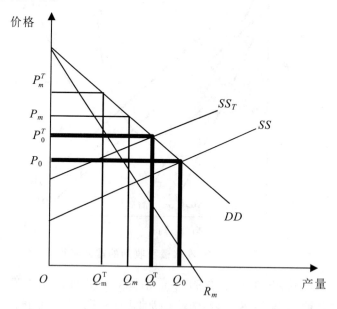

图 9-8 不同市场结构的税负转嫁比较

注：重线表示非垄断厂商税前、税后的产量和价格的变化情况。

---

① 张志超. 现代财政学原理（第四版）[M]. 天津：南开大学出版社，2011.

（五）局部均衡分析的结论与欠缺

前文我们考察了税负转嫁、税收归宿的基本原理、过程和机制，税负转嫁是通过税收影响市场供需对比而使税前和税后的均衡价格发生变化。通过局部均衡分析，可以发现在市场经济中税负分配与转嫁的一般性结论。

（1）在对商品征税的情况下，商品生产者和消费者共同分担税负，分担比例取决于供需弹性，弹性较大者相应承担较小的税负。供求双方如有一方为无弹性，则无弹性的一方将承担全部税负。供求双方如有一方为无限弹性，则另一方将承担全部税负。

（2）在征收要素税的情况下，要素供需双方共同分担税负，分担比例取决于该要素的供需弹性，弹性较大者相应承担较小的税负。供求双方如有一方为无弹性，则无弹性的一方将承担全部税负。供求双方如有一方为无限弹性，则另一方将承担全部税负。

（3）生产者进行税负转嫁的难易程度，往往还取决于市场结构，一般来说，在垄断的市场条件下，生产者税负转嫁比在自由竞争市场条件下更加困难。

局部均衡分析的不足在于：它是在假定其他市场不变的条件下，就税收对单一市场的影响进行分析，即仅仅探讨税收对该市场供求双方的经济影响并做出基本判断。忽略税收对其他市场的影响及其反作用会导致税收归宿分析的不完全性。例如，假设对用于房屋建筑业的资本课税。税收的局部均衡分析只涉及该领域资本要素的供给和需求。如果税收使投资建筑业的资本收益率下降，原投资于房屋建筑的部分资本就会转向制造业部门。随着制造业部门新资本的流入，其资本收益率下降。这样，制造业部门的资本可能最终也要承担建筑部门的部分税负。增税或提高税率存在这种归宿"多轮"效应，减税的利益归宿也同样存在"多轮"效应问题。一国政府减轻农业劳动力的税负，农民因为税后可支配收入的提高增加了对电视机的购买，电视机厂的资本收益和劳动者工资都可能因此而上升，资本所有者和工人分享农民减税的好处，他们的消费随收入的提高会发生变化，其后的扩散范围会更广，而这些都超出了局部均衡分析的范围。只要我们跳出局部均衡分析的限制，这种归宿"多轮"效应的例子比比皆是。

二、税收归宿的一般均衡分析

哈伯格（Harberger）是将一般均衡模式运用于财政学的先导者。一般均衡分析法认为，市场经济是各类商品市场和要素市场组成的综合体，只要税收使任何一个单一市场的均衡受到扰动，其影响就要扩散到其他市场，使其他市场供求状况（价格、产量）发生"连锁"反应。如果这些反应进一步对初始变动的市场发生"反馈"影响，则会继续对其他市场发生第二轮、第三轮等"连锁反应"。在简单的"2×2×2"模型中，六个基本方程给出了一般均衡体系的完整描述。这里有六个未知数（X，Y，P_X，P_Y，r 和 w）和六个方程，根据瓦尔拉斯法则，有一个方程是多余的，只能通过对比商品和要素价格相对解来考察税收的影响。

（一）静态两部门模型

1. 假定

（1）完全竞争的市场结构；

（2）规模收益不变；

（3）L、K 的供给既定，为 L_0，K_0；

（4）要素在部门间可自由流动；

（5）不存在失业和闲置资本；

（6）需求通过齐型效用函数产生。

2. 基本方程式的求解

$$X = X(P_X, P_Y, M) \tag{9-1}$$

$$Y = Y(P_X, P_Y, M) \tag{9-2}$$

这里 M 表示整个经济的收入（$wL_0 + rK_0$），

$$p_X = c_X(r, w) \tag{9-3}$$

$$p_Y = c_Y(r, w) \tag{9-4}$$

$$c_{LX} X + c_{LY} Y = L_0 \tag{9-5}$$

$$c_{KX} X + c_{KY} Y = K_0 \tag{9-6}$$

上面六个方程给出了一般均衡体系的完整描述。这里有六个未知数（X，Y，P_X，P_Y，r 和 w）和六个方程，一个方程是多余的。显然只能对相对价格求解 P_X / P_Y。

其中：

$$\left.\begin{aligned}
c_{LX} \cdot X &= \frac{\partial c_X(r, w)}{\partial w} \cdot X = L_X \\[2mm]
c_{LY} \cdot Y &= \frac{\partial c_Y(r, w)}{\partial w} \cdot X = L_X \\[2mm]
c_{KX} \cdot X &= \frac{\partial c_X(r, w)}{\partial r} \cdot X = K_X \\[2mm]
c_{KY} \cdot Y &= \frac{\partial c_r(r, w)}{\partial r} \cdot Y = K_Y
\end{aligned}\right\} \tag{9-7}$$

在需求方面，可以证明：

$$\eta_Y \cdot \hat{X} - \eta_X \cdot \hat{Y} = (\eta_Y \varepsilon_{XX} - \eta_X \cdot \varepsilon_{YX}) \cdot \hat{P}_X - (\eta_X \varepsilon_{YY} - \eta_Y \cdot \varepsilon_{XY}) \cdot \hat{P}_Y \tag{9-8}$$

其中：η_Y, η_X 代表收入弹性

$$\eta_X = \frac{\dfrac{\partial X}{X}}{\dfrac{\partial M}{M}} \qquad \eta_Y = \frac{\dfrac{\partial Y}{Y}}{\dfrac{\partial M}{M}}$$

$$\hat{X} = \frac{\mathrm{d}X}{X} \qquad \hat{Y} = \frac{\mathrm{d}Y}{Y}$$

$$\hat{P}_X = \frac{\mathrm{d}P_X}{P_X} \qquad \hat{P}_Y = \frac{\mathrm{d}P_Y}{P_Y}$$

$$\varepsilon_{XX} = \frac{\dfrac{\partial X}{X}}{\dfrac{\partial P_X}{X}} \qquad \varepsilon_{YX} = \frac{\dfrac{\partial Y}{Y}}{\dfrac{\partial P_X}{X}}$$

$$\varepsilon_{XY} = \frac{\dfrac{\partial X}{X}}{\dfrac{\partial P_Y}{Y}} \qquad \varepsilon_{YY} = \frac{\dfrac{\partial Y}{Y}}{\dfrac{\partial P_Y}{Y}}$$

应用 $\varepsilon_{XY} = -\varepsilon_{XX}$

$\varepsilon_{YX} = -\varepsilon_{YY}$

（9-8）式变为

$$\eta_Y \cdot \hat{X} - \eta_X \cdot \hat{Y} = (\eta_Y \cdot \varepsilon_{XX} + \eta_X \cdot \varepsilon_{YY}) \cdot (\hat{P}_X - \hat{P}_r) = -\sigma_D (\hat{P}_X - \hat{P}_Y) \qquad （9-9）$$

$\sigma_D > 0$，说明两种商品都不是低档商品。

下面分析供给方面：

由（9-3）、（9-4）式对价格方程求导，得到：

$$\hat{P}_X = \frac{wc_{LX}}{c_X} \cdot \hat{w} + \frac{rc_{KX}}{c_X} \cdot \hat{r} \qquad （9\text{-}10a）$$

$$\hat{P}_Y = \frac{wc_{LX}}{c_X} \cdot \hat{w} + \frac{rc_{KY}}{c_Y} \cdot \hat{r} \qquad （9\text{-}10b）$$

现在引入以下变量：

$$\theta_{Li} = \frac{wc_{Li}}{c_i} \qquad 产业\ i\ 中劳动要素的份额$$

$$\theta_{Ki} = \frac{rc_{Ki}}{c_i} \qquad 产业\ i\ 中资本要素的份额$$

（由此可知 $\theta_{Li} + \theta_{Ki} = 1$）。相对价格变化为：

$$\hat{P}_X - \hat{P}_Y = (\theta_{LX} - \theta_{LY})\hat{w} - (\theta_{KY} - \theta_{KX})\hat{r} \qquad （9-11）$$

$$= \theta^*(\hat{w} - \hat{r})$$

这里

$$\theta^* \equiv \theta_{LX} - \theta_{LY} = \theta_{KY} - \theta_{KX} \qquad （9-12）$$

$$\theta^* = \begin{vmatrix} \theta_{LX} & \theta_{KX} \\ \theta_{LY} & \theta_{KY} \end{vmatrix} = \theta_{LX}(1-\theta_{LY}) - \theta_{LY}(1-\theta_{LX}) = \theta_{LX} - \theta_{LY}$$

同理 $\theta^* = \begin{vmatrix} \theta_{LX} & \theta_{KX} \\ \theta_{LY} & \theta_{KY} \end{vmatrix} = (1-\theta_{KX})\theta_{KY} - (1-\theta_{KY})\theta_{KX} = \theta_{KY} - \theta_{KX}$

θ^* 是以增加值份额为依据对要素密集度的一种衡量。如果 X 为相对劳动密集（ $\theta_{LX} > \theta_{LY}$ ），那么，w/r 的上升造成相对价格（ p_X/p_Y ）的上升。

由 $\hat{c}_{LX} = \dfrac{w \cdot c_{LLX}}{c_{LX}} \cdot \hat{w} + \dfrac{r \cdot c_{LKY}}{c_{LX}} \cdot \hat{r}$　　　　　　　（9-13）

可推得 $\hat{c}_{LX} = -\theta_{KX}\sigma_X(\hat{w}-\hat{r})$　　　　　　　（9-14a）

其中 $\sigma_X = -\dfrac{\mathrm{d}\log(K/L)}{\mathrm{d}\log(r/w)}$ 指替代弹性

$\hat{c}_{LY} = -\theta_{KY}\sigma_Y(\hat{w}-\hat{r})$　　　　　　　　　　（9-14b）

$\hat{c}_{KX} = -\theta_{LX}\sigma_X(\hat{w}-\hat{r})$　　　　　　　　　　（9-14c）

$\hat{c}_{KY} = -\theta_{LY}\sigma_Y(\hat{w}-\hat{r})$　　　　　　　　　　（9-14d）

应用要素供给固定这一条件，对（9-5）、（9-6）式求导，在劳动方面得出：

$$c_{LX}X(\hat{c}_{LX}+\hat{X}) + c_{LY}Y(\hat{c}_{LY}+\hat{Y}) = 0$$

用 λ_{LX} 和 λ_{LY} 分别表示劳动力在 X 和 Y 中的份额（故 $\lambda_{LX} = c_{LX}X/L_0$ ），应用上式，我们得到：

$$\lambda_{LX}\hat{X} + \lambda_{LY}\hat{Y} = (\hat{w}-\hat{r})(\lambda_{LX}\theta_{KX}\sigma_X + \lambda_{LY}\theta_{KY}\sigma_Y) \quad （9-15a）$$

对于资本市场，相应的方程为：

$$\lambda_{KX}\hat{X} + \lambda_{KY}\hat{Y} = -(\hat{w}-\hat{r})(\lambda_{KX}\theta_{LX}\sigma_X + \lambda_{KY}\theta_{LY}\sigma_Y) \quad （9-15b）$$

用（9-15a）式减（9-15b）式的差为：

$$\lambda^*(\hat{X}-\hat{Y}) = (\hat{w}-\hat{r})\big[\sigma_X(\theta_{KX}\lambda_{LX}+\theta_{LX}\lambda_{KX}) + \sigma_Y(\theta_{KY}\lambda_{LY}+\theta_{LY}\lambda_{KY})\big]$$

$$\equiv (\hat{w}-\hat{r})(a_X\sigma_X + a_Y\sigma_Y) \quad\quad\quad\quad\quad\quad （9-16）$$

其中 $\lambda^* \equiv \lambda_{LX} - \lambda_{KX} = \lambda_{KY} - \lambda_{LY}$ （9-12a）

λ^* 是用物质投入反映相对要素密集度。如果 X 是相对劳动密集的（$\lambda^* > 0$），那么产出 X 相对 Y 的增加与工资相对于利润率的增加是紧密相联的。

（二）公司税的归宿

假设两部门分别为公司部门和非公司部门，现在考虑对公司部门的利润征税，征税使公司部门 X 的资本成本由 r 改为 rT_{KX}。我们的讨论限于一种无穷小量的税收，从而所有导数在 $T_{KX}=1$ 时都有值。关于收入使用的假定意味着需求方面不受影响，在 $T_{KX}=1$ 时，收入效应为税收收入一次总付归还所抵消。在齐型假定下：

$$\hat{X} - \hat{Y} = -\sigma_D(\hat{P}_X - \hat{P}_Y)   （9-9'）$$

在供给方面，

$$\hat{c}_{LX} = -\theta_{KX}\sigma_X(\hat{w} - \hat{r}) + \theta_{KX}\sigma_X\hat{T}_{KX}   （9-14a'）$$

$$\hat{c}_{KX} = \theta_{LX}\sigma_X(\hat{w} - \hat{r}) - \theta_{LX}\sigma_X\hat{T}_{KX}   （9-14c'）$$

（部门 Y 的条件不变）。由此我们在方程（9-15a）的右边得到了一个附加项：

$$-\lambda_{LX}\theta_{KX}\sigma_X\hat{T}_{KX}$$

在方程（9-15b）的右边，得到了如下的项：

$$+\lambda_{KX}\theta_{LX}\sigma_X\hat{T}_{KX}$$

于是所导出的方程（9-16）修正为：

$$\lambda^*(\hat{X} - \hat{Y}) = (\hat{w} - \hat{r})(a_X\sigma_X + a_Y\sigma_Y) - a_X\sigma_X\hat{T}_{KX}   （9-16'）$$

最后，价格方程变为

$$\hat{P}_X - \hat{P}_Y = \theta^*(\hat{w} - \hat{r}) + \theta_{KX}\hat{T}_{KX}   （9-11'）$$

这表明，在 w/r 不变的情况下，公司部门产品的相对价格上升，其程度取决于增加值中的资本份额。

假设所有人的需求曲线相同，税收归宿可用要素价格比率（w/r）

衡量。如果将（9-9′）式与（9-11′）式结合起来，则得到：

$$\hat{X} - \hat{Y} = -\sigma_D \theta^*(\hat{w} - \hat{r}) - \sigma_D \theta_{KX} \hat{T}_{KX}$$

因此，由（9-16）式可得：

$$(\hat{w} - \hat{r})(\sigma_D \theta^* \lambda^* + a_X \sigma_X + a_Y \sigma_Y)$$

$$= a_X \sigma_X \hat{T}_{KX} - \sigma_D \lambda^* \theta_{KX} \hat{T}_{KX} \tag{9-17}$$

方程（9-17）右边包括两项。第一项是要素替代项（注意它取决于 σ_X）；第二项是产出效应，即决于需求弹性（σ_D）和要素密集条件（$\lambda^* \geq 0$ 还是 $\lambda^* \leq 0$）。下面列出关于公司税对两要素相对收益效应的某些确定结论：

资本净利润率相对于工资下降的充分条件是公司部门属于资本密集型（$\lambda^* < 0$）。

净利润率相对于工资上升是可能的，它发生的充分条件是公司部门属于劳动密集型（$\lambda^* > 0$）以及生产系数固定（$\sigma_X = 0$）。

在其他条件相同的情况下，若（1）公司部门替代弹性较小，（2）公司部门需求弹性（σ_D）较大，（3）公司部门要素密集度的差异较大，则劳动密集型的公司部门的利润率相对于工资倾向上升。

（三）税收等价关系

1. 两部门中的税收等价关系

查尔斯·E. 麦克卢（Charles E. McLure）以表格的形式给出了两部门模型中税后的等价关系。假设一个社会生产两种商品：食物（F）和工业品（M），使用两种生产要素资本（K）和劳动（L）。在这样一个模型中有九种可能课征的从价税：

（1）t_{KF} 代表课于食物生产中使用的资本的税收。

（2）t_{KM} 代表课于工业品生产中使用的资本的税收。

（3）t_{LF} 代表课于食物生产中使用的劳动的税收。

（4）t_{LM} 代表课于工业品生产中使用的劳动的税收。

（5）t_F 代表课于食物消费的税收。

（6）t_M 代表课于工业品消费的税收。

（7）t_K 代表课于两个部门的资本的税收。

（8）t_L 代表课于两个部门的劳动的税收。

（9）t 代表一般所得税。

有下列的等价关系表（表 9-1）。

表 9-1 税收等价关系

t_{KF}	+	t_{LF}	=	t_F
+		+		+
t_{KM}	+	t_{LM}	=	t_M
=		=		=
t_K	+	t_L	=	T

等价关系中的第一行表示：对食物部门的资本和劳动以相同的税率（$t_{KF} = t_{LF}$）课征局部税与以同一税率课征食物税相当。第三列表示：同一税率的食物税（t_F）和工业品税（t_M）的总和与所得税相当。其他各行和各列表示的等价关系类似。

2. 消费者预算约束中的税收等价关系

（1）基本跨时模型

假设个人确信预期生命期为 T 年，在年龄为 i 时的工资收入为 w_i，消费为 C_i。他在出生时获得现值为 I 的遗产，死后留下的遗产为 B，则有：

$$\sum_{i=1}^{T} \frac{w_i}{(1+r)^{i-1}} + I = \sum_{i=1}^{T} \frac{C_i}{(1+r)^{i-1}} + \frac{B}{(1+r)^T} \qquad (9\text{-}18)$$

（9-18）式意味着个人的消费预算应该满足消费贴现值加上遗产 B 贴现等于工资贴现值加上继承的遗产。

等式隐含假定资本市场是完善的。如果资本市场不完善，且消费者在年龄 K 时继承遗产，那么附加的约束为：

$$\sum_{i=1}^{J} \frac{w_i}{(1+r)^{i-1}} + I \geqslant \sum_{i=1}^{J} \frac{C_i}{(1+r)^{i-1}} \qquad 对于所有 J \geqslant K \ (J \leqslant T)$$

$$\sum_{i=1}^{J} \frac{w_i}{(1+r)^{i-1}} \geqslant \sum_{i=1}^{J} \frac{C_i}{(1+r)^{i-1}} \qquad 对所有 J < K \qquad （9-19）$$

因此（9-19）式适用于预期继承者按照现期收入而不是未来继承的遗产来约束消费的情形。

（2）等价关系

对工资和继承的遗产征收比例税 t，对消费和死后留下的遗产征收比例税 t'，如果 $(1-t) = \frac{1}{1+t'}$，那么两种征税方案对消费者的预算约束等价。如果对工资和继承的遗产征收比例税 t，对预算约束的效应是：

$$[\sum_{1}^{T} \frac{w_i}{(1+r)^{i-1}} + I](1-t) = \sum_{1}^{T} \frac{C_i}{(1+r)^{i-1}} + \frac{B}{(1+r)^{T}} \qquad （9-20a）$$

对消费和死后留下的遗产征收比例税 t'，对预算约束的效应是：

$$\sum_{1}^{T} \frac{w_i}{(1+r)^{i-1}} + I = [\sum_{1}^{T} \frac{C_i}{(1+r)^{i-1}} + \frac{B}{(1+r)^{T}}](1+t') \qquad （9-20b）$$

比较（9-20a）和（9-20b）式，显然对预算约束的效应是相同的，这里

$$(1-t) = \frac{1}{1+t'}$$

由此，征收 1/3 的工资税等价于征收 50%的消费税。这一等价关系有几个特点值得注意。第一，尽管对于预算约束的效应而言，不同税收是等价的，但它们对私人储蓄的效应并不相同，原因是税收的时间路径不同。第二，工资税或等价的消费税不影响个人对不同时期消费的权衡，它仅造成财富效应，即对储蓄的效应只是预算约束统一内移的结果。

对利息收入征收比例税 t_i，对财富征收比例税 t_w，如果

$1-t_w = \dfrac{1+r(1-t_i)}{1+r}$，两种税收有等价的效应。

设个人在 j 阶段初持有财富为 A_j（根据定义 $A_1=0$），持有财富量的变化取决于：

$$A_{j+1} = (1+r)[A_j+(w_j-C_j)+I_j]，\quad j=1，\cdots，T-1 \tag{9-21a}$$

$$A_{T+1} = (1+r)[A_T+(w_T-C_T)+I_T] = B \tag{9-21b}$$

这里，I_j 指在 j 阶段获得的遗产。由此明显可见，对利息收入的比例税 t_i（对纳税人而言）等价于比例财富税 t_w，其税率满足：

$$1-t_w = \dfrac{1+r(1-t_i)}{1+r} \tag{9-22}$$

推导：

对财富 A_j 征收比例税 t_w，税后财富余额为 $A_j(1-t_w)$ （a）

对利息征收比例税 t_i 后财富余额的现值为 $\dfrac{A_j(1+r)-A_j\cdot r\cdot t_i}{1+r}$（b）

令（a）＝（b），即得（9-22）式。

该等式当然只对简化的单一资产市场成立。同样要注意的是，若所付利息可扣除，则等式要求对于 $A<0$ 存在一个"负"财富税。

篇尾语

道远可期：财政作为与民生幸福①

2016 年，国家开始实施"十三五"规划，2020 年实现全面小康已经进入"倒计时"。近两年的全国"两会"承载着更多的惠民使命,作为国家治理基础的公共财政承载着更多的民生重托和幸福期盼。

一、财政支出在注重民生倾斜的同时，应更加注重发挥出资人的"理念诱导"功能

"十二五"期间，全国公共财政支出日益"民生化"：教育支出从 2010 年的 12550.03 亿元扩大到 2014 年的 23041.71 亿元；文化支出从 2010 年的 1542.70 亿元扩大到 2014 年的 2691.48 亿元；社会保障支出从 2010 年的 9130.62 亿元扩大到 2014 年的 15968.85 亿元……

2015 年，医疗改革加速，养老金并轨，中国城乡居民收入实际增长 7.4%，超过同期 6.9%的国内生产总值增速……

成绩不可低估，但对于各种凸显的问题更不敢漠视：教育不公、食品安全、环境污染、受教育者公民责任的缺失、对"诚、敬、义、

---

① 2016 年"两会"后，该文作为特约文章，发表于《财政监督》2016 年第 7 期。

俭、恕"等传统文化的珍惜严重不足……

就教育领域来讲，"十三五"期间，继续加大财政性教育支出规模依然必要，但更为必要的是如何发挥好出资人的"理念诱导"功能，切实提升教育质量。真正的教育，是让学生懂得公民责任，拥有远大志向；是让学生学会独立思考，矢志终身学习；是让学生学会在合作与责任担当中体验意义感与幸福感。当今社会，"出资人"受人尊重，其"理念诱导"功能不可低估，"花钱"机制设计合理，会有助于教育质量的提升。当下，"出资人"应协调好其他教育相关主体（教育主管部门、学校、家庭、学生），关注以下"理念"。

第一，"至简"。为学应有"书破万卷"的积淀，更应有"删繁就简"的工夫。陶行知认为："与其把学生当天津鸭儿添入一些零碎知识，不如给他们几把钥匙，使他们可以自动去开发文化的金库和宇宙之宝藏。"通过高质量的信息输入，引导学生形成简约实用的认知框架、行为规范和情绪调节机制，进而产生高质量的信息输出，是教育的应有之义。否则，面对海量信息而不知取舍、甄别，自然无法生成有效的判断与决策。只有注重至简，学生才会充盈心灵、充实事业，教育对于个人与社会的正外部性才能彰显。

第二，"担当"。学习分本能、功利、社会责任、天地责任四种境界。达到后两种境界，学生能体验到学习中最美妙的坚定感、方向感、意义感。毛泽东的"当年忠贞为国愁，何曾怕断头"，周恩来的"为中华之崛起而读书"，是何等的荡气回肠、感人肺腑，无不是后两种境界的体现。正是青年时期抱有为国、为公之大志，才成就了他们的非凡人生。在民族复兴之际，学子们更需抵达这样的境界，肩负起伟大的责任。

第三，"务实"。无论文科教育还是理工科教育，"求真务实"都应该被尊崇为教育的基本原则。只有以实事求是、求真务实为教育使命，课本知识与现实社会难题脱节的现象才能更少一些，专业化教育禁锢视野的现象才能更少一些，专业之余广泛涉猎的自觉性才能更多一些。

不容忽视的是，教育中掺杂的一些虚荣心和功利性，让分数成了教学的指挥棒，让本真的教育价值成了退而求其次的选择，"道术同修，理技共达"的教育理想变得可望而不可即。不可否认的是，目前的教育实践仍过分强调具体知识的传授，忽视"方法论与独立思考""远大志向与仁爱责任担当""过有意义生活"等能力的培养，许多问题因此凸显。

要想解决问题，单靠"多花钱"已无济于事，如果不从理念和体制方面取得突破，学生的至苦至累依旧，家长的倾心付出依旧，老师的案牍劳形依旧，累而无效依旧，社会不满也会依旧。

二、强化财税的分配职能，公平收入分配

"世之不公，人怨难止；穷富为仇，弥祸不消"。实证研究表明，相对收入差距对个人幸福的影响，远大于绝对收入。即使低收入群体的绝对收入是增长的，若与富裕群体的相对收入差距扩大，他们的幸福感不但不会增加反而可能下降。改革开放以来，中国经济快速发展，民众的生活水平普遍提高。然而，人们的幸福感并没有随着生活水平的提高而普遍提高，相反，很多人有着很强的相对剥夺感，这与诸多不公平因素导致的基尼系数长期处于 0.4 以上——社会贫富差距过于悬殊不无关系。

"十二五"期间，在缩小收入差距、促进收入分配公平方面，我国已经取得了不小的成就。从中央对地方的转移支付来看，从 2010 年到 2014 年间，均衡性转移支付从 4759.79 亿元增长到 10803.81 亿元。按照我国现行标准，农村贫困人口从 2010 年的 1.66 亿减少到 2015 年底的 6000 万左右，共减少一亿人左右。在近两年

年经济增速下降、财政收支矛盾凸显的情况下能够取得如此成就，应给予充分肯定。展望未来，实施扶贫攻坚工程已经写入"十三五"规划，期间要完成农村贫困人口全部脱贫的任务，实施精准扶贫、精准脱贫，因人因地施策，提高扶贫实效。

为实现上述目标，更应强化财税分配职能，缩小分配差距的鸿沟，进一步增加对于低收入群体和地区的转移支付，使得二次分配更注重公平，增加低收入群众的获得感，将收入差距保持在社会可以接受的范围内。要重点加强对于低收入者的住房保障支持，加大农村危房和城市棚户区改造力度，使得"居者有其屋"，改善低收入者的居住条件；进一步完善农村最低生活保障制度、五保供养制度和临时救助制度，实现新型农村社会养老保险制度全覆盖，切实做到"老有所依，老有所养"；提高贫困地区新型农村合作医疗参合率，避免因病致贫、因病返贫；要着重改善贫困地区的农田水利设施，扶持贫困地区建立特色产业体系，提升造血能力，形成脱贫致富的良性循环，改变某些地区"越贫越扶，越扶越贫"的局面；还应当进一步增加贫困地区教育与文化的转移支付，增加教育和文化支出，以防止贫困的代际转移。

三、转换关注：从满足"温饱"转向追求"品质"

我国曾提出了经济建设"三步走"的战略，解决民众温饱问题的"第一步"现已走完，如今的生活内容对于普通家庭而言，已远远超出了昔日的梦想。

迈入"十三五"，站在新起点上，如何提升居民生活品质成为我国面临的重要课题。过去三十多年，各地"过分看重 GDP 增长"，当下这种发展模式的弊端开始集中凸显，雾霾肆虐、水源污染、食品药品安全危机……凡此种种，都成为悬在我国前进道路上的"达摩克利斯之剑"。

加大财政性环保支出是提升居民生活品质的必由之路。过去的一年，"APEC 蓝"一词因承载着中国民众对清新空气的期待而远播四海，而今年春节期间，大江南北数十城市的 PM2.5 爆表，让"春节霾"成为舆论争议话题。环境污染危害着社会稳定与人民幸福，严重影响了居民生活品质的提升。加大财政性环保支出，妥善解决环境问题，成了人民群众最为关心的热点话题。"十二五"期间，我国的节能环保支出屡创新高，由 2011 年的 2618 亿元增长到 2015 年的 4814 亿元，增幅高达 83.9%。但是，我国的环保投入还不能满足群众对环境的要求，以 2015 年为例，全国一般公共预算支出为 175768 亿元，而节能环保支出仅占 2.7%。习近平总书记指出"青山就是美丽，蓝天也是幸福"。党和国家领导人的重视，使环境保护在"十三五"规划中显得更为重要。规划指出，要进一步提高财政性环保支出，以提高环境质量为核心，以解决生态环境领域突出问题为重点，加大生态环境保护力度，提高资源利用效率，为人民提供更多优质生态产品，协同推进人民富裕、国家富强、中国美丽。

加大食品药品安全支出，是提升居民生活品质的应有之义。"大批国人到国外抢购奶粉，这是中国奶业人的耻辱"，农业部部长韩长赋用这个严重的说法表达出内心的忧虑。部长的发言也说明了我国的食品药品安全监管已到了非狠抓不可的程度。安徽阜阳毒奶粉所带来的阴影还远未消散，"疫苗事件"更是牵动着社会的敏感神经，让无数父母为之愤慨。地沟油、红心鸭蛋、毒龙虾……这屡屡蹦出的新词暴露了我国食品、药品安全问题的严峻，增加相应安全监管支出刻不容缓。2016 年的《政府工作报告》明确提出："为了人民健康，要加快健全统一权威的食品药品安全监管体制，严守从农田到餐桌、从企业到医院的每一道防线，让人民群众饮食用药安全放心。"

13 亿多人口的大国，人口数倍、数十倍于小国，治理之难度也数倍于小国。唯其艰难，方显勇毅；唯其磨砺，始得玉成。只要持续秉承"心正""意诚"等传统智慧，财政敢于担当、敢于作为，民生幸福道虽远，然可期！

后　记

　　"幸福经济学"这门课筹备于 2011 年，2013 年在南开大学正式开课。从筹备之日算起，已经 6 年有余。在 6 年多的时间里，我们本着真诚与敬畏之心思考、讨论与写作，我们本着真诚与敬畏之心说着每一句话。

　　《幸福经济学》一书付梓之时，要感谢的人很多。首先感谢南开大学对该课程的立项支持；感谢中国特色社会主义经济建设协同创新中心（CICCE）对该课程的大力资助；感谢我在南开大学学习期间的两位导师——逄锦聚教授和张志超教授对该课程的一贯鼓励；感谢南开大学财政学系 2011—2016 级本科生、2013—2017 级硕士研究生、2013—2017 级博士研究生，书中的部分章节作为"幸福经济学"的讲义在教学中使用，同学们给予了大量、有益的信息反馈；感谢殷金朋博士、贾占标博士、陈博博士，博士研究生成前、朱亚茹、宗亚辉、高正斌、黄驰程，硕士毕业生胡亚文、王茂森、李佳栋、王鸿儒，硕士研究生陈永立、滕添磊、史铭伟，本科生赵勇冠、华成航、刘雨诺、王皓如、孙嘉良、徐佳怡等同学，他们牺牲了大量的假期休息时间，一同讨论、完善案例，校对书稿；感谢南开大学出版社王乃合博士、周敏编辑、谢芳周老师对财政系教材建设的一贯支持。

　　感谢我的父母、家人与朋友，几年来半封闭的写作，少了对亲人的关照，少了与朋友的交流。亲友的理解与支持，赐予我信心与力量！

　　"幸福经济学"属于新型课程，结构设置与内容选择都有待完善，书稿中的不足之处定会很多，恳请读者不吝赐教。有何建议或意见可直接与本书作者联系，以便我们在今后的修订中改进，作者将不胜感激。

联系电话：022-83662853   电子邮箱：nkxfjjx@163.com

微信公众号

新浪微博

2017 年 10 月 19 日于南开大学